世界史B

の点数が面白いほどとれる

＊本書には、「赤色チェックシート」が付いています。

はじめに

　いよいよ共通テストがはじまります。入試改革・新傾向と聞くだけで不安になる受験生の気持ちをさらに揺さぶるかのように，試行調査（プレテスト）の問題を見ると，資料・地図・図版・グラフ……と受験生の苦手分野のオンパレード。また，初見の内容が正解の選択肢に含まれていることもあります。しかし，実際に試行調査の問題を解いた受験生の一部は，「なあんだ，今までのセンター試験と本質は変わらないじゃないか」と見抜いてしまったはずです。どういうことでしょうか。

> **その1　共通テストは「見た目」が変わっただけ**
> 　受験学習の前提は，教科書。入試の大改革といっても，教科書が大改革しない限り，受験に必要な基礎力は変わりません。試行調査の問題の多くは，資料などを用いて「見た目」を変えたり，問う視点を変えただけです。
> **その2　マーク式では，知識問題と読解問題でしか学力を測れない**
> 　共通テストで問える知識は，あくまで教科書で学んだこと。となると，教科書に載っていないことを正解として答えさせるためには，①資料文などとして提示，②教科書知識で消去法，の2通りしかありません。①は読解力，②は従来の知識型学習にほかなりません。共通テスト世界史は，知識力に読解力が加わっただけともいえるでしょう。

　つまり，「見た目」にまどわされず，本質を知れば，なにも心配することはありません。今までどおり，教科書に準拠した基本的知識をおろそかにしない学習をすればよいのです。むしろ，従来のセンター試験世界史に比べて，共通テスト世界史で必要な知識量はぐんと減りました。その分，一つ一つの基礎知識が重要になったともいえます。試行調査を分析しつくした私が，過去のセンター試験の問題をベースに共通テストでも問われ得る文章正誤問題・知識を厳選して本書を書き上げました。一人でも多くの受験生が，本書によって合格することが，受験屋としての私の願いです。

清水　裕子

CONTENTS

第1章　先史・オリエント・地中海世界

1 ｜ 先史・オリエント

2 ｜ 地中海世界

第2章　南アジア・東南アジア・イスラーム世界

1 ｜ 南アジア・東南アジア

2 ｜ イスラーム世界

第3章　東アジア世界

第4章　ヨーロッパ・アメリカ

第8章 年代整序問題

共通テストこそ、一問一答が重要！

共通テスト対策に臨む前に

共通テスト対策で重要なこと

これまでのセンター試験が終わり、新たに共通テストが始まります。たとえば試行調査（プレテスト）も、たしかに一見「センター試験と大きく違う」印象を受けます。また、共通テストは「これまで以上に思考力・判断力を重視する」試験と言われます。

しかし、**あくまでも「世界史B」の試験であることを忘れてはなりません。**科目の基本知識とその理解が大前提であることに変わりありません。**「思考力・判断力」と言われるものも、科目の基本知識・理解の上にこそ成り立つものです。**

本書に盛り込まれている内容

本書に盛られている一問一答は、これまでに蓄積されてきたセンター試験をもとにしています。センター試験は、科目の基本知識・理解の習得度を測る試験として、長年にわたって高い評価を得てきました。したがって、**共通テストの基盤となる知識・理解をチェックし実力を高めるには「もってこい」の素材です。**

共通テストと本書

とはいえ、「共通テストに必要な対策は、これまでのセンター試験対策とは全く違うのでは？」という不安を抱くのも、無理はありません（共通テストの実施をめぐる右往左往も、不安を高める要因になったことでしょう）。

しかし、**これまでのセンター試験と同形式の問題**（典型的なのは短文正誤4択問題）も、**じつは多く出題されています。**また、これまでとは形式の違う設問であっても、本書で十分に対応できる内容なのです。そこで、**「一見するとこれまでのセンター試験とは違う共通テスト型問題」であっても、本書に盛り込まれた知識・理解から十分に対応できる**ことを、例題とともに示していきます。共通テスト試行調査（プレテスト）の問題から1題を 問題 として取り上げ、紹介していきます。

では、ご覧ください。

ここでは平成29年に実施された大学入学共通テスト試行調査問題から特徴的な問題を取り上げました。一問一答に取り組む前に、挑戦してみましょう。

問　題

第1問　私たちは，文献や遺物，遺跡などから過去の歴史を知ることができる。歴史資料に関する次の文章を読み，下の問い（**問1〜3**）に答えよ。

エリさんは，1世紀に中国からもたらされた金印について，パネルを用意して発表した。

※写真省略

金印は，1784年に，現在の福岡市に属する志賀島の土中から発見された。印文は「漢委奴国王」の5文字。

金印に関係する『後漢書』東夷伝の記事：

　建武中元二年（57年），倭奴国が貢ぎ物を奉じ，朝賀してきた。使者は大夫であると自称した。（その国は）倭国の極南の界にある。光武帝は印と綬*とを賜った。

　　　　　　　　　　　　　　　*綬：印を身に帯びる際に用いた組みひも。

当時，倭には多くの国があり，それぞれ世襲の王がいた。①『後漢書』は楽浪郡からの距離や方角によって，倭人の居住地の位置を示している。

「倭奴国が貢ぎ物を奉じ，朝賀してきた」という記述は，倭奴国が光武帝に対して朝貢したことを示している。また，「印と綬とを賜った」ことから，　**ア**　という関係があったことがわかる。漢王朝は，内陸部の諸国とも同様の関係を結ぶことがあった。

建　太：金印の印文は「漢委奴国王」ですが，『後漢書』の記事には「倭奴国」とありますね。「委」と「倭」と文字が違っているのはなぜですか？

エ　リ：「倭」の文字の省略形が「委」だとする説があります。『三国志』の倭人についての記述には「奴国」という国名が見えることから，『後漢書』の「倭の奴国」が金印の「委奴国」と同一だと考えるわけです。この説は，『後漢書』のような中国の正史の記述が正しいとするのですが，現在見ることのできる『後漢書』は宋代以降に印刷さ

れたものです。②出土した金印の文字そのままに読むべきだとする
説では、この金印を授けられたのは、『三国志』に見える「伊都国」
だと考えられているようです。

問1 下線部①は、金印がもたらされた当時の東アジアの状況を反映している
と考えられる。その状況を述べた文として適当なものを、次の①～④のう
ちから一つ選べ。　[　1　]

① 当時、倭の諸国が中国に往来するには、朝鮮半島を経由することが
多かった。
② 光武帝は、外交交渉を担当させる組織として楽浪郡を設置した。
③ 当時、倭国は、百済と結んで朝鮮半島に出兵するなどしていた。
④ 当時の朝鮮半島における倭人の活動が、「好太王碑」(「広開土王碑」)
に記されている。

問2 文章中の空欄　[　ア　]　に入れる文として適当なものを、次の①～④のう
ちから一つ選べ。　[　2　]

① 貢ぎ物の代価として、金と絹とを支払う
② 皇帝が、外国の王を臣下として冊封する
③ 皇帝から、属州の総督に任命される
④ 郡国制の中に、倭の地域を取り込む

問3 下線部②の説について、どのような根拠が想定できるか。想定できる根
拠として**適当でないもの**を、次の①～④のうちから一つ選べ。　[　3　]

① 印刷が普及するまで書物は手書きで伝えられたため、その過程で文
字が変わることがあった。
② 『後漢書』は当時の記録そのものではなく、編纂されたものであるた
め、編者が文字を改めることがあった。
③ 使者が口頭で伝えた国名が、中国では異なる漢字によって表記され
ることがあった。
④ 当時、倭国は卑弥呼によって統一されていたため、「倭の奴国」とい
う国名はありえない。

解答・解説

第1問

問1

> 正解　　①

解説

■ 資料文を解読する

　資料などをもとに「金印がもたらされた当時の東アジアの状況」を問う問題です。金印がもたらされた時期がわからなくても，文章の冒頭に「1世紀に中国からもたらされた金印」とあり，またパネル発表の『後漢書』の内容に「建武中元二年（57年）」と示されているのが大きな手掛かりになります。

■ 選択肢の検討

→ P.65　→ P.95 ··

　②の楽浪郡は，前漢の武帝が衛氏朝鮮を滅ぼして設置した朝鮮4郡の一つです。後漢の光武帝のことではないので，不適当です。③の百済は4世紀に成立した国なので，時代が適当ではありません。④の「好太王碑」（広開土王碑）は，高句麗の最盛期の王（4〜5C）の治績を称えた碑文なので，やはり時代が不適当です。

　正解の①は，教科書に書かれていない内容ですが，**これを正解とする根拠は，②③④が教科書の知識で判断できる明確な誤りを含んでいるからです**。したがって，知識を問う問題にほかなりません。

問2

> 正解　　②

解説

■ 課題文を解読する

　文章中の空欄 ［ ア ］ に入れる適当な文を選択する問題です。空欄の前に，「倭奴国が光武帝に対して朝貢した」ことに対して「印と綬とを賜った」ことが示されています。また，空欄のあとには，「漢王朝は，内陸部の諸国とも同様の関係を結ぶ」とあります。東アジアでは，朝貢してきた周辺諸国の首長に対して，中国皇帝が返礼品を与えるとともに，印綬など

を授けて君臣関係を結び，その地の統治を認める国際秩序が形成されました。これを冊封体制といい（→ P.75），空欄 ア にはそれに関する文が入ると想起できるでしょう。

■ 選択肢の検討

→ P.29 → P.63 → P.75 ⋯⋯⋯⋯⋯⋯⋯⋯⋯⋯⋯⋯⋯⋯⋯⋯⋯⋯⋯⋯⋯⋯⋯

①中国の皇帝が絹などを贈ったのは，貢ぎ物に対する返礼であって，代価として支払ったわけではありません。③の属州は，古代ローマがイタリア半島外に獲得した征服地などを指します。④前漢の創始者である高祖（劉邦）が施行した郡国制は，中国国内に適用される地方統治制度で，外国である倭には適用されません。また，郡国制は前漢の武帝の時代には実質的に郡県制に移行しています。したがって，②が適当です。

文章の読解力と知識力の双方が試される問題といえます。さらに，③④は教科書の知識ですぐに誤文と判断できますが，①②の正誤は，冊封体制というものの本質を理解していなければ判断できません。**表面的な知識の暗記に終わらない学習が求められている**ことがわかります。

問3

正解	④

解説

■ 選択肢の検討

→ P.67 → P.95 ⋯⋯⋯⋯⋯⋯⋯⋯⋯⋯⋯⋯⋯⋯⋯⋯⋯⋯⋯⋯⋯⋯⋯⋯⋯⋯⋯

「出土した金印の文字そのままに読むべきだとする説」の想定できる根拠として適当でない文が問われています。一瞬，新傾向の思考力を問う問題かととまどいますが，どうでしょうか。

選択肢をみていきましょう。①②③これらの内容は，教科書に記述がなく，資料の文章中にも示されていません。したがって正文とも誤文とも断定しがたいですね。一方，④については，卑弥呼は3世紀に三国時代の魏に朝貢した邪馬台国の女王なので，後漢の光武帝時代の1世紀のことではありません。明らかに誤文です。

「想定できる根拠」というような一つに解答を絞りがたく，かつ教科書にも記載されていないような内容を，正解を一つとする客観式（マーク式）で問うには，資料で根拠を示すか，本問のように知識を使った消去法しかありません。結局，これも知識問題です。

いかがでしょうか？　従来のセンター試験世界史と「見た目」こそ違いますが，いずれも**教科書レベルの知識を駆使して文章正誤問題を解くという本質は変わりません**でしたね。つまり，一問一答の知識をベースとして持っていれば，未知の共通テストでも確実に正解へたどりつくことができるわけです。ぜひとも，本書を繰り返し学習して，共通テストの問題・選択肢にまどわされない強固な知識力を身につけてください。

本書の特長と使い方

センター試験にもとづく文章正誤問題

....

問題は、過去のセンター試験をもとにした文章正誤問題で構成されています。文章正誤問題は、試験本番では4文・2文・組合せなどさまざまなパターンで出題されますが、本書では、基礎を身につけるために1文の正誤判断を設問としています。

第1章　先史・オリエント・地中海世界

1　先史・オリエント

1　先史

☐ **1.** 猿人は、石を打ち欠いただけの簡単な打製石器を使用していたと推定されている。

☐ **2.** 北京郊外で発見された北京原人は、火を使用していたとされる。

☐ **3.** 旧石器時代後期には、ネアンデルタール人など、現在の人類とほぼ同じ形質の新人があらわれた。

☐ **4.** スペインのラスコーで、洞穴絵画が発見された。

年代整序問題

....

第8章に、多くの受験生が苦手とする年代整序問題を集めました。学習の際に「いつの時期の出来事か」を意識し、問題を解くときはどうすれば時期の判断ができるか考えてみてください。

第8章　年代整序問題

1　地域史

以下の文a～cについて、それぞれ古いものから順に正しく配列しなさい。

1　ヨーロッパ・アメリカ

1. アテネの広場について
　a　セレウコス朝シリアと対立していたペルガモンの王アッタロス2世が、アテネの広場に柱廊を建設した。
　b　ソロンは広場で市民を鼓舞するために詩を朗唱し、アテネはサラミス島を獲得するため積極的に戦うようになった。この後ソロンは改革事業の指導者に選ばれることになる。
　c　ペイシストラトスは自ら身体を傷つけて広場にあらわれ、政敵に襲われたと訴えた。このため護衛兵をつけることが認められたが、彼はこの護衛兵を利用して僭主政治を打ち立てることになる。

2. ローマ共和政の時期に起こった出来事
　a　オクタウィアヌスが、アクティウムの海戦で勝利した。
　b　グラックス兄弟が、土地改革を行った。

本書は、世界史をひと通り学習したあとに、知識の確認・定着をはかるために使用するものです。実際の問題に取り組む前に、本書で効率よく「共通テストに必要な知識」を身につけてください。

解答・ポイント

1行目に正解の理由を記しています。解説では超重要語を赤字で強調していますので、赤色チェックシートで消せば用語チェックもできます。

各問題には正誤判断のポイントを示す 年代 文化 のアイコンを付けています。

年代 いつの時期の出来事かを考え、判断をする問題

文化 必ずおさえておかなくてはいけない文化史の問題

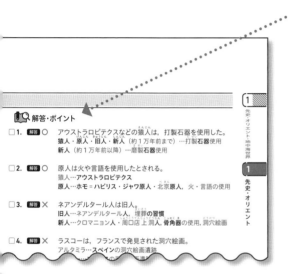

解答・ポイント

□ **1.** 解答○ アウストラロピテクスなどの猿人は，打製石器を使用した。
猿人・旧人・新人（約1万年前まで）…打製石器使用
新人（約1万年前以降）…磨製石器使用

□ **2.** 解答○ 原人は火や言語を使用したとされる。
猿人…アウストラロピテクス
原人…ホモ＝ハビリス・ジャワ原人・北京原人，火・言語の使用

□ **3.** 解答× ネアンデルタール人は旧人。
旧人…ネアンデルタール人，埋葬の習慣
新人…クロマニョン人・周口店上洞人，骨角器の使用，洞穴絵画

□ **4.** 解答× ラスコーは，フランスで発見された洞穴絵画。
アルタミラ…スペインの洞穴絵画遺跡

解答・ポイント

1. b → c → a
b ソロンが**財産政治**などの改革を行う（前6C初）
c ソロンの改革ののち，ペイシストラトスが**僭主政治**開始（前6C半）
a ギリシアのポリス社会衰退後，**アレクサンドロス**の大帝国を経てセレウコス朝成立（前4C）

2. b → c → a
b ポエニ戦争後の国防弱体化を受けグラックス兄弟が改革（前2C後半）
c グラックス兄弟の改革失敗後の「**内乱の1世紀**」に，第1回三頭政治成立

1 ｜ 先史・オリエント

1 先史

☐**1.** 猿人は，石を打ち欠いただけの簡単な打製石器を使用していたと推定されている。

☐**2.** 北京郊外で発見された北京原人は，火を使用していたとされる。

☐**3.** 旧石器時代後期には，ネアンデルタール人など，現在の人類とほぼ同じ形質の新人があらわれた。

☐**4.** スペインのラスコーで，洞穴絵画が発見された。

☐**5.** 約9000年前に，氷河期が終わり，気候が温暖化した。

☐**6.** 新石器時代には，農耕・牧畜が盛んに行われるようになった。

2 オリエント

☐**1.** ウルは，アッカド人を征服して，初めてメソポタミアを統一した。

☐**2.** シュメール人が作った楔形文字は，おもに粘土板の上に書かれた。

☐**3.** ハンムラビ法典には，同害復讐の原則がある。

📖 解答・ポイント

□ **1.** 解答 ○　アウストラロピテクスなどの猿人は，打製石器を使用した。
　　　猿人・原人・旧人・新人（約1万年前まで）…打製石器使用
　　　新人（約1万年前以降）…磨製石器使用

□ **2.** 解答 ○　原人は火や言語を使用したとされる。
　　　猿人…アウストラロピテクス
　　　原人…ホモ＝ハビリス・ジャワ原人・北京原人，火・言語の使用

□ **3.** 解答 ×　ネアンデルタール人は旧人。
　　　旧人…ネアンデルタール人，埋葬の習慣
　　　新人…クロマニョン人・周口店上洞人，骨角器の使用，洞穴絵画

□ **4.** 解答 ×　ラスコーは，フランスで発見された洞穴絵画。
　　　アルタミラ…スペインの洞穴絵画遺跡
　　　ラスコー…フランスの洞穴絵画遺跡

□ **5.** 解答 ○　年代 約1万～9000年前に気候が温暖化し，農耕・牧畜開始。
　　　約1万～9000年前…狩猟・採集から農耕・牧畜への移行

□ **6.** 解答 ○　農耕・牧畜は新石器時代に始まった。
　　　旧石器時代 ＝ 打製石器使用 ＝ 狩猟・採集（獲得経済）
　　　新石器時代 ＝ 磨製石器使用 ＝ 農耕・牧畜（生産経済）

📖 解答・ポイント

□ **1.** 解答 ×　アッカド人がシュメール人を征服し，メソポタミア初統一。
　　　シュメール人…ウル・ウルク・ラガシュの都市国家建設
　　　アッカド人（セム語系）…サルゴン1世が初めてメソポタミア統一

□ **2.** 解答 ○　文化 シュメール人は，楔形文字を創始した。
　　　楔形文字…シュメール人が創始，粘土板に記す

□ **3.** 解答 ○　ハンムラビ法典は，「目には目を，歯には歯を」の復讐法。
　　　バビロン第1王朝（古バビロニア王国）…アムル人（セム語系）が建
　　　国，ハンムラビ王がメソポタミアを統一しハンムラビ法典制定
　　　➡滅亡後のメソポタミアにはカッシート・ミタンニが成立

☐**4.** ヒッタイト人は，戦車の使用によって，モンゴル高原に勢力を広げた。

☐**5.** 歴史家ヘロドトスは，「エジプトはナイルのたまもの」と表現した。

☐**6.** エジプト王はファラオと呼ばれ，神の化身と考えられていた。

☐**7.** 古王国時代のエジプトがシリアに進出し，ヒッタイトと争った。

☐**8.** ギザのピラミッドは，メンフィスを都とするエジプト中王国時代に建造された。

☐**9.** アッカド人は，中王国時代のエジプトに侵入した。

☐**10.** アメンホテプ４世（イクナートン）は，独自の一神教を創始した。

☐**11.** 古代エジプト人は，オシリスによって死者が審判を受けると信じていた。

☐**12.** エジプトの太陽暦は，ユリウス暦のもとになった。

☐**13.** ロゼッタ゠ストーンには，上からペルシア文字，アラム文字，フェニキア文字が記されている。

□**4.** 解答 ✕　ヒッタイト人は，小アジア（アナトリア）中心に勢力拡大。
　　　　　ヒッタイト人（**インド＝ヨーロッパ語系**）…**鉄製の武器**を使用
　　　　　「**海の民**」…ヒッタイトを滅ぼしエジプト新王国を衰退させる

□**5.** 解答 ◯　文化 ナイル川は，エジプトに豊かな農業社会をもたらした。
　　　　　メソポタミア…ティグリス・ユーフラテス川流域
　　　　　エジプト…ナイル川流域，ヘロドトス「**エジプトはナイルのたまもの**」
　　　　　→ P.27 ヘロドトスは，古代ギリシアの歴史家

□**6.** 解答 ◯　エジプトの王ファラオは，太陽神ラーの化身と考えられた。
　　　　　ラー（太陽神）が崇拝の中心➡**アモン＝ラー**信仰に発展

□**7.** 解答 ✕　シリアに進出したのは，エジプト新王国の時代。
　　　　　新王国…シリアに進出➡ヒッタイトと争う

□**8.** 解答 ✕　メンフィスを都としたのは，エジプト古王国。
　　　　　古王国…都はメンフィス，**ギザ**にピラミッド建造（**クフ王**が最大）
　　　　　中王国・新王国…都は**テーベ**

□**9.** 解答 ✕　中王国時代のエジプトに侵入したのは，ヒクソス。
　　　　　ヒクソス…**中王国**末期のエジプトに侵入➡中王国滅亡後のエジプ
　　　　　ト支配➡ヒクソスを追放して新王国成立

□**10.** 解答 ◯　アメンホテプ４世は，アトンを唯一神とする一神教を創始。
　　　　　アメンホテプ４世（**イクナートン**）…**新王国**の王，多神教を廃しア
　　　　　トン一神教を強制，**テル＝エル＝アマルナ**に遷都➡写実的な**ア**
　　　　　マルナ美術成立

□**11.** 解答 ◯　文化 古代エジプト人は，オシリスを冥界の王とみなした。
　　　　　古代エジプト人の来世信仰…ピラミッド・ミイラ・「**死者の書**」（冥
　　　　　界の王オシリスの審判の際に必要とされた）を作成

□**12.** 解答 ◯　文化 ユリウス暦は，エジプトの太陽暦がもとになった。
　　　　　古代エジプト…**太陽暦**（➡ローマの**ユリウス暦**へ），**測地術**
　　　　　メソポタミア…**太陰暦**，**六十進法**，**１週７日制**

□**13.** 解答 ✕　文化 エジプトの神聖文字・民用文字とギリシア文字を記す。
　　　　　神聖文字（ヒエログリフ）…**シャンポリオン**が解読
　　　　　民用文字（デモティック）…簡略化した文字，**パピルス**などに記
　　　　　す

□**14.** フェニキア人は，ダマスクスを中心に，おもに内陸交易で活躍した。

□**15.** アラム語は，西アジアの内陸交易で，国際的な商業語として使われた。

□**16.** ヘブライ人の王国は，ダヴィデ王のときに新バビロニアにより征服された。

□**17.** ユダヤ教は，太陽神を信仰する一神教である。

□**18.** 『新約聖書』は，ユダヤ教徒にとって聖典である。

□**19.** 新バビロニアは，エジプトを含むオリエントを初めて統一した。

□**20.** ダレイオス1世が，アケメネス（アカイメネス）朝を建てた。

□**21.** アケメネス朝では，サトラップを置いて全国を統治した。

□**22.** ゾロアスター教の最高神は，アフラ゠マズダである。

□**14.** 解答 ✕ フェニキア人は，シドン・ティルスを中心に地中海貿易で活躍。
　　アラム人（**セム語系**）…**内陸交易**，ダマスクス拠点
　　フェニキア人（**セム語系**）…**地中海貿易**，シドン・ティルス拠点
　　　➡**カルタゴ建設**

□**15.** 解答 ◯ アラム人の商業活動で，アラム語やアラム文字が広まった。
　　アラム人…**アラム語**が普及，アラム**文字**が**ソグド文字**などの母体
　　フェニキア人…フェニキア**文字**がアルファベットに発展

□**16.** 解答 ✕ ダヴィデ王は，ヘブライ人の王国の最盛期の王。
　　ヘブライ人の王国…**ダヴィデ・ソロモン王**が最盛（都**イェルサレム**）
　　➡ 分裂 ┏**イスラエル王国** ➡ **アッシリア**が征服
　　　　　　┗**ユダ王国** ➡ **新バビロニア**が征服 = バビロン捕 囚

□**17.** 解答 ✕ 文化 ユダヤ教は，唯一神ヤハウェを信仰する一神教。
　　ユダヤ教…唯一神**ヤハウェ**，選民思想，救世主（**メシア**）信仰

□**18.** 解答 ✕ 文化 ユダヤ教の聖典は，『旧約聖書』。
　　『**旧約聖書**』…**ユダヤ教**の聖典，モーセの「**出エジプト**」など
　　『**新約聖書**』…**キリスト教**の聖典

□**19.** 解答 ✕ 前7世紀にオリエントを初めて統一したのは，アッシリア。
　　アッシリア（初めて**オリエント統一**・都**ニネヴェ**，全盛期**アッシュル
　　バニパル**）➡**4王国分立**（リディア[**金属貨幣**使用]・メディア・
　　新バビロニア・エジプト）➡**アケメネス朝**（オリエント再統一）

□**20.** 解答 ✕ 前6世紀にアケメネス朝を建国したのは，キュロス2世。
　　キュロス2世…**アケメネス（アカイメネス）朝**を建国
　　ダレイオス1世…最盛期，ペルセポリス造営，**ペルシア戦争**開始

□**21.** 解答 ◯ アケメネス朝は，サトラップ（知事）に地方を統治させた。
　　「**王の目**」「**王の耳**」…**サトラップ**を監視
　　「**王の道**」…都**スサ**と**小アジア**を結ぶ，駅伝制を設置

□**22.** 解答 ◯ 文化 最高神・善神がアフラ＝マズダ，悪神がアーリマン。
　　ゾロアスター教（**拝火教**）…**ペルシア人（イラン人）**の宗教，最後の
　　審判（➡ ユダヤ教・キリスト教に影響），中国名は**祆教**

2 | 地中海世界

1 古代ギリシア

☐**1.** クレタ文明（ミノア文明）は，ミケーネ文明を滅ぼして成立した。

☐**2.** クレタ文明の中心であったクノッソスの遺跡は，シュリーマンによって発掘された。

☐**3.** ギリシア人のポリスでは，アクロポリスやアゴラを中心に，公共生活が営まれた。

☐**4.** ギリシア人は，イタリア南部に植民市を建設した。

☐**5.** ギリシア人は，異民族をバルバロイと呼んだ。

☐**6.** スパルタでは，商工業に従事する人々はヘイロータイ（ヘロット）と呼ばれた。

☐**7.** ポリスでは，重装歩兵部隊が軍の主力となるにしたがい，貴族の権力が強化された。

☐**8.** アテネではソロンが，債務を負った市民が奴隷となることを防ぐ改革を行った。

☐**9.** 貴族と平民が争いを続けていた前6世紀中頃，ペイシストラトスは，僭主として独裁権力を握った。

📖🔍 解答・ポイント

□ **1.** 解答 ✕ エーゲ文明では，クレタ文明に続いてミケーネ文明が成立。
   クレタ文明（ミノア文明）…**クレタ島**の**クノッソス**中心，海洋文明
   ミケーネ文明…**ギリシア本土**の**ミケーネ・ティリンス**中心，巨石
   城塞をもつ，「**海の民**」の攻撃などで衰退

□ **2.** 解答 ✕ クレタ文明の遺跡を発掘したのは，エヴァンズ。
   クレタ文明…**エヴァンズ**が発掘
   ミケーネ文明…**シュリーマン**が発掘，**線文字**をヴェントリスが解読

□ **3.** 解答 ○ 前8世紀頃から集住（シノイキスモス）などでポリス成立。
   エーゲ文明➡**暗黒時代**（鉄器普及）➡都市国家**ポリス**（アテネ・
   スパルタなど）成立
   ポリス…集住などで成立，**アクロポリス**(丘)・**アゴラ**(広場)中心

□ **4.** 解答 ○ ギリシア人は，地中海・黒海沿岸に植民市を建設した。
   ギリシア人の植民市…南フランスのマッサリア，南イタリアのネア
   ポリス，黒海沿岸の**ビザンティウム**など

□ **5.** 解答 ○ 自らをヘレネス，異民族をバルバロイと呼んだ。
   ギリシア人の同族意識…自らを**ヘレネス**，異民族を**バルバロイ**と
   呼ぶ，**デルフォイの神託・オリンピアの祭典**を共有

□ **6.** 解答 ✕ ヘイロータイ（ヘロット）は，スパルタの隷属農民。
   スパルタ…**ドーリア人**のポリス，軍国主義的な**リュクルゴスの制**
   ペリオイコイ…スパルタの**商工業従事者**
   ヘイロータイ（ヘロット）…スパルタの**隷属農民**

□ **7.** 解答 ✕ 平民が重装歩兵部隊として活躍し，地位を向上させた。
   富裕な平民が重装歩兵として活躍➡**貴族政治**に反発して政治参加
   を要求➡民主政治の進展

□ **8.** 解答 ○ アテネのソロンは，債務奴隷を禁止した。
   ドラコン（アテネ）…**慣習法を成文化**（前7C）
   ソロン（アテネ）…**債務奴隷の禁止・財産政治**（前6C初）

□ **9.** 解答 ○ 年代 ペイシストラトスは，前6世紀半ば僭主政治確立。
   僭主政治…僭主（平民の不満を背景に非合法に政権を握った者）
   が行う政治，アテネの僭主**ペイシストラトス**は平民を保護

□**10.** クレイステネスのもとで，陶片追放（オストラシズム，オストラキスモス）の制度が作られた。

□**11.** 前2世紀に，マラトンの戦いが起こった。

□**12.** 民主政が完成したアテネでは，奴隷制が廃止された。

□**13.** 前4世紀にポリスの間に，傭兵の使用が広まった。

□**14.** 古代ギリシアでは，オリンポスの神を崇拝する一神教が成立した。

□**15.** ヘシオドスは，『神統記』を著した。

□**16.** タレスは，万物の根源は原子（アトム）であると論じた。

□**17.** アリストファネスは，たくさんの悲劇を書いた。

□**18.** 古代ギリシアでは，プロタゴラスが絶対的な真理の存在を主張した。

□**19.** プラトンは，イデア論を説いた。

□**10.** 解答 ○ クレイステネスは，前6世紀末に陶片追放の制度を制定。
陶片追放…クレイステネス（アテネ）が制定（前6C末），**オストラコン**（陶片）を投票に用いて**僭主**の出現を防止

□**11.** 解答 × 年代 マラトンの戦いなど，ペルシア戦争は前5世紀の戦争。
ペルシア戦争（前5C前半）…**ミレトス**中心にイオニア植民市の反乱➡**マラトンの戦い**（アテネの重装歩兵軍が勝利）・**サラミスの海戦**（テミストクレス率いるギリシア艦隊が勝利）・**プラタイアの戦い**（ギリシア連合軍が勝利）

□**12.** 解答 × アテネの民主政治は，奴隷制を基盤としていた。
ペルシア戦争で無産市民が三段櫂船の漕ぎ手として活躍➡ペリクレスのもとで，民会を最高機関として全成年男性市民による**直接民主政**完成（前5C半）（女性・奴隷に参政権なし）

□**13.** 解答 ○ 年代 前4世紀のポリス社会の衰退期に，傭兵の使用流行。
ペロポネソス**戦争**（前5C後半）…デロス**同盟**（アテネ中心）vs ペロポネソス**同盟**（スパルタ中心）➡最終的にアテネが敗北➡ポリス社会衰退，**傭兵**の普及

□**14.** 解答 × 文化 古代ギリシアは多神教で，オリンポス12神が中心。
オリンポス12神…ギリシアの神々，神々が人間的性格をもつ

□**15.** 解答 ○ 文化 ヘシオドスは，『神統記』『労働と日々』を著した。
ホメロス…『**イリアス**』『**オデュッセイア**』
サッフォー…女性叙情詩人

□**16.** 解答 × 文化 タレスは，万物の根源を水と考えた。
イオニア自然哲学…万物の根源を追究，タレス（**水**を根源），ピタゴラス（**数**を根源），**デモクリトス**（原子を根源）

□**17.** 解答 × 文化 アリストファネスは，喜劇作家。
悲劇詩人…アイスキュロス・ソフォクレス・エウリピデス
喜劇作家…アリストファネス

□**18.** 解答 × 文化 絶対的な真理の存在を主張したのは，ソクラテス。
プロタゴラス…ソフィスト（職業教師），絶対的真理を否定＝「万物の尺度は人間」➡ソクラテス（絶対的真理を主張）と対立

□**19.** 解答 ○ 文化 プラトンは，イデア論を唱えた。
プラトン…ソクラテスの弟子，**イデア論**
アリストテレス…プラトンの弟子，諸学問を集大成

☐**20.** トゥキディデスは，ペロポネソス戦争史について叙述した。

☐**21.** アテネのアクロポリスには，パルテノン神殿が建てられた。

2 ヘレニズム・イラン

☐**1.** アテネとテーベ（テーバイ）の連合軍は，カイロネイアの戦いでフィリッポス2世に敗れた。

☐**2.** マケドニア王のアレクサンドロスは，前4世紀後半にペルシアへの遠征を行った。

☐**3.** アレクサンドロス大王の死後，その後継者を称する武将たちが王国を樹立し，王国間で抗争を続けた。

☐**4.** バクトリアは，セレウコス朝から自立したギリシア人が建国した。

☐**5.** パルティアは，ササン朝を滅ぼした。

☐**6.** ササン朝ペルシアのホスロー1世は，ローマ帝国と戦って，皇帝を捕虜にした。

☐**7.** プトレマイオス朝の都アレクサンドリアは，ヘレニズム文化の中心地として栄えた。

☐**8.** アリスタルコスは，天動説を唱えた。

☐**20.** 解答 ○ 　文化 トゥキディデスは，ペロポネソス戦争の歴史を記述した。
ヘロドトス…『**歴史**』（**ペルシア戦争史**を記述）
トゥキディデス…**ペロポネソス戦争史**を記述

☐**21.** 解答 ○ 　文化 パルテノン神殿は，アテネのアクロポリスに建築。
パルテノン**神殿**…**フェイディアス**が再建，「**アテナ女神像**」

📖 解答・ポイント

☐**1.** 解答 ○ 　フィリッポス2世は，前4世紀後半にアテネ・テーベに勝利。
フィリッポス2世…**マケドニア王**，**カイロネイアの戦い**に勝利
➡マケドニア盟主の**コリントス同盟**（**ヘラス同盟**）でギリシア支配

☐**2.** 解答 ○ 　年代 アレクサンドロスは，前4世紀後半にペルシア遠征開始。
アレクサンドロス**大王**の東方（**ペルシア**）**遠征**…**イッソスの戦い**で
アケメネス朝のダレイオス3世を撃破➡アケメネス朝滅亡

☐**3.** 解答 ○ 　アレクサンドロス死後，後継者を称するディアドコイが抗争。
ディアドコイの抗争➡**アンティゴノス朝マケドニア**・**セレウコス朝**
シリア・**プトレマイオス朝エジプト**（都アレクサンドリア）が分立

☐**4.** 解答 ○ 　前3世紀にセレウコス朝からバクトリア・パルティアが自立。
バクトリア（前3〜前2C）…ギリシア系，中央アジア支配
パルティア（前3〜後3C）…イラン系，イラン支配

☐**5.** 解答 ✕ 　ササン朝が3世紀にパルティアを滅ぼした。
パルティア…アルサケスが創始，中国名は**安息**，都**クテシフォン**
ササン朝（3〜7C）…**アルダシール1世**がパルティアを破り創
始，都クテシフォン

☐**6.** 解答 ✕ 　ローマ皇帝を捕虜にしたのは，ササン朝のシャープール1世。
シャープール1世（3C）…ローマの**軍人皇帝ウァレリアヌス**を捕虜
ホスロー1世（6C）…ビザンツ皇帝**ユスティニアヌス**と抗争，**突
厥**と結んで**エフタル**を滅ぼす

☐**7.** 解答 ○ 　文化 アレクサンドリアのムセイオン中心に，自然科学が発達。
ヘレニズム**時代**…アレクサンドロスの遠征〜プトレマイオス朝滅亡
ヘレニズム**文化**…ギリシア・オリエント文化の融合，**コイネー**使用

☐**8.** 解答 ✕ 　文化 アリスタルコスは，太陽中心説（地動説）を唱えた。
エウクレイデス…平面幾何学大成　アルキメデス…数学・物理学
エラトステネス…地球の周囲の長さ計測　**アリスタルコス**…地動説

□**9.** 禁欲を説くストア派の哲学は，ヘレニズム文化の中で生まれた。

□**10.** 『アヴェスター』は，マニ教の経典である。

3 ローマ

□**1.** 前4世紀のローマは，エトルリア人の王を戴いていた。

□**2.** おもに大土地所有者である貴族は，パトリキと呼ばれた。

□**3.** 十二表法は，慣習法を成文化したローマ最古の法である。

□**4.** リキニウス＝セクスティウス法により，平民会の決議が国法とされた。

□**5.** ローマは，エジプトからシチリアを奪って属州とした。

□**6.** カルタゴは，ローマの将軍ハンニバルによって滅ぼされた。

□**7.** ポエニ戦争後，重装歩兵として従軍した農民層は経済的に豊かになった。

□**9.** 解答 ○ 文化 ゼノンは，禁欲を重視するストア派哲学を創始した。
世界市民主義（コスモポリタニズム）の風潮…ポリスの枠を否定
ストア派哲学…**ゼノン**創始，禁欲重視
エピクロス派哲学…**エピクロス**創始，精神的快楽重視

□**10.** 解答 ✕ 文化 『アヴェスター』は，ゾロアスター教の経典。
ゾロアスター**教**…ササン朝で国教，『アヴェスター』成立
マニ**教**…ササン朝で成立➡ササン朝で弾圧され各地に伝播

📖🔍 解答・ポイント

□**1.** 解答 ✕ 年代 ローマは，前6世紀末にエトルリア人の王を追放。
ローマ…**イタリア人**の一派**ラテン人**が**ティベル川**のほとりに建設➡
エトルリア人の王を追放して共和政を開始（前6C末）

□**2.** 解答 ○ 古代ローマの貴族はパトリキ，平民はプレブスと呼ばれた。
貴族（**パトリキ**）…元老院議員を構成，最高官職の**コンスル**を独占
平民（**プレブス**）…重装歩兵として活躍➡貴族に政治参加を要求

□**3.** 解答 ○ 前5世紀に，慣習法を成文化した十二表法が制定された。
護民官（前5C設置）…平民保護の役職
平民会（前5C設置）…平民で構成される**民会**

□**4.** 解答 ✕ 平民会の決議を国法としたのは，ホルテンシウス法。
リキニウス＝セクスティウス**法**（前4C）…コンスルの1名を平民
　　から選出
ホルテンシウス**法**（前3C）…元老院の承認なく平民会の決議を
　　国法とする

□**5.** 解答 ✕ ローマはポエニ戦争でカルタゴからシチリアを奪い属州化。
ポエニ**戦争**（前3～前2C）…フェニキア人の**カルタゴ**との戦争
属州…イタリア半島以外のローマの征服地，**シチリア島**が最初

□**6.** 解答 ✕ ハンニバルは，ポエニ戦争で活躍したカルタゴの将軍。
カルタゴのハンニバルがローマを破る➡**ローマ**の**スキピオ**がカルタ
ゴを破る➡最終的にカルタゴがポエニ戦争に敗北・滅亡

□**7.** 解答 ✕ ポエニ戦争後，重装歩兵の担い手の中小農民は没落した。
中小農民**の没落**…従軍で疲弊・農地荒廃，属州から安価な穀物
流入，ラティフンディア（**奴隷**使用の大所領）拡大➡無産市民
となり「**パンと見世物**」要求

□**8.** グラックス兄弟は，大地主の土地所有を奨励する政策をとった。

□**9.** 同盟市戦争では，ローマの同盟市がローマ市民権を要求して結束し，ローマに対して反乱を起こした。

□**10.** 前1世紀のイタリアで起こった奴隷の大反乱を指導したのは，スパルタクスであった。

□**11.** オクタウィアヌス，アントニウス，クラッススの間で，第2回三頭政治が行われた。

□**12.** カエサルは，アクティウムの海戦に勝ち，地中海世界を統一した。

□**13.** ローマ帝政初期の約200年間は，「ローマの平和」（パクス = ロマーナ）とも呼ばれている。

□**14.** トラヤヌス帝のとき，ローマ帝国の領土が最大となった。

□**15.** 3世紀初めに，ローマ帝国内の全自由民にローマ市民権が与えられた。

□**16.** 奴隷制に基づくコロナトゥスが成立した。

□**17.** テオドシウス帝は，専制君主政を始めた。

□ **8.** 解答 ✕ グラックス兄弟は大土地所有を制限し中小農民再建を企図。
グラックス兄弟**の改革**失敗➡「**内乱の1世紀**」本格化…**閥族派**の
スラと**平民派**のマリウスの抗争など戦争・反乱が頻発

□ **9.** 解答 ○ 同盟市戦争は，ローマ市民権を要求する同盟市の反乱。
ローマは**分割統治**で同盟市に**ローマ市民権付与せず➡同盟市戦争**
（前1C初）➡**イタリア半島の全自由民にローマ市民権付与**

□ **10.** 解答 ○ 年代 前1世紀に，剣闘士（けんとうし）のスパルタクスが反乱を起こした。
剣闘士（**剣奴**（けんど））…**コロッセウム**などの闘技場で見世物を提供
スパルタクス**の反乱**（前1C）…剣闘士スパルタクスが指導

□ **11.** 解答 ✕ クラッススは，第1回三頭（さんとう）政治に参加。
第1回三頭政治…**カエサル・ポンペイウス・クラッスス**
第2回三頭政治…**オクタウィアヌス・アントニウス・レピドゥス**

□ **12.** 解答 ✕ アクティウムの海戦に勝利したのは，オクタウィアヌス。
アクティウムの海戦（前1C）…**オクタウィアヌス** vs **アントニウス**
＋**クレオパトラ**（プトレマイオス朝）➡オクタウィアヌス勝利，
地中海統一➡**ローマ帝政**

□ **13.** 解答 ○ アウグストゥスから五賢帝（ごけんてい）までが「ローマの平和」。
オクタウィアヌス…**アウグストゥス**（尊厳者（そんげんしゃ））の称号獲得➡**プリンケ
プス**（「**第一の市民**」）を称し元首政（**プリンキパトゥス**（げんしゅせい））開始

□ **14.** 解答 ○ 五賢帝のトラヤヌス帝のとき，ローマ帝国は最大領土。
五賢帝…**ネルウァ・トラヤヌス**（最大領土）・**ハドリアヌス・アン
トニヌス＝ピウス・マルクス＝アウレリウス＝アントニヌス**

□ **15.** 解答 ○ 年代 3世紀初めカラカラ帝が帝国内全自由民に市民権付与。
カラカラ帝…**ローマ帝国内全自由民**に**ローマ市民権**付与（3C初）
⏺区別 同盟市戦争を機にイタリア半島の全自由民にローマ市民権（前1C初）

□ **16.** 解答 ✕ 奴隷（どれい）制に基づくのは，ラティフンディア（ラティフンディウム）。
ラティフンディア…**奴隷**を使用，ポエニ戦争を機に共和政期に発達
コロナトゥス…**コロヌス**（小作人）を使用，帝政期に発達

□ **17.** 解答 ✕ 3世紀後半に専制君主政（せんせいくんしゅ）を始めたのはディオクレティアヌス。
ディオクレティアヌス帝…**専制君主政**（ドミナトゥス）・**四帝分治制**
（**テトラルキア**）開始，**皇帝崇拝拒否のキリスト教徒を大迫害**
テオドシウス帝…死後，帝国は**東ローマ帝国**と**西ローマ帝国**に分裂

☐**18.** ディオクレティアヌスは，コンスタンティノープルをローマ帝国の首都として整備した。

☐**19.** イエスは，ローマに対する反逆者として処刑された。

☐**20.** 古代ローマのカタコンベは，キリスト教の国教化とともに造られはじめた。

☐**21.** ミラノ勅令によって，ローマ帝国はキリスト教を国教化した。

☐**22.** ニケーア公会議で，アタナシウス派が正統とされた。

☐**23.** ローマ法は，本来ローマ市民に適用されていたが，しだいにその対象を拡大していった。

☐**24.** アウグストゥスの時代を代表する詩人ホラティウスは，ホメロスの叙事詩を範として『アエネイス』を書いた。

☐**25.** リウィウスは，『ローマ建国史（ローマ建国以来の歴史）』を著した。

☐**26.** タキトゥスは，『ガリア戦記』を著した。

□**18.** 解答 × コンスタンティノープルに遷都したのはコンスタンティヌス。
コンスタンティヌス**帝**（４C前半）…ギリシア人 植 民市**ビザンティウム**に遷都➡コンスタンティノープルと改称

□**19.** 解答 ○ 1世紀にイエスは，ピラトにより十字架で処刑された。
キリスト**教**…処刑されたイエスを**キリスト**（**救世主**）と信じる宗教
➡使徒（イエスの弟子）のペテロ・パウロ（異邦人に伝道）ら布教

□**20.** 解答 × カタコンベは迫害の時期のキリスト教徒の礼拝所となった。
キリスト教徒は**ネロ帝**の迫害（１C）や**ディオクレティアヌス帝**の大迫害（４C初）を受ける➡**カタコンベ**（地下墓所）で信仰維持

□**21.** 解答 × ミラノ勅令は，キリスト教を公認した4世紀前半の勅令。
コンスタンティヌス**帝**…ミラノ**勅令**で**キリスト教公認**，ニケーア公**会議**開催
ユリアヌス帝…異教復興
テオドシウス帝…**キリスト教国教化**（４C末）

□**22.** 解答 ○ 正統教義のアタナシウス派は，のち三位一体説として確立。
ニケーア**公会議**…アタナシウス**派**を**正統教義**，アリウス**派**を**異端**
エフェソス**公会議**…ネストリウス**派**を異端➡中国に伝わり景 **教**
カルケドン公会議…**単性論**を異端➡**コプト教会**などが継承

□**23.** 解答 ○ 文化 ローマ拡大にともない, ローマ法は市民法から万民法へ。
ローマ文化…法律や土木建築など実用的文化に独創性
ローマ建築…浴場・凱旋門・コロッセウム（闘技場）・パンテオン（万神殿）・アッピア**街道**・ガール**水道橋**

□**24.** 解答 × 文化 『アエネイス』を書いたのは，ウェルギリウス。
ラテン**文学**…ウェルギリウス『**アエネイス**』（ローマ建国の伝説），ホラティウス，オウィディウス，**キケロ**

□**25.** 解答 ○ 文化 リウィウスは，『ローマ建国史』を著した。
歴史…**リウィウス**『**ローマ建国史（ローマ建国以来の歴史）**』，ポリビオス，**プルタルコス**『**対比列伝（英雄伝）**』

□**26.** 解答 × 文化 『ガリア戦記』は，カエサルが著した。
カエサル『**ガリア戦記**』（自身のガリア**遠征**の記録）
タキトゥス『**ゲルマニア**』（大移動前のゲルマン人社会を描く）

☐**27.** プトレマイオスは，地動説を体系化した。

☐**28.** 五賢帝の一人マルクス＝アウレリウス＝アントニヌスの著した『自省録』には，キリスト教の倫理観が色濃くあらわれている。

☐**29.** アウグスティヌスは，『神の国』を著した。

□**27.** 解答 ✕ 文化 プトレマイオスは，天動説を体系化した。
自然科学…**プトレマイオス**（天動**説**を唱える），**ストラボン**『**地理誌**』，プリニウス『博物誌』

□**28.** 解答 ✕ 文化 『自省録』は，ストア派哲学の書。
ローマのストア派哲学者…**セネカ**，エピクテトス，**マルクス＝アウレリウス＝アントニヌス**『**自省録**』

□**29.** 解答 ◯ 文化 教父アウグスティヌスは,『告白録』『神の国』を著した。
教父…キリスト教の正統教義確立に寄与した古代の著述家
アウグスティヌス…教父，『告白録』『**神の国（神国論）**』

第2章　南アジア・東南アジア・イスラーム世界

1 ┃ 南アジア・東南アジア

1 古代インド

□**1.** モエンジョ゠ダーロは，ガンジス川流域に栄えた都市文明の遺跡である。

□**2.** インダス文字は，20世紀に解読された。

□**3.** インダス文明は，北方から侵入したアーリヤ人によって築かれた。

□**4.** アーリヤ人は，ガンジス川流域に進出し，農耕を行った。

□**5.** ヴァルナ制は，三つの身分からなる。

□**6.** バラモン教は，『アヴェスター』を聖典とする宗教である。

□**7.** 仏教やジャイナ教は，祭司階級であるバラモンに最大の支持者を見出した。

□**8.** 前2世紀に，チャンドラグプタがマウリヤ朝を開いた。

□**9.** アショーカ王は仏教に帰依し，ダルマに基づく統治をめざした。

📖 解答・ポイント

☐ **1.** 解答 ✕ モエンジョ゠ダーロは，インダス川流域のインダス文明の遺跡。
インダス**文明**の遺跡…モエンジョ゠ダーロ（インダス川下流域），
ハラッパー（インダス川中流域の**パンジャーブ地方**）

☐ **2.** 解答 ✕ インダス文字は，未解読。
インダス**文字**…インダス文明で使用，**印章**などに刻む，未解読

☐ **3.** 解答 ✕ アーリヤ人は，インダス文明滅亡後のインドに侵入した。
ドラヴィダ**系**…インドの先住民，インダス文明を築いた民族と推定
アーリヤ**人**…前1500年頃パンジャーブ**地方**に侵入

☐ **4.** 解答 ◯ 前1000年頃，アーリヤ人はガンジス川流域に進出した。
前1000年頃〜…アーリヤ人がガンジス**川**流域進出，鉄器使用
前6C頃〜…ガンジス川流域に**コーサラ国・マガダ国**成立

☐ **5.** 解答 ✕ ヴァルナ制は，四つの身分からなる。
ヴァルナ**制**…バラモン（司祭）・クシャトリヤ（戦士）・ヴァイシャ
（庶民）・シュードラ（隷属民）➡カースト（ジャーティ）に発展

☐ **6.** 解答 ✕ バラモン教の聖典は，ヴェーダ。
ヴェーダ…古代インドの宗教文献，最古のものが『リグ゠ヴェーダ』
バラモン教…**ヴァルナ制**に基づき**ヴェーダ**を聖典とする宗教
(→ P.29) 『アヴェスター』は，ゾロアスター教の聖典

☐ **7.** 解答 ✕ 仏教・ジャイナ教は王侯・商人が支持。バラモンの権威否定。
ウパニシャッド…バラモン教の改革，輪廻転生からの解脱を説く
仏教…開祖ガウタマ゠シッダールタ，ヴァルナ否定，八正道
ジャイナ教…開祖ヴァルダマーナ，ヴァルナ否定，極端な不殺生

☐ **8.** 解答 ✕ 年代 チャンドラグプタがマウリヤ朝を開いたのは，前4世紀。
マウリヤ**朝**（前4〜前2C）…チャンドラグプタ**王**が創始，アショー
カ**王**のとき最盛期，都**パータリプトラ**

☐ **9.** 解答 ◯ アショーカ王は，仏教に帰依しダルマに基づく統治を理想。
アショーカ**王**（前3C）…ダルマ（法）に基づく統治，仏典の結
集，詔勅を磨崖碑・石柱碑に刻む，**スリランカ（セイロン島）**布教

☐**10.** インドでは，マウリヤ朝時代に大乗仏教が広まった。

☐**11.** マウリヤ朝が衰えると，西北インドにサータヴァーハナ朝がおこった。

☐**12.** インドの仏教とイスラーム文化が融合して，ガンダーラ美術が生まれた。

☐**13.** グプタ朝は，チャンドラグプタ2世の時代に最盛期を迎えた。

☐**14.** グプタ朝時代に，『シャクンタラー』が書かれた。

☐**15.** アジャンター石窟の壁面に描かれた絵画は，グプタ様式の代表作とされる。

☐**16.** グプタ朝時代には，ヒンドゥー教に代わって仏教が盛んになった。

☐**17.** 2世紀にハルシャ＝ヴァルダナは，北インドを統一した。

☐**18.** 14世紀にチョーラ朝は，東南アジアに遠征を行った。

☐**19.**『エリュトゥラー海案内記』は，エーゲ海交易について記している。

☐ **10.** 解答 ✕ マウリヤ朝は上座部仏教，その後1世紀頃に大乗仏教成立。
上座部仏教（小乗仏教）…個人の解脱を重視，東南アジアに伝播
大乗仏教…菩薩信仰により大衆の救済を重視，東アジアに伝播

☐ **11.** 解答 ✕ マウリヤ朝衰退後，西北インドに成立したのはクシャーナ朝。
クシャーナ朝（1～3C）…西北インド，最盛期のカニシカ王は仏
教保護 ⇒区別 マウリヤ朝のアショーカ王
サータヴァーハナ朝（前1～後3C）…デカン高原，ローマと貿易

☐ **12.** 解答 ✕ ガンダーラ美術は，仏教とヘレニズム文化が融合。
ガンダーラ美術…クシャーナ朝期に発達，ヘレニズム文化の影響
で仏像制作

☐ **13.** 解答 ○ チャンドラグプタ2世は，グプタ朝最盛期の王。
グプタ朝（4～6C）…チャンドラグプタ2世のとき最盛期，東晋
の法顕が来訪，エフタルにより衰退

☐ **14.** 解答 ○ グプタ朝期にカーリダーサが『シャクンタラー』を書いた。
サンスクリット語の文学…グプタ朝期に『マハーバーラタ』『ラー
マーヤナ』が完成，カーリダーサが『シャクンタラー』を著す

☐ **15.** 解答 ○ アジャンター石窟寺院には，グプタ様式の壁画が見られる。
グプタ様式…純インド風美術，アジャンター石窟寺院（インド西
部）の壁画が代表 ⇒区別 クシャーナ朝のガンダーラ美術

☐ **16.** 解答 ✕ グプタ朝期の民間信仰は，仏教が衰えヒンドゥー教が普及。
グプタ朝期の仏教…ナーランダー僧院の建立，信仰としては衰退
ヒンドゥー教…シヴァ神・ヴィシュヌ神中心の多神教，『マヌ法典』

☐ **17.** 解答 ✕ 年代 ヴァルダナ朝の成立は，7世紀。
ヴァルダナ朝（7C前半）…ハルシャ＝ヴァルダナが創始，唐の玄
奘が来訪➡滅亡後，諸王がラージプートを称し分裂時代

☐ **18.** 解答 ✕ 年代 チョーラ朝は，14世紀にはすでに滅亡している。
チョーラ朝（前3～後13C）…南インドの王朝，タミル語使用
ヴィジャヤナガル王国…14世紀成立の南インドのヒンドゥー王国

☐ **19.** 解答 ✕ 紅海・インド洋方面の海上交易について記す。
『エリュトゥラー海案内記』…1世紀にギリシア人が記す，紅海・
インド洋方面の季節風を用いた交易を紹介

2 東南アジア

☐**1.** 扶南は，東西を結ぶ海上交易で栄えた。

☐**2.** ベトナム中部にチャム人の国真臘が2世紀頃成立し，1000年以上続いた。

☐**3.** アンコール＝トムは，カンボジアのアンコール朝の都城であった。

☐**4.** 中国の支配から脱したベトナムでは，最初の長期安定王朝である李朝が成立した。

☐**5.** ベトナムでは，李朝がモンゴルの侵入を退けた。

☐**6.** 黎朝は，明のベトナム支配を退けて自立した。

☐**7.** 阮福暎は，清によって越南国王に封ぜられた。

☐**8.** タイでは，イスラーム教が広まった。

☐**9.** 12世紀に，タイではアユタヤ朝が成立した。

☐**10.** 11世紀に，ビルマ（ミャンマー）人により，パガン朝が建てられた。

解答・ポイント

☐ **1.** 解答 ○ 扶南は，1世紀頃に成立した東南アジア最初の本格的国家。
扶南（1〜7C）…**メコン川**下流域に建国，海上交易で繁栄，**真臘**により滅亡

☐ **2.** 解答 × 2世紀にベトナム中部にチャム人が建てたのは，チャンパー。
チャンパー（2〜17C）…**ベトナム中部**に**チャム人**が建国
真臘（カンボジア）（6〜15C）…**メコン川**流域にクメール人が建国

☐ **3.** 解答 ○ アンコール＝トムは，カンボジアのアンコール朝の都城。
アンコール朝（9〜15C）…カンボジアの王朝，王都**アンコール＝トム**や寺院アンコール＝ワット（当初はヒンドゥー教寺院）を建設

☐ **4.** 解答 ○ ベトナム北部は長期の中国支配ののち，11世紀に李朝成立。
ドンソン文化（前4C頃〜）…ベトナムの初期文化，銅鼓を使用
ベトナム北部…中国から自立➡**李朝**（11〜13C）（国号は**大越**）

☐ **5.** 解答 × モンゴルを撃退したベトナムの王朝は，陳朝。
陳**朝**（13〜14C）（国号は**大越**）…李朝に続くベトナム北部の王朝，**モンゴル**の侵攻を撃退

☐ **6.** 解答 ○ ベトナムでは，15世紀に明の支配から黎朝が自立した。
陳朝滅亡後のベトナム…**明（永楽帝**）が支配
➡**黎朝**（15〜18C）（国号は大越）…**明**から自立

☐ **7.** 解答 ○ 阮朝を建てた阮福暎は，清に朝貢し国号を越南とした。
西山（タイソン）の乱を機に黎朝滅亡➡阮朝（19〜20C）（国号は越南［ベトナム］）…阮福暎が創始，**清**に朝貢

☐ **8.** 解答 × タイでは，上座部仏教が広まった。
上座部**仏教**…**タイ・ビルマ（ミャンマー）**など
イスラーム教…**マレー半島・ジャワ・スマトラ**など（13C頃〜）

☐ **9.** 解答 × 年代 アユタヤ朝の成立は，14世紀。
タイ（チャオプラヤ川流域）の王朝…アユタヤ**朝**（14〜18C）➡ラタナコーシン（チャクリ）朝（18C〜現在）

☐ **10.** 解答 ○ 年代 11世紀に，イラワディ川流域にビルマ人がパガン朝を建設。
パガン**朝**（11〜13C）…**ビルマ（ミャンマー）人**が先住のモン人を征服して建設，**上座部仏教**が隆盛，**元**の攻撃で衰退

□**11.** トゥングー（タウングー）朝は，元の攻撃を受けた。

□**12.** コンバウン（アラウンパヤー）朝は，ラタナコーシン朝を滅ぼした。

□**13.** シュリーヴィジャヤは，前漢に使節を派遣した。

□**14.** シャイレンドラ朝のもとで，マレー半島にボロブドゥールが建てられた。

□**15.** ジャワでは，ワヤンと呼ばれる影絵芝居が発達した。

□**16.** ジャワは，マタラム王国時代，元の侵攻を招いた。

□**17.** アチェ王国は，ジャワ島に成立した。

□**18.** マラッカ王国は，儒教を国教とした。

☐**11.** 解答 ✕　元の攻撃を受けたビルマの王朝は，パガン朝。
トゥングー（タウングー）朝（16〜18C）…パガン朝に次ぐビルマ人の王朝

☐**12.** 解答 ✕　ビルマのコンバウン朝は，タイのアユタヤ朝を滅ぼした。
コンバウン（アラウンパヤー）朝（18〜19C）…ビルマ最後の王朝，タイの**アユタヤ朝**を滅ぼす，**イギリス**により滅亡（19C）
→P.41 ラタナコーシン朝は，現在まで続くタイの王朝

☐**13.** 解答 ✕　シュリーヴィジャヤは唐に使節派遣。前漢は前3〜後1世紀。
シュリーヴィジャヤ（室利仏逝）（7〜14C）…**スマトラ島**に成立，唐の義浄が滞在し**大乗仏教**の隆盛を『**南海寄帰内法伝**』に記す

☐**14.** 解答 ✕　ボロブドゥールはジャワのシャイレンドラ朝の大乗仏教遺跡。
シャイレンドラ朝（8〜9C）…**ジャワ島**に成立，**大乗仏教**隆盛➡ボロブドゥール建設（≠区別）カンボジア（アンコール朝）のアンコール゠ワット

☐**15.** 解答 ◯　ジャワでは，影絵芝居のワヤンが発達した。
ワヤン…ジャワ島に伝わる影絵芝居，インド文化の影響

☐**16.** 解答 ✕　元のジャワ遠征は13世紀。マタラム王国の成立は16世紀。
マジャパヒト王国（13〜16C）…**ジャワ島**に成立した**ヒンドゥー教**国家
マタラム**王国**（16〜18C）…**ジャワ島**に成立した**イスラーム教**国家

☐**17.** 解答 ✕　アチェ王国は，スマトラ島北部に成立した。
アチェ**王国**（15〜20C）…**スマトラ島**北部に成立した**イスラーム教**国家，**オランダ**により征服（20C初）

☐**18.** 解答 ✕　マラッカ王国は，イスラーム教を国教とした。
マラッカ**王国**（14〜16C）…**マレー半島**南部に成立，海上交易で繁栄，**明**に朝貢，**イスラーム教**国家，**ポルトガル**により滅亡（16C）

2 | イスラーム世界

1 イスラーム世界の成立

☐**1.** イスラーム教は，アッラーを信じる一神教である。

☐**2.** 『コーラン（クルアーン）』は，ペルシア語で記された啓典である。

☐**3.** 6世紀にイスラーム法が成立した。

☐**4.** ムハンマドは，メッカにヒジュラ（聖遷）を行った。

☐**5.** 正統カリフは，ムハンマドの死後，信徒の間から選ばれた指導者である。

☐**6.** イスラーム教徒は，預言者ムハンマドに率いられてエジプトを征服した。

☐**7.** ウマイヤ朝は，イェルサレムに都を定めた。

☐**8.** ウマイヤ朝軍は，トゥール・ポワティエ間の戦いでカール゠マルテルに敗れた。

解答・ポイント

□1. 解答 ○ ムハンマドは，アッラーを唯一神とするイスラーム教を創始。
イスラーム教…7世紀にムハンマド（メッカのクライシュ族出身の預言者）が創始，アッラーを唯一神，偶像崇拝禁止，メッカのカーバ神殿が聖殿，ムスリム（イスラーム教徒）に六信五行の義務

□2. 解答 ✕ イスラーム教の啓典『コーラン』は，アラビア語で記された。
『コーラン（クルアーン）』…イスラーム教の啓典，アラビア語で記す
➡啓典をもつユダヤ教徒・キリスト教徒を「啓典の民」として保護

□3. 解答 ✕ 年代 イスラーム法の成立は，イスラーム教成立の7世紀以降。
イスラーム法（シャリーア）…『コーラン』とハディース（ムハンマドの言行に関する伝承）が基盤

□4. 解答 ✕ ヒジュラは，ムハンマドがメッカからメディナに逃れたこと。
ヒジュラ（622）…ムハンマドがメッカからメディナに移住➡ウンマ（ムスリムの共同体）建設
イスラーム暦（ヒジュラ暦）…ヒジュラの年を元年とする太陰暦

□5. 解答 ○ 正統カリフは，ムスリムの選挙で選ばれた4代のカリフ。
正統カリフ時代（7C）…ムハンマドの死後，選挙で選ばれた4代のカリフ（ムハンマドの後継者）が信徒を指導，初代アブー＝バクルから4代アリーまで

□6. 解答 ✕ ムハンマドの時代は，アラビア半島統一にとどまる。
正統カリフ時代…ジハード（聖戦）による征服活動➡各地にミスル（軍営都市）建設，シリア・エジプトをビザンツ帝国から奪う，ニハーヴァンドの戦いでササン朝を倒しイランを征服

□7. 解答 ✕ ウマイヤ朝の都は，ダマスクス。
ウマイヤ朝（7～8C）…ムアーウィヤが創始，都ダマスクス，ウマイヤ＝モスクの建設，アラブ人ムスリム優遇➡マワーリー（非アラブ人改宗者）の不満

□8. 解答 ○ ウマイヤ朝は，8世紀にトゥール・ポワティエ間の戦いに敗北。
ウマイヤ朝…イベリア半島の西ゴート王国を滅ぼす➡フランク王国に侵入しトゥール・ポワティエ間の戦いでカール＝マルテルに敗北

☐**9.** イスラーム教の多数派をシーア派といい，第4代カリフのアリーの子孫に従う人々をスンナ派という。

☐**10.** イスラーム世界では，支配下のキリスト教徒は，ジズヤやハラージュを課されたが，キリスト教の信仰は認められた。

☐**11.** アッバース朝は，ティグリス河畔に都バグダードを建設した。

☐**12.** アッバース朝は，タラス河畔の戦いで隋の軍隊を破った。

☐**13.** アッバース朝は，シャープール1世の時代に全盛期を迎えた。

☐**14.** アッバース朝では，イラン人が官僚に登用された。

2 イスラーム世界の分裂

☐**1.** ウマイヤ朝の一族が，小アジアに後ウマイヤ朝を建てた。

☐**2.** ファーティマ朝は，スンナ派の王朝であった。

☐**3.** ファーティマ朝の君主は，カリフを称した。

□ **9.** 解答 ✕　イスラーム教の多数派がスンナ派で，少数派がシーア派。
スンナ派（スンニー）…**多数派**，代々のカリフを正統と認める
シーア派…**少数派**，アリーとその子孫のみを正統な指導者と認める
➡シーア派王朝…**ファーティマ朝・ブワイフ朝・サファヴィー朝**

□ **10.** 解答 ◯　キリスト教徒など異教徒は，ジズヤ支払いで信仰容認。
ジズヤ…異教徒に課された**人頭税**　　ハラージュ…**土地税**
ウマイヤ朝まで…アラブ人は免税特権，マワーリーはジズヤ負担

□ **11.** 解答 ◯　アッバース朝の都は，ティグリス川中流のバグダード。
アッバース朝（8～13C）…アッバース**家**がウマイヤ朝を倒して樹立，都バグダード

□ **12.** 解答 ✕　アッバース朝は，タラス河畔の戦いで唐の軍隊を破った。
タラス河畔**の戦い**（8C）…中央アジアで**アッバース朝**が唐に勝利，この戦いを機に製紙**法**が中国からイスラーム世界に伝播
区別 正統カリフ時代のニハーヴァンドの戦い，ウマイヤ朝のトゥール・ポワティエ間の戦い

□ **13.** 解答 ✕　アッバース朝の最盛期は，ハールーン＝アッラシードの治世。
ハールーン＝アッラシード…**アッバース朝**最盛期のカリフ➡死後の9C以降，**マムルーク**（軍人奴隷）の台頭などで分裂
→ P.27 シャープール1世は，ササン朝の君主

□ **14.** 解答 ◯　アッバース朝はアラブ人の特権廃止・ムスリムの平等実現。
アッバース朝…アラブ人の免税特権廃止，マワーリーのジズヤ廃止，イラン人官僚登用➡**ムスリムの平等**を実現＝**イスラーム法**に基づく**イスラーム帝国**

🔍 解答・ポイント

□ **1.** 解答 ✕　後ウマイヤ朝は，ウマイヤ朝の一族がイベリア半島に建国。
後ウマイヤ朝（8～11C）…ウマイヤ朝滅亡後にその一族が**イベリア半島**に建設，都コルドバ，君主は**カリフ**を称す（10～11C）

□ **2.** 解答 ✕　ファーティマ朝は，シーア派の王朝。
ファーティマ朝（10～12C）…**シーア派**，チュニジアに成立➡**エジプト**支配，新都カイロを造営（カイロに**アズハル学院**創設）

□ **3.** 解答 ◯　ファーティマ朝の君主は，カリフを称しアッバース朝に対抗。
アッバース朝・ファーティマ朝・後ウマイヤ朝の君主が**カリフ**を称す➡アッバース朝カリフの権威低下，イスラーム世界の分裂

☐**4.** アレクサンドリアに，アズハル学院が設けられた。

☐**5.** カラハン朝が，サーマーン朝を滅ぼした。

☐**6.** セルジューク朝は，シーア派の学問を新興した。

☐**7.** イクター制は，国家が軍人に徴税権を与えず，俸給を支給するものであった。

☐**8.** 12世紀に，中央アジアではホラズム（ホラズム＝シャー）朝が倒された。

☐**9.** イル＝ハン国は，フラグの治世にイスラーム教を国教とした。

☐**10.** サラディン（サラーフ＝アッディーン）は，第1回十字軍の侵入を退けた。

☐**11.** マムルーク朝のマムルーク軍は，モンゴル軍を撃退した。

☐**12.** 7世紀にベルベル人が建てたムラービト朝は，イスラーム王朝であった。

☐**13.** イベリア半島に進出したムワッヒド朝は，ムラービト朝に滅ぼされた。

☐**4.** 解答 ✕ アズハル学院は，ファーティマ朝が都カイロに建てたマドラサ。
マドラサ…ウラマー（イスラーム法学者）を養成する学院
→ P.27 アレクサンドリアには，ヘレニズム時代にムセイオンが建設された

☐**5.** 解答 ◯ 中央アジアでは10世紀にカラハン朝がサーマーン朝を滅ぼす。
サーマーン朝（9〜10C）…イラン系，**中央アジア**のイスラーム化
カラハン朝（10〜12C）…**トルコ系**，サーマーン朝を滅ぼす

☐**6.** 解答 ✕ セルジューク朝は，スンナ派の王朝。
ブワイフ**朝**（10〜11C）…**イラン系**，**シーア派**，大アミールの称号
セルジューク**朝**（11〜12C）…**トルコ系**，**トゥグリル゠ベク**が建国
➡ブワイフ朝を倒してカリフから**スルタン**（世俗君主）の称号

☐**7.** 解答 ✕ イクター制は，俸給の代わりに軍人に徴税権を与える制度。
イクター**制**…軍人・官僚に土地の徴税権を与える制度，**ブワイフ
朝**が創始➡**セルジューク朝**が普及させる

☐**8.** 解答 ✕ 年代 ホラズム朝は，13世紀にモンゴル帝国によって倒された。
ホラズム（ホラズム゠シャー）朝（11〜13C）…トルコ系，**中央アジ
ア**に成立，**13世紀にモンゴル帝国のチンギス゠ハン**に敗れ滅亡

☐**9.** 解答 ✕ イル゠ハン国でイスラーム教を国教としたのは，ガザン゠ハン。
イル゠ハン**国**（13〜14C）…**モンゴル帝国のフラグ**が**アッバース朝**
を倒し**イラン**に建国➡ガザン゠ハンの治世に**イスラーム教を国
教化**，宰相ラシード゠アッディーンが『集史』編纂

☐**10.** 解答 ✕ サラディン（サラーフ゠アッディーン）は第3回十字軍撃退。
アイユーブ**朝**（12〜13C）…**エジプト**に**クルド人**のサラディンが建
国，都カイロ➡聖地**イェルサレム**占領➡第3回**十字軍**撃退

☐**11.** 解答 ◯ マムルーク朝は，13世紀にモンゴル軍のエジプト侵入を撃退。
マムルーク**朝**（13〜16C）…**エジプト**に**マムルーク**が建国，都カイ
ロ，**モンゴル**の侵入撃退，カーリミー商人保護，オスマン**帝国**
の**セリム1世**により滅亡

☐**12.** 解答 ✕ 年代 ムラービト朝の成立は，11世紀。
ムラービト**朝**（11〜12C）…**ベルベル人**が建国，北西アフリカ支配，
ガーナ**王国**を攻撃，**イベリア半島**に進出し**国土回復運動**に対抗

☐**13.** 解答 ✕ ムラービト朝がムワッヒド朝に滅ぼされた。
ムワッヒド**朝**（12〜13C）…**ベルベル人**が北西アフリカに建国，**ム
ラービト朝**を滅ぼす，**イベリア半島**に進出し**国土回復運動**に対抗

☐**14.** 12世紀に，イベリア半島ではナスル朝が滅んだ。

☐**15.** ゴール朝は，9世紀にインドに侵入した。

☐**16.** デリーを都とした最初のイスラーム王朝は，奴隷王朝と呼ばれた。

☐**17.** 11世紀に，マラッカ王国の王がイスラーム教に改宗した。

☐**18.** 15世紀に，アクスム王国がクシュ王国を滅ぼした。

☐**19.** ガーナ王国は，金と塩（岩塩）を交換する交易を行った。

☐**20.** 15世紀に，西アフリカではソンガイ王国に代わってマリ王国がおこった。

☐**21.** ムスリム商人は，おもにジャンク船を用いてインド洋交易で活躍した。

☐**22.** アフリカ東海岸のマリンディなどが，ムスリム商人による交易の拠点となった。

☐**23.** ナイル川上流に，モノモタパ王国が成立した。

□**14.** 解答 × ┃年代┃ナスル朝の滅亡は，15世紀。
　　　　　　　ナスル**朝**（13〜15C）…**イベリア半島**最後のイスラーム王朝，都
　　　　　　　グラナダにアルハンブラ**宮殿**造営，**スペイン王国**により滅亡＝
　　　　　　　国土回復**運動**完了（15C末）

□**15.** 解答 × ┃年代┃ゴール朝は，12世紀にアフガニスタンに成立した王朝。
　　　　　　　ガズナ**朝**（10〜12C）…トルコ系，**アフガニスタン**に成立
　　　　　　　ゴール**朝**（12〜13C）…**アフガニスタン**に成立
　　　　　　　➡両王朝の侵入でインドのイスラーム化進展➡**奴隷王朝**の成立

□**16.** 解答 ○ 13世紀に成立した奴隷王朝は，インド最初のイスラーム王朝。
　　　　　　　奴隷**王朝**…アイバクがデリーを都に建設（13C）
　　　　　　　デリー＝スルタン**朝**（13〜16C）…デリーを都とした奴隷**王朝・ハ
　　　　　　　ルジー朝・トゥグルク朝・サイイド朝・ロディー朝**の総称

□**17.** 解答 × ┃年代┃11世紀にマラッカ王国はまだ成立していない。
　　　　　　　マラッカ**王国**（14〜16C）…**マレー半島**南部に成立，海上交易で繁
　　　　　　　栄，**明**に朝貢，**イスラーム教**受容➡**ポルトガル**が征服（16C）

□**18.** 解答 × ┃年代┃アクスム王国がクシュ王国を滅ぼしたのは，4世紀。
　　　　　　　クシュ**王国**…**ナイル川上流**に成立➡メロエに遷都
　　　　　　　アクスム王国…**エチオピア高原**に成立，クシュ王国を滅ぼす

□**19.** 解答 ○ ガーナ王国は，西アフリカの金とサハラの塩の交易で繁栄。
　　　　　　　ガーナ**王国**…ニジェール**川**流域，西アフリカの**金**とサハラの**塩**の
　　　　　　　交易，**ムラービト朝**の攻撃（11C）➡西アフリカのイスラーム化

□**20.** 解答 × 西アフリカでは15世紀にマリ王国に代わりソンガイ王国台頭。
　　　　　　　マリ**王国**（13〜15C）…**マンサ＝ムーサ**のとき最盛期➡ソンガイ**王
　　　　　　　国**（15〜16C），ニジェール**川**流域のトンブクトゥが両国で繁栄

□**21.** 解答 × ムスリム商人が使用した船は，ダウ船。
　　　　　　　ムスリム**商人**…イスラーム教徒の商人，海上交易では**ダウ船**を使用
　　　　　　　→ P.79 ジャンク船は，中国商人が使用した船

□**22.** 解答 ○ アフリカ東海岸にムスリム商人が来航し，スワヒリ文化が成立。
　　　　　　　アフリカ東海岸の港市…マリンディ・**モンバサ・ザンジバル・キル
　　　　　　　ワ**など➡**ムスリム商人**来航で**アラビア語**と現地の**バントゥー語**が
　　　　　　　融合➡**スワヒリ語**成立

□**23.** 解答 × モノモタパ王国は，アフリカ南部のザンベジ川流域に成立。
　　　　　　　モノモタパ**王国**…アフリカ南部のザンベジ川流域に成立（11C）
　　　　　　　大ジンバブエ遺跡…アフリカ南部の石造遺跡

□**24.** イスラーム文明は，イラン・インド・ギリシアなどの文化遺産を融合し発展させた独自の文明である。

□**25.** モスクなどの宗教・公共施設は，ワクフによって支えられた。

□**26.** イスラーム神秘主義者は，神との一体化をめざした。

□**27.** イブン＝ルシュド（アヴェロエス）は，『世界史序説』で歴史発展の法則性を論じた。

□**28.** イスラーム世界は，ビザンツ帝国からゼロの概念を学んだ。

□**29.** イブン＝シーナー（アヴィケンナ）の医学書は，近代医学が成立するまでヨーロッパで教科書として用いられた。

□**30.** イスラーム世界では，各地の説話をもとに『千夜一夜物語（アラビアン＝ナイト）』が成立した。

□**31.** イブン＝バットゥータは，宋代の中国を訪れ，『三大陸周遊記（旅行記）』を著した。

□**32.** アラベスクと呼ばれる細密画が発展した。

☐**24.** 解答 ○ 　文化 イスラーム文明は，征服地の諸文明を融合した文明。
固有の学問…神学・法学など『**コーラン**』と**アラビア語**を核
外来の学問…哲学・数学・医学などイラン・インド・ギリシア起
源➡アッバース朝でギリシア語文献のアラビア語翻訳が進展

☐**25.** 解答 ○ 　文化 ワクフ（寄付）からの収入で，宗教・公共施設を運営。
イスラーム都市…モスク（礼拝施設）・ミナレット（モスクなどに
付属の尖塔）・マドラサ（学院）・**スーク**（**バザール**）（市場）・
キャラヴァンサライ（隊商宿）が中心

☐**26.** 解答 ○ 　文化 イスラーム神秘主義者スーフィーは神との一体化を志す。
スーフィズム…イスラーム神秘主義，神との一体化をめざす，各地
へのイスラーム教伝播に貢献，ガザーリーが神学として理論化

☐**27.** 解答 ✕ 　文化 『世界史序説』は，イブン＝ハルドゥーンが著した。
イブン＝ハルドゥーン…歴史家，『**世界史序説**』
イブン＝ルシュド（アヴェロエス）…**アリストテレス哲学**の研究

☐**28.** 解答 ✕ 　文化 ゼロの概念は，インドから学んだ。
ゼロの**概念**・アラビア**数字**を**インド**から導入➡フワーリズミーがイ
スラーム世界の数学の発展に貢献

☐**29.** 解答 ○ 　文化 イブン＝シーナーの医学書は，ラテン語に翻訳された。
イブン＝シーナー（アヴィケンナ）…医学者，著作はラテン語訳さ
れヨーロッパ中世の医学に大きな影響

☐**30.** 解答 ○ 　文化 『千夜一夜物語』は，各地の説話の集大成。
イスラーム文学…『千夜一夜物語（**アラビアン＝ナイト**）』，**ウマ
ル＝ハイヤーム**『四行詩集（ルバイヤート）』，フィルドゥシー
『シャー＝ナーメ（王の書）』

☐**31.** 解答 ✕ 　文化 イブン＝バットゥータは，元代の中国を訪れた。
イブン＝バットゥータ（14C）…旅行家，**元**代の中国などを訪れ
『三大陸周遊記（旅行記）』を著す

☐**32.** 解答 ✕ 　文化 細密画は，ミニアチュールと呼ばれる。
細密画（ミニアチュール）…精緻な技法の絵画，中国絵画の影響
アラベスク…幾何学的な装飾文様

3 近世のイスラーム帝国

☐ **1.** 14世紀に，ティムール朝（帝国）が成立した。

☐ **2.** クトゥブ＝ミナールは，ティムールによって建てられた。

☐ **3.** シーア派のサファヴィー朝は，スンナ派のオスマン帝国と対立した。

☐ **4.** サファヴィー朝は，バグダードに壮麗なモスクを建設した。

☐ **5.** オスマン帝国は，アンカラの戦いでティムールに敗れた。

☐ **6.** ビザンツ帝国は，オスマン帝国の侵入によって滅亡した。

☐ **7.** オスマン帝国は，ファーティマ朝を滅ぼしてエジプトを征服した。

☐ **8.** 16世紀にスレイマン1世は，ウィーンを包囲した。

☐ **9.** ヨーロッパは，オスマン帝国と貿易する商人にカピチュレーションを与えた。

☐ **10.** オスマン帝国は，レパントの海戦に勝利した。

🔍 解答・ポイント

☐ **1.** 解答 ○ 年代 14世紀に，ティムールがティムール朝を建てた。
ティムール…**(西)チャガタイ=ハン国**出身，**ティムール朝**建国（14C）
ティムール朝（帝国）…都サマルカンド，**ウズベク人**により滅亡（16C 初）

☐ **2.** 解答 ✕ 文化 クトゥブ=ミナールは，奴隷王朝のアイバクが建設。
ティムール朝の文化…ウルグ=ベクの天文台建設，**細密画（ミニアチュール）** の発達

☐ **3.** 解答 ○ サファヴィー朝は，シーア派の十二イマーム派を国教とした。
サファヴィー朝…**神秘主義教団**のイスマーイールが創始（16C初），シーア派国教，王号に**シャー**を使用，当初の都**タブリーズ**

☐ **4.** 解答 ✕ 壮麗なモスクのあるサファヴィー朝の都は，イスファハーン。
アッバース1世…**サファヴィー朝**の最盛期，**ホルムズ島**をポルトガルから奪う，都イスファハーンを造営しイマームのモスクを建設➡「**イスファハーンは世界の半分**」といわれる繁栄

☐ **5.** 解答 ○ オスマン帝国は，アンカラの戦いでティムールに敗北。
オスマン帝国…小アジアに成立（13C 末）➡バルカン半島に進出
バヤジット1世…アンカラの戦いに**敗北**（15C 初）

☐ **6.** 解答 ○ オスマン帝国は，ビザンツ帝国を滅ぼした。
メフメト2世…ビザンツ帝国を**滅ぼす**（15C 半）➡アドリアノープル（エディルネ）から**イスタンブル**（コンスタンティノープル）に遷都

☐ **7.** 解答 ✕ オスマン帝国は，マムルーク朝を滅ぼしてエジプトを征服。
セリム1世…エジプトの**マムルーク朝**を滅ぼす（16C 前半）➡メッカ・メディナを保護下に置く

☐ **8.** 解答 ○ 年代 オスマン帝国の最盛期は，16世紀のスレイマン1世。
スレイマン1世（16C）…**オスマン帝国**最盛期，ハンガリー征服，第1次ウィーン包囲，プレヴェザの**海戦**勝利，**スレイマン=モスク**建設

☐ **9.** 解答 ✕ カピチュレーションはオスマン帝国がヨーロッパ諸国に付与。
オスマン帝国は**フランス**と同盟して神聖ローマ帝国に対抗（16C）➡フランス商人に**カピチュレーション**（免税などの特権）付与

☐ **10.** 解答 ✕ オスマン帝国は，16世紀にレパントの海戦に敗北した。
プレヴェザの**海戦**…スレイマン1世期，スペインなどに**勝利**
レパントの**海戦**…スレイマン1世死後，スペインなどに**敗北**

☐**11.** オスマン帝国のイェニチェリは，中央から強力な権限を付与されて派遣された徴税官であった。

☐**12.** オスマン帝国は，カルロヴィッツ条約を結び，オーストリアを領有した。

☐**13.** ムガル帝国のアクバルは，パータリプトラに都を置いた。

☐**14.** ムガル帝国のアウラングゼーブは，ヒンドゥー教徒との融和をはかった。

☐**15.** カーリダーサが唱えたシク教は，カースト制度を否定した。

☐**16.** ムガル帝国では，ペルシア語が公用語として用いられた。

☐**17.** シャー゠ジャハーンは，タージ゠マハルを造営した。

□**11.** 解答 ✕ イェニチェリは，オスマン帝国の常備歩兵軍。
イェニチェリ…デヴシルメ制により徴集した常備歩兵軍
ミッレト…オスマン帝国の非ムスリム共同体，自治容認
ティマール制…オスマン帝国の軍事制度，騎士に土地の徴税権付与

□**12.** 解答 ✕ カルロヴィッツ条約で，オーストリアにハンガリー割譲。
カルロヴィッツ条約（17C末）…オスマン帝国の第2次ウィーン包囲失敗後，**オーストリア**に**ハンガリー**を**割譲**

□**13.** 解答 ✕ ムガル帝国のアクバルは，アグラに遷都した。
ムガル帝国…ティムールの子孫バーブルが建国（16C）
アクバル…アグラに遷都，**マンサブダール制**（官僚制度）を制定
→ P.37 パータリプトラは，マウリヤ朝の都

□**14.** 解答 ✕ ジズヤを廃止しヒンドゥー教徒と融和したのは，アクバル。
アクバル…**ジズヤ**（**人頭税**）を**廃止**してヒンドゥー教徒と**融和**
アウラングゼーブ…**ジズヤ**を復活してヒンドゥー教徒を**圧迫**➡マラーター王国などが帝国から離反

□**15.** 解答 ✕ 文化 シク教は，ナーナクが創始した。
シク教…**ナーナク**がイスラームとヒンドゥー教を融合させて創始，偶像崇拝・カースト制度を否定
→ P.39 カーリダーサは，『シャクンタラー』の著者でグプタ朝期に活躍

□**16.** 解答 ◯ 文化 ムガル帝国の公用語は，ペルシア語。
インドの地方語（ヒンディー語など）＋公用語のペルシア語➡ウルドゥー語の成立（現在はパキスタンの公用語）

□**17.** 解答 ◯ 文化 タージ゠マハルは，シャー゠ジャハーンが建てた墓廟。
インド゠イスラーム文化…タージ゠マハル（ムガル皇帝シャー゠ジャハーンが建設した墓廟），**細密画**の発達

第3章　東アジア世界

1 ┃ 中国古代文明の成立

1 中国文明・殷・周

☐ **1.** 黄河流域の主要作物は水稲で，豚などが飼育されていた。

☐ **2.** 仰韶文化では，黒陶と呼ばれる土器が作られた。

☐ **3.** 南京には，殷王朝の遺跡である殷墟がある。

☐ **4.** 殷では，甲骨文字が使用されていた。

☐ **5.** 殷の時代には，すでに鉄製の武器が普及していた。

☐ **6.** 周は，前17〜前16世紀頃成立した王朝である。

☐ **7.** 周では，宗族は宗法によって結束をはかった。

☐ **8.** 周は，五胡によって都を攻略され，東遷して洛邑に都を置いた。

解答・ポイント

□1. 解答 × 黄河流域は畑作。水稲は長江流域で栽培された。
黄河流域…畑作中心, アワ・キビなど栽培➡仰韶文化・竜山文化
長江（揚子江）流域…稲作中心➡河姆渡遺跡（長江下流域）

□2. 解答 × 仰韶文化では彩文土器を製作。黒陶は竜山文化で製作。
仰韶文化…黄河中流域中心, 彩文土器（彩陶）を製作
竜山文化…黄河下流域中心, 黒陶・灰陶を製作

□3. 解答 × 殷は, 黄河中流域を中心。南京は長江下流域の都市。
夏…殷に先立つ伝説上の王朝
殷（商）（前16C頃～前11C頃）…確認できる中国最古の王朝, 邑
（都市国家）の連合体として成立, 殷墟（河南省）は殷の都の遺跡

□4. 解答 ○ 殷では, 占いの結果を甲骨文字で記録した。
殷は神意を占い政治を行う神権政治➡占いの結果を亀甲・獣骨に
甲骨文字で記録, 漢字の原型となる

□5. 解答 × 殷は青銅器時代。鉄器の普及は, 春秋・戦国時代以降。
殷では祭祀用の精巧な青銅器が多数製作された

□6. 解答 × 年代 周の成立は, 前11世紀。殷の成立が前16世紀頃。
周（前11～前3C）…渭水（黄河の支流）流域に成立, 当初の
都は鎬京, 殷を滅ぼし華北を支配（易姓革命による王朝交替）

□7. 解答 ○ 周の支配層は, 血縁集団である宗族が宗法を定め結束。
封建制…血縁関係に基づく周の統治体制, 周王が世襲の諸侯に封
土を与え統治を委任, 諸侯は家臣団卿・大夫・士を従える

□8. 解答 × 五胡は, 4～5世紀に華北に建国した周辺諸民族。
異民族が鎬京を攻略➡周は洛邑に遷都 = 東周（前8～前3C）
春秋・戦国時代…周の洛邑遷都後の分裂時代
→ P.67 五胡の華北での興亡

2 春秋・戦国時代

□ **1.** 春秋・戦国時代には，周王室に代わって，各地の藩鎮が実権を掌握した。

□ **2.** 戦国の七雄の一つである晋は，山東半島を支配した。

□ **3.** 春秋末から戦国時代には，鉄製農具が使用され，農業生産力が向上した。

□ **4.** 春秋・戦国時代には，刀銭や布銭などの金銀貨幣が使用されるようになった。

□ **5.** 孟子は，人の本性を善とする性善説を唱えた。

□ **6.** 墨子に代表される法家は，法に基づく統治を主張した。

□ **7.** 道家は，戦国の諸侯を相手に外交策を論じた。

□ **8.** 陰陽家は，天文暦数の知識をもとに，自然と社会の動きを説明した。

□ **9.** 『詩経』は，楚の屈原らの詩歌をまとめたものである。

解答・ポイント

□ **1.** 解答 × 　春秋・戦国時代には，周の権威が低下し有力諸侯が自立。
　　　　春秋時代（前8〜前5C）…『春秋』（儒学の経典五経の一つ）に由来
　　　　戦国時代（前5〜前3C）…『戦国策』に由来
　　　　→ P.73 藩鎮は，唐末五代に自立化した節度使

□ **2.** 解答 × 　山東半島を支配した戦国の七雄は，斉。
　　　　春秋時代…斉の桓公・晋の文公などの覇者が活躍
　　　　戦国時代…秦・斉（山東半島）・燕（現在の北京周辺）・楚（長
　　　　江中流域）・韓・魏・趙 = 戦国の七雄

□ **3.** 解答 ○ 　春秋・戦国時代，鉄製農具と牛耕の普及で農業生産向上。
　　　　春秋・戦国時代…鉄製農具・牛耕の普及➡農業生産向上，商工
　　　　業発達➡青銅貨幣の使用，諸子百家（さまざまな思想家）出現

□ **4.** 解答 × 　春秋・戦国時代に使用された貨幣は，青銅貨幣。
　　　　春秋・戦国時代の青銅貨幣…刀銭・布銭・円銭（環銭）・蟻鼻銭

□ **5.** 解答 ○ 　文化 戦国時代の儒家の孟子は，性善説を唱えた。
　　　　儒家…孔子が仁（家族道徳）を唱えて祖となる，『論語』
　　　　➡孟子（性善説を唱える）・荀子（性悪説を唱える）が継承

□ **6.** 解答 × 　文化 墨子は墨家の祖，法家の代表は商鞅・韓非。
　　　　墨家…墨子が兼愛（博愛主義）・非攻（侵略戦争否定）を唱える
　　　　法家…法治主義，商鞅（戦国時代の秦で改革）・韓非

□ **7.** 解答 × 　文化 外交策を論じたのは縦横家，道家は無為自然を唱えた。
　　　　道家…老子が祖，荘子が継承，無為自然（人為の排除）を唱える
　　　　縦横家…蘇秦・張儀などが外交策を講じる

□ **8.** 解答 ○ 　文化 陰陽家は，天体の運行と人間生活の関係を説いた。
　　　　陰陽家…天体と人間・社会との関係を説く　名家…論理学を説く
　　　　兵家…孫子が兵法を説く　農家…農業技術を論じる

□ **9.** 解答 × 　文化 楚の屈原らの詩歌は，『楚辞』にまとめられた。
　　　　『詩経』…黄河流域の詩歌を編集➡五経（儒学の経典）の一つ
　　　　『楚辞』…楚の屈原の詩など長江流域の詩歌を編集

2 | 中華帝国の成立と分裂

1 秦・漢

☐ **1.** 中国を統一した秦王の政は,「皇帝」の称号を創始した。

☐ **2.** 秦の始皇帝は,商鞅を登用して富国強兵策を推進した。

☐ **3.** 秦の始皇帝は,長城を修築して,柔然の侵入に対抗した。

☐ **4.** 秦の始皇帝は,ベトナムの南部まで支配領域を広げた。

☐ **5.** 始皇帝の死後,陳勝・呉広の乱が起こった。

☐ **6.** 劉邦は,項羽を破り,長安を都とした。

☐ **7.** 漢の高祖は,郡県制を創始した。

☐ **8.** 前1世紀に,匈奴の冒頓単于は漢に攻勢をかけた。

☐ **9.** 前2世紀に,呉楚七国の乱が起こった。

☐ **10.** 前漢の武帝は,西方の大月氏と同盟して,匈奴を挟撃しようとした。

解答・ポイント

☐ **1.** 解答 ○　秦王の政は，前3世紀に中国を統一し，初めて皇帝を称した。
　　秦…**秦王の政**が中国初統一（前3C）➡**皇帝**を称す＝**始皇帝**，郡県制（中央集権的統治制度）施行，半両銭を統一貨幣，都咸陽

☐ **2.** 解答 ✕　商鞅は，戦国時代の秦で改革を行った法家。
　　商鞅（前4C）…**戦国時代の秦で改革を行った法家**➡秦の強国化
　　秦の始皇帝（前3C）…法家思想を採用，焚書・坑儒で思想弾圧

☐ **3.** 解答 ✕　始皇帝は，匈奴の侵入に対抗するために長城を修築した。
　　匈奴…**秦・漢時代**にモンゴル高原で強盛となった北方の**騎馬遊牧民**
　　始皇帝の土木事業…**長城修築**，兵馬俑（人馬像）製作
　　（➡ P.81）柔然は，5～6Cのモンゴル高原で強盛となった騎馬遊牧民

☐ **4.** 解答 ✕　ベトナム南部まで支配した中国の王朝は存在しない。
　　始皇帝の南方遠征…中国南部に**南海郡**を設置，**ベトナム北部**支配

☐ **5.** 解答 ○　陳勝・呉広の乱は，始皇帝の死後に起こった農民反乱。
　　陳勝・呉広の乱…秦の政策に反発，「**王侯将相いずくんぞ種あらんや**」と唱え挙兵➡項羽・劉邦の台頭➡秦の滅亡

☐ **6.** 解答 ○　劉邦は，項羽を破り，長安を都として漢（前漢）を建てた。
　　前漢（前3～後1C）…**劉邦（高祖）**が項羽を破り建国，都長安

☐ **7.** 解答 ✕　前漢の高祖が創始したのは，郡国制。
　　郡県制…中央から官吏を派遣，**秦の始皇帝**が全国に実施
　　郡国制…郡県制と封建制を併用する統治制度，**前漢の高祖**が創始

☐ **8.** 解答 ✕　年代　冒頓単于は前漢の高祖と同時代（前3～前2C）。
　　冒頓単于…**匈奴**の最盛期の**単于**（匈奴の君主の称号），**前漢の高祖**を破り和親策をとらせる，騎馬遊牧民の月氏を破る

☐ **9.** 解答 ○　年代　前2世紀に，一族諸侯による呉楚七国の乱が起こった。
　　呉楚七国の乱（前2C）…**前漢**の諸侯抑圧策に対し一族諸侯が反乱➡鎮圧後，中央集権化が進み事実上の郡県制へ移行

☐ **10.** 解答 ○　前漢の武帝は対外積極策に転じ，匈奴への攻撃をはかった。
　　武帝時代（前2～前1C）の**西域**進出…匈奴挟撃のため大月氏に**張騫**を派遣➡西域事情判明➡烏孫と同盟，汗血馬を求める

□**11.** 前漢の時代，中国は朝鮮半島への進出をはかり，楽浪郡などの4郡を設置した。

□**12.** 前漢の武帝の治世下で，塩や鉄の専売が実施された。

□**13.** 郷挙里選は，各地方で有力者が集まって投票を行い，官吏を推薦する制度であった。

□**14.** 王莽は，明の時代を理想とする政治を行った。

□**15.** 2世紀に，赤眉の乱が起こった。

□**16.** 後漢の光武帝が，長安に都を定めた。

□**17.** 後漢は，西域経営の一環として，張騫を大秦国に派遣した。

□**18.** 2世紀に，大秦王安敦の使者と称する者が，日南郡に到着した。

□**19.** 後漢では，党錮の禁が起こり，内政が混乱した。

□**20.** 後漢は，紅巾の乱などの農民反乱が広がるなかで滅んだ。

□**21.** 秦の時代に，製紙法が改良され，紙が普及した。

☐**11.** 解答 ○ 前漢の武帝は，衛氏朝鮮を滅ぼして楽浪郡など４郡を設置。

武帝の対外遠征…衛氏朝鮮（衛満が建国）を滅ぼす➡楽浪郡など
朝鮮４郡設置，**南越**を滅ぼす➡**日南郡**（ベトナム中部）など設置

☐**12.** 解答 ○ 対外遠征で財政難となり，武帝は塩・鉄・酒の専売を行った。

武帝の財政再建策…塩・鉄・酒の**専売**，物価調整策として**均輸**・
平準を実施，**五銖銭**を発行（➡区別）秦の統一貨幣の半両銭

☐**13.** 解答 ✕ 郷挙里選は，地方長官の推薦に基づく官吏登用制度。

郷挙里選…**前漢の武帝**が施行，**地方長官の推薦**で官吏を登用➡
地方豪族の中央政界進出を促進

☐**14.** 解答 ✕ 新を建てた王莽は，周の時代を理想として政治を混乱させた。

武帝死後，**宦官・外戚**の対立や**豪族**の台頭で前漢衰退
新（１C）…王莽が前漢を倒し建国，**周**を理想とする復古政治➡混乱

☐**15.** 解答 ✕ 年代 赤眉の乱は，１世紀に起こった。

赤眉の乱（１C）…**新の王莽**の失政に対する農民反乱➡新の滅亡

☐**16.** 解答 ✕ 後漢を建てた光武帝は，洛陽に都を置いた。

後漢（１～３C）…**劉秀**（光武帝）が漢を再興（１C），都洛陽，
朝貢した**倭**（日本）**人**に光武帝が「**漢委奴国王**」の金印を授ける

☐**17.** 解答 ✕ 張騫は，前漢時代に大月氏に派遣された。

前漢…武帝が張騫を大月氏に派遣
後漢…班超が部下を**大秦国**（ローマ）に派遣➡ローマには至らず

☐**18.** 解答 ○ 年代 後漢時代の２世紀に，大秦王安敦の使者が日南郡に到達。

大秦王安敦…ローマ皇帝マルクス＝アウレリウス＝アントニヌス
（五賢帝の最後）の中国名，使者が**後漢**時代の**日南郡**に到達

☐**19.** 解答 ○ ２世紀に起こった党錮の禁で，後漢の政治は混乱。

党錮の禁（２C）…宦官が官僚を弾圧した事件➡**後漢**の衰退

☐**20.** 解答 ✕ 後漢末の農民反乱は，太平道の張角が率いた黄巾の乱。

黄巾の乱（２C）…張角が創始した宗教結社太平道が指導する**後
漢末**の農民反乱➡各地で豪族が割拠➡後漢滅亡
（➡P.85）紅巾の乱は，元末の白蓮教による反乱

☐**21.** 解答 ✕ 文化 製紙法が改良され紙が普及し始めたのは，後漢時代。

紙の普及以前は**竹簡**などに書写➡**後漢**時代に**製紙法**の改良

□**22.** 前漢の董仲舒は，王莽に儒学の官学化を勧めた。

□**23.** 前漢の訓詁学者として，鄭玄が有名である。

□**24.**『史記』は，編年体の形式で書かれ，その後の歴史書の模範となった。

2　魏晋南北朝

□**1.**　三国時代の長江下流域には魏が建国し，江南の開発を進めた。

□**2.**　三国時代の呉は，九品中正（九品官人法）を始めた。

□**3.**　司馬炎は，魏から帝位を奪って，隋を建てた。

□**4.**　西晋によって始められた屯田制とは，兵士や募集した農民に，官有地を耕作させるものであった。

□**5.**　匈奴の冒頓単于は，晋（西晋）を滅ぼした。

□**6.**　東晋の時代，移住民が増えた江南では開発が進んだ。

□**7.**　卑弥呼は，北魏から「親魏倭王」の称号を得た。

□**22.** 解答 ✕ 　文化 董仲舒の提言で儒学を官学化したのは，前漢の武帝。

　　董仲舒…**前漢の武帝**に儒学の官学化を提言

□**23.** 解答 ✕ 　文化 鄭玄は，後漢の訓詁学者。

　　訓詁学…経典の字句解釈を重んじる学問，**後漢の鄭玄**が大成

□**24.** 解答 ✕ 　文化 前漢の司馬遷の『史記』は，紀伝体で書かれた。

　　『史記』（**前漢の司馬遷**）・『漢書』（**後漢の班固**）…紀伝体

　　紀伝体…本紀と列伝を中心に構成　　**編年体**…年代順に史実を記述

🔍解答・ポイント

□**1.** 解答 ✕ 　三国時代の長江下流域に建国したのは呉。魏は華北を支配。

　　魏…**曹丕**（後漢の実権を握った曹操の子）が**華北**に建国

　　呉…孫権が**江南**（長江下流域）に建国，都建業（現在の南京）

　　蜀…劉備が**四川**に建国➡魏に滅ぼされる

□**2.** 解答 ✕ 　九品中正（九品官人法）を始めたのは，三国時代の魏。

　　九品中正…**魏**が創始した官吏登用制度，中正官が人物を9等に評

　　　定して推薦➡**門閥貴族**の形成 🔵区別 前漢の武帝が施行した郷挙里選

□**3.** 解答 ✕ 　司馬炎が建国したのは，晋（西晋）。

　　晋（西晋）（3～4C）…**司馬炎（武帝）**が**魏**を倒し建国➡**呉**を滅ぼし

　　　中国統一＝三国時代終了，**八王の乱**（一族諸王の内乱）で衰退

□**4.** 解答 ✕ 　屯田制は魏の制度。西晋は，占田・課田法を創始。

　　屯田制…**魏**の土地制度，兵士や農民に官有地を耕作させる

　　占田・課田法…**西晋**の土地制度，大土地所有の制限など

□**5.** 解答 ✕ 　西晋滅亡は4世紀。冒頓単于は前3～前2世紀の匈奴の君主。

　　匈奴が**西晋**を滅ぼす（4C）➡華北は五胡十六国時代が本格化

　　五胡…4～5Cに華北で興亡した匈奴・羯・鮮卑・氐・羌

□**6.** 解答 ○ 　東晋・南朝時代，華北から漢民族が移住し江南の開発が進展。

　　東晋（4～5C）…**司馬睿**が江南で晋を再興，都建康（現在の南京），

　　　五胡十六国時代の華北から漢民族が移住➡江南の開発進展

□**7.** 解答 ✕ 　卑弥呼が「親魏倭王」の称号を得たのは，三国時代の魏。

　　邪馬台国の卑弥呼（3C）…三国時代の**魏**から「親魏倭王」の称号

　　北魏（4～6C）…鮮卑の拓跋氏が建国，太武帝が華北統一（5C）

3
東アジア世界

2
中華帝国の成立と分裂

□**8.** 北魏の孝文帝は，長安に遷都した。

□**9.** 北魏では，成人男性だけに土地が支給された。

□**10.** 北魏は，内部の争いによって東魏と西魏とに分裂した。

□**11.** 建康は，南朝の文化の中心として栄えた都市である。

□**12.** 西域出身の鳩摩羅什は，中国での仏教布教に努めた。

□**13.** 雲崗の石窟は，北魏の都である平城の近くに造られた。

□**14.** 北魏の寇謙之によって，白蓮教の教団組織が確立した。

□**15.** 昭明太子は，『文選』を編纂した。

□**16.** 王羲之は，宮廷の女性の心得を説いた文章を基に「女史箴図」を描いた。

□ **8.** 解答 × 北魏の孝文帝は，平城から洛陽に遷都した。
　　北魏の孝文帝（5 C）…平城から洛陽に遷都，**漢化政策**を推進，
　　　均田制・三長制を創始

□ **9.** 解答 × 北魏の均田制では，妻・奴婢・耕牛にも土地支給。
　　均田制…**北魏**で創始➡隋・唐に継承，北魏では成人男性に加え
　　　妻・奴婢・耕牛にも土地支給
　　三長制…**北魏**の村落制度

□ **10.** 解答 ○ 北魏は東魏と西魏に分裂。その後それぞれ北斉と北周に交替。
　　北朝…北魏・東魏・西魏・北斉・北周の五王朝

　　北魏┳━**東魏**━━▶**北斉**
　　　　┗━**西魏**━━▶**北周**━━▶**隋**（のち南朝の**陳**を滅ぼし中国統一）

□ **11.** 解答 ○ 文化 建康は南朝の都として，貴族文化が栄えた。
　　南朝…東晋滅亡後に建康を都とした**宋・斉・梁・陳**の 4 王朝
　　六朝…建康（建業）に都を置いた呉・東晋・南朝の 6 王朝

□ **12.** 解答 ○ 文化 中国では魏晋南北朝時代に，仏教が普及した。
　　西域僧…仏図澄・鳩摩羅什が華北で布教
　　中国僧…**東晋**の法顕が**グプタ朝**時代のインドへ，『仏国記』を著す

□ **13.** 解答 ○ 文化 魏晋南北朝時代には，多数の石窟寺院が造られた。
　　石窟寺院…敦煌・雲崗（北魏の遷都前の都**平城**付近）・竜門（北
　　　魏の遷都後の都**洛陽**付近）

□ **14.** 解答 × 文化 北魏の寇謙之は，道教を教団化した。
　　清談…**老荘思想**に基づく哲学議論，魏・晋で流行
　　道教…**神仙思想・老荘思想**などが融合，**北魏の寇謙之**が教団化
　　（→P.85, P.199）白蓮教は，元末や清代の18C末に反乱を起こした仏教系の民間信仰

□ **15.** 解答 ○ 文化 南朝の梁の昭明太子は，『文選』を編纂した。
　　詩文…陶潜（陶淵明），謝霊運，**梁の昭明太子**『文選』（**四六騈
　　　儷体**の詩文など）

□ **16.** 解答 × 文化 東晋の王羲之は書家。「女史箴図」は東晋の顧愷之の画。
　　王羲之…**東晋**の**書家**　顧愷之…**東晋**の**画家**，「女史箴図」

3 | 東アジア文化圏の繁栄と変容

1 隋・唐・五代

□**1.** 隋は，南朝の宋を滅ぼし，中国を統一した。

□**2.** 隋は，文帝（楊堅）のときに殿試を始めた。

□**3.** 隋の煬帝は，黄河と長江を大運河で結んだ。

□**4.** 鮮卑は，隋に攻められて東西に分裂した。

□**5.** 隋の煬帝は，百済遠征を試みたが失敗した。

□**6.** 唐代の長安は，大興城と呼ばれていた。

□**7.** 唐代の法のうち，律は，行政法を主たる内容としていた。

□**8.** 唐の尚書省は，詔勅の草案を審議した。

□**9.** 唐の官吏は，郷挙里選によって選ばれたので，地方豪族出身者が多かった。

📖 解答・ポイント

☐ **1.** 解答 ✕　隋の文帝（楊堅）は，南朝最後の陳を滅ぼして中国を統一。

隋（6～7C）…**北周**出身の文帝（**楊堅**）が建国➡南朝の**陳**を滅ぼし中国統一，都大興城（長安）

☐ **2.** 解答 ✕　隋は科挙を始めた。殿試は科挙の最終試験で，北宋が創始。

科挙…**学科試験**による官吏登用制度，**文帝**が九品中正を廃し創始
隋の制度…**均田制**（土地制度）・**租調庸制**（税制）・**府兵制**（兵制）
（→ P.77）北宋の殿試開始

☐ **3.** 解答 ◯　隋の文帝・煬帝は，華北と江南を結ぶ大運河を建設した。

大運河…華北（都**大興城**のある黄河流域）と江南（魏晋南北朝時代に開発が進んだ長江下流域）を政治的・経済的に結合

☐ **4.** 解答 ✕　隋に攻められて東西に分裂したのは，突厥。

突厥…匈奴・鮮卑・柔然のあとモンゴル高原で台頭した**トルコ系**騎馬遊牧民
（→ P.67）鮮卑は，五胡の一つで北魏を建国

☐ **5.** 解答 ✕　隋の煬帝が遠征を試みて失敗したのは，高句麗。

高句麗（前1～後7C）…中国東北地方に建国➡**楽浪郡**を滅ぼし（4C）朝鮮半島北部まで支配，**隋**を撃退（7C）

☐ **6.** 解答 ✕　長安が大興城と呼ばれていたのは，隋代。

唐（7～10C）…**李淵**（高祖）が隋を倒して建国，都長安
太宗（李世民）の治世（7C）に律令国家体制が確立

☐ **7.** 解答 ✕　唐の律は刑法，令は行政法を主たる内容とした。

唐の法体系…律（**刑法**）・令（**行政法・民法**）・格（律・令の補充改正規定），式（律・令の施行細則）

☐ **8.** 解答 ✕　唐の尚書省は詔勅を実施。詔勅の草案を審議したのは門下省。

唐の中央官制＝三省六部中心…**中書省**(詔勅の草案作成)➡**門下省**(詔勅の草案審議)➡**尚書省**(六部 [吏部・戸部・礼部・兵部・刑部・工部] を管轄し詔勅を実施)，**御史台**(監察機関)
唐の地方制度…州県**制**

☐ **9.** 解答 ✕　唐は，隋の官吏登用制度を継承して，科挙を実施した。

（→ P.65）郷挙里選は，前漢の武帝が創始した官吏登用制度

□**10.** 唐では，均田制に基づいて租調庸が実施された。

□**11.** 唐は，東突厥を服属させた。

□**12.** 唐は，征服地に都護府を置いた。

□**13.** 則天武后は，夫の高宗の死後に皇帝に即位し，国号を新と改めた。

□**14.** 唐では，玄宗の時代に，募兵制に代わって府兵制が採用された。

□**15.** 唐はタラス河畔の戦いで火薬を用い，イスラーム軍を撃破した。

□**16.** ウイグルは，安史の乱の鎮圧に力を貸し，以後，唐への影響力を強めた。

□**17.** 両税法は，租調庸制に代わって施行された。

□**18.** 安史の乱以降，五代十国時代にかけて，新興地主層が勢力を伸ばした。

□**19.** 唐滅亡後の中国では，五代十国と総称される諸国が興亡した。

□**10.** 解答 ○ 　唐では，均田制で土地を支給された農民に租調庸を課した。
　　　　唐の農民支配…均田制（土地制度）で土地を支給された農民に，
　　　　　租調庸制・雑徭による税や力役，府兵制による兵役を課す

□**11.** 解答 ○ 　太宗のとき，唐は東突厥を服属させた。
　　　　太宗（７C）…**東突厥**服属
　　　　高宗（７C）…**新羅**と結び**百済・高句麗**を滅ぼす，中央アジア進
　　　　　出➡唐の最大領土

□**12.** 解答 ○ 　唐は，服属した異民族を，都護府を設置して間接統治した。
　　　　羈縻政策…都護府（征服地に設置）の監督のもと，服属した異民
　　　　　族の首長に統治を委ねる**間接統治**策

□**13.** 解答 × 　則天武后は，国号を周とした。
　　　　則天武后…高宗の皇后，高宗の死後皇帝に即位し国号を周とする
　　　　（→ P.65）新は，前漢を倒した王莽が建てた王朝

□**14.** 解答 × 　唐の玄宗の時代に，府兵制に代わり募兵制が採用された。
　　　　玄宗（８C）…均田制の崩壊で府兵制も実施困難➡傭兵制の**募兵
　　　　　制**を採用，晩年は楊貴妃を寵愛し**安史の乱**をまねく

□**15.** 解答 × 　唐は，タラス河畔の戦いでアッバース朝のイスラーム軍に敗北。
　　　　タラス河畔の戦い（８C）…唐が**アッバース朝**に**敗北**，製紙法の西伝
　　　　（→ P.85）火薬の実用化は宋代

□**16.** 解答 ○ 　ウイグルは，８世紀の安史の乱の際，唐に援軍を送った。
　　　　節度使…辺境の募兵軍団の指揮官
　　　　安史の乱…節度使の**安禄山**と部下の**史思明**の反乱➡**ウイグル**の協
　　　　　力で鎮圧
　　　　ウイグル…**突厥**に代わり台頭した**トルコ系騎馬遊牧民**

□**17.** 解答 ○ 　租調庸制の崩壊を受け，安史の乱後，両税法が施行された。
　　　　両税法…現住地で夏・秋の２期に土地や資産に応じて徴税，安史
　　　　　の乱後の８世紀に採用

□**18.** 解答 ○ 　戦乱で貴族が没落し，形勢戸と呼ばれる新興地主層が台頭。
　　　　安史の乱以降，**節度使**が内地にも設置➡自立して藩鎮化
　　　　黄巣の乱（９C）…塩の密売商人**黄巣**が指導する**唐末の農民反乱**

□**19.** 解答 ○ 　唐滅亡後の分裂時代を五代十国時代という。
　　　　五代十国（10C）…朱全忠による唐滅亡から北宋による統一まで
　　　　華北は５王朝…後梁（**朱全忠**建国）➡後唐➡後晋➡後漢➡後周

☐**20.** 唐代には，律令制などの制度や文化が朝鮮半島や日本に伝えられた。

☐**21.** 唐の長安は，渤海の上京竜泉府の都城構造に影響を与えた。

☐**22.** ソンツェン＝ガンポは，チベットに南詔を建てた。

☐**23.** 唐代には，ソグド人が交易に活躍した。

☐**24.** 唐では，ゾロアスター教は景教と呼ばれた。

☐**25.** 孔穎達は，『仏国記』を著した。

☐**26.** 玄奘は海上交易路を利用し，仏典を求めてインドへ渡った。

☐**27.** 陶潜（陶淵明）は，唐を代表する詩人である。

☐**28.** 唐代の韓愈や柳宗元は，古文の復興を提唱した。

☐**29.** 唐の時代，呉道玄が山水画を描いた。

□**20.** 解答 ○ 唐代には，中国を中心とする東アジアの国際秩序が形成された。
冊封体制…周辺国の首長が中国の皇帝に朝貢➡**新羅**（朝鮮半島）・
渤海（中国東北地方）・**南詔**（雲南地方）などが唐の冊封を受ける

□**21.** 解答 ○ 唐の都**長安**の都城制は，周辺諸国のモデルとなった。
長安の都城制…渤海の都**上京竜泉府**や日本の**平城京**に影響
渤海…高句麗の遺民などを率い**大祚栄**が東北地方に建国（7C）
日本…**遣隋使・遣唐使**を派遣して中国の制度導入➡律令国家体制

□**22.** 解答 ✕ 唐と同時代のチベットには**吐蕃**が成立。南詔は雲南に成立。
吐蕃…ソンツェン゠ガンポが**チベット**に建国（7C），インド文字
をもとに**チベット文字**を作成，**チベット仏教（ラマ教）**が成立

□**23.** 解答 ○ 唐には，ソグド商人やムスリム商人が多数往来。
陸路…**ソグド人（ソグド商人）**が東西交易で活躍
海路…**ムスリム商人**が**揚州・広州**などに来航

□**24.** 解答 ✕ 文化 **景教**は，ネストリウス派キリスト教の中国名。
唐前半 = 国際文化…**景教（ネストリウス派キリスト教）**，**祆教**（ゾ
ロアスター教），**マニ教**，イスラーム教など外来宗教隆盛

□**25.** 解答 ✕ 文化 **孔穎達**は『五経正義』を編纂。『仏国記』は法顕の著。
唐の儒学…**孔穎達**『五経正義』（五経の解釈を統一）
唐の仏教…**玄奘・義浄**がインドの**ナーランダー僧院**で学ぶ，**浄土
宗・禅宗**普及

□**26.** 解答 ✕ 文化 唐の玄奘は陸路で往復。海路で往復したのは唐の義浄。
玄奘…**ヴァルダナ朝**時代のインドに渡る，**陸路**で往復，『**大唐西域記**』
義浄…**分裂時代**のインドに渡る，**海路**で往復，『**南海寄帰内法伝**』

□**27.** 解答 ✕ 文化 唐を代表する詩人は李白・杜甫など。陶潜は東晋の詩人。
唐の詩人…**李白**（8C）・**杜甫**（8C）・**白居易（白楽天）**（8～9C）

□**28.** 解答 ○ 文化 唐の**韓愈・柳宗元**は，古文の復興を主張した。
古文復興…**韓愈**（韓退之）・**柳宗元**らが，形式美を重んじる**四六駢
儷体**を批判し，それ以前の古文に戻ることを主張

□**29.** 解答 ○ 文化 唐の**呉道玄**は，山水画を描いた。
唐の画家…**呉道玄（山水画**を描く）　唐の書家…**顔真卿**

2 宋·遼·西夏·金

□**1.** 宋代には，皇帝自ら実施する殿試が，科挙の最終試験として創設された。

□**2.** 遼（契丹）は，唐の末期に燕雲十六州を獲得した。

□**3.** 澶淵の盟を締結した時の遼の皇帝は，耶律阿保機であった。

□**4.** 宋の王安石は，新法と呼ばれる改革を行った。

□**5.** 13世紀に宋は，靖康の変の結果，華北を失った。

□**6.** 南宋は，大運河の南端に位置する広州に都を置いた。

□**7.** 秦檜は，元との関係をめぐり主戦派と対立した。

□**8.** 宋の開封は，黄河と大運河が合流する交通の要衝に位置していた。

□**9.** 宋代に，同業組合である草市が組織された。

解答・ポイント

☐ **1.** 解答 ○ 北宋で創始された殿試は、皇帝が実施する科挙の最終試験。

宋（北宋は10〜12C）…後周の趙匡胤（太祖）が建国（10C），都開封，**太宗**が中国統一，**文治主義**をとり科挙を振興➡最終試験に皇帝が実施する殿試を導入

☐ **2.** 解答 ✕ 遼が燕雲十六州を獲得したのは、五代の後晋から。

遼（10〜12C）…モンゴル系**契丹**の**耶律阿保機**が建国（10C），五代の**後晋**が燕雲十六州を割譲 ➡ 燕雲十六州の獲得をはかる北宋と対立➡**澶淵の盟**による和平

☐ **3.** 解答 ✕ 耶律阿保機は10世紀の遼の建国者。澶淵の盟は11世紀。

澶淵の盟（11C）…**北宋**と**遼**の和議，北宋が遼に銀・絹を贈る，のち**西夏**（チベット系**タングート**の李元昊が建国）とも銀・絹などを贈る和約➡北宋は財政悪化

☐ **4.** 解答 ○ 北宋の王安石は、財政再建と富国強兵をはかる新法を実施。

新法…**北宋**で神宗の宰相**王安石**が実施した改革（11C），**青苗法・均輸法・市易法**・募役法・保甲法・保馬法など大地主・大商人の利益制限➡**司馬光**ら旧法**党**の反対➡**新法党**（新法を支持する勢力）と**旧法党**の党争で北宋衰退

☐ **5.** 解答 ✕ 年代 靖康の変で宋が華北を金に占領されるのは、12世紀。

靖康の変（12C）…金（ツングース系**女真**の**完顔阿骨打**が建国）が北宋の都開封を占領し，皇帝の欽宗や上皇の徽宗などを北方へ連行➡**北宋滅亡**

☐ **6.** 解答 ✕ 南宋の都は、大運河の南端に位置する臨安（杭州）。

南宋（12〜13C）…**高宗**が江南で宋を再興，都臨安（杭州）

☐ **7.** 解答 ✕ 南宋では、金との関係をめぐり、和平派と主戦派が対立。

和平派（秦檜ら）と**主戦派**（岳飛ら）の対立➡和平派の勝利➡淮河を南宋と金の国境とし，南宋が金に臣下の礼をとり銀・絹を贈る

☐ **8.** 解答 ○ 北宋の都の開封は、黄河と大運河の結節点に位置し繁栄した。

開封…**北宋**の都，黄河と大運河の結節点
臨安…**南宋**の都，大運河の南端
「清明上河図」…経済的に発展した北宋時代の開封の繁栄を描く

☐ **9.** 解答 ✕ 草市は地方の交易場。同業組合は行や作。

宋の都市…草市（小規模な交易場）➡鎮（地方都市）に発展
宋の同業組合…行（商人の組合）・作（手工業者の組合）

☐**10.** 宋代に紙幣が発行されると，銅銭はほとんど使用されなくなった。

☐**11.** 宋代に，佃戸と呼ばれる小作農は消滅した。

☐**12.** 長江下流域は，宋代に，「蘇湖熟すれば天下足る」と称されるようになった。

☐**13.** 宋は，海上交易を管理するため，市舶司を設置した。

☐**14.** 遼では，猛安・謀克という制度が用いられた。

☐**15.** 前2世紀後半に，耶律大石が西遼（カラキタイ）を建てた。

☐**16.** 宋学は，宇宙の原理や人間の本質などを探究した。

☐**17.** 宋代に著された『資治通鑑』は，紀伝体の通史である。

☐**18.** 蘇軾は，宋代に盛んであった散文の代表的作者の一人である。

☐**19.** 徽宗は，士大夫の教養として盛行した文人画の作品を残した。

□**10.** 解答 ✕ 宋代には，貨幣経済の進展で銅銭も大量に発行された。
  宋の貨幣…銅銭（**宋銭**）（東アジアにも輸出），交子（北宋で発行
  された紙幣），会子（南宋で発行された紙幣）

□**11.** 解答 ✕ 宋代には，新興地主が佃戸を使用する大土地経営が進展した。
  形勢戸…唐末以降台頭した新興地主，佃戸（小作農）を使用
  ➡科挙官僚を輩出して政治的・社会的支配層（**士大夫**）に

□**12.** 解答 ○ 宋代に，長江下流域の「**蘇湖（江浙）**」が穀倉地帯となった。
  宋代にベトナム原産の占城稲が普及し**長江下流域**が穀倉地帯に➡
  「蘇湖（江浙）熟すれば天下足る」

□**13.** 解答 ○ 宋代には海上交易が発達し，広州などに市舶司が設置された。
  市舶司…海上交易管理，**広州・泉州・明州**（**寧波**）などに設置
  ジャンク船で**中国商人**が陶磁器（**景徳鎮**で**青磁・白磁**を盛んに生
  産）・銅銭などを輸出（区別）ムスリム商人のダウ船

□**14.** 解答 ✕ 猛安・謀克は，金の行政・軍事制度。
  遼…遊牧・狩猟民は部族制，農耕民は州県制 = 二重統治体制
  金…遊牧・狩猟民は猛安・謀克，農耕民は州県制 = 二重統治体制

□**15.** 解答 ✕ 年代 耶律大石が西遼（カラキタイ）を建てたのは，12世紀。
  西遼（12〜13C）…遼が金により滅亡➡遼の耶律大石が中央アジ
  アで建国

□**16.** 解答 ○ 文化 宋学は，宇宙の原理などを探究する新しい儒学。
  宋学（**朱子学**）…**北宋**の周敦頤が祖➡**南宋**の朱熹（朱子）が大成，
  華夷の区別（中華思想）・**大義名分論**（君臣の別）を強調，**四
  書**（『論語』など）を重視

□**17.** 解答 ✕ 文化 北宋の司馬光の『資治通鑑』は，編年体の代表的通史。
  司馬光…**北宋**の**旧法党**の中心で**王安石**と対立，**編年体**の『資治
  通鑑』を著す
  （→ P.67）紀伝体の代表的歴史書は，前漢の司馬遷『史記』や後漢の班固『漢書』

□**18.** 解答 ○ 文化 欧陽脩や蘇軾は，宋代の代表的な文章家。
  宋の散文…**北宋**の**欧陽脩・蘇軾**
  宋の庶民文化…**雑劇**や**詞**の流行

□**19.** 解答 ✕ 文化 北宋の徽宗の作品は，院体画の代表。
  院体画…宮廷の**画院**中心に描かれた絵画，北宋の**徽宗**の画など
  文人画…士大夫・文人が自由に描いた絵画

□**20.** 中国で形成された禅宗と浄土宗は，宋代に広く信仰された。

□**21.** 金では，公用語を書き表すために，西夏文字が作られた。

3 内陸アジア・元

□**1.** スキタイは，南ロシアの草原地帯に国家を築いた。

□**2.** 遊牧国家である匈奴の建国者は，アッティラ王である。

□**3.** 匈奴は，冒頓単于のもとで強力となり，月氏や漢を圧迫した。

□**4.** 5世紀にモンゴル高原で強盛を誇った柔然は，その後，新興の鮮卑に滅ぼされた。

□**5.** 突厥は，6世紀に東西に分裂した。

□**6.** 7世紀の中央アジアでは，エフタルが突厥を滅ぼした。

□**7.** ウイグルは，キルギスを滅ぼした。

□**8.** サマルカンドは，タリム盆地のオアシス都市である。

□20. **解答** ○ **文化** 宋代には，禅宗と浄土宗の信仰が浸透した。
仏教…禅宗（宋代に士大夫に浸透），浄土宗（宋代に庶民に浸透）
道教…金代に王重陽が儒教・仏教・道教を融合して全真教を創始

□21. **解答** ✕ **文化** 金は女真文字を作った。西夏文字を作ったのは西夏。
遼…契丹文字 西夏…西夏文字 金…女真文字

🔍 解答・ポイント

□1. **解答** ○ スキタイは，南ロシアの草原地帯を支配した騎馬遊牧民。
「草原の道」…騎馬遊牧民が活動するユーラシア最北の東西交易路
スキタイ…南ロシアに建国（前6C頃），スキタイ文化（騎馬文化）形成

□2. **解答** ✕ アッティラは，5世紀に大帝国を築いたフン人の王。
フン人…騎馬遊牧民，ヨーロッパに移動➡ゲルマン人の大移動
（4C）の原因，アッティラ王（5C）のとき最盛期➡カタラウヌ
ムの戦いに敗北して帝国崩壊

□3. **解答** ○ 匈奴の最盛期は冒頓単于で，前漢の高祖や月氏を破った。
匈奴…スキタイの影響を受けた騎馬遊牧民，冒頓単于のもとで最
盛期（前3～前2C）➡前漢の武帝の攻撃➡衰退・分裂

□4. **解答** ✕ 柔然を滅ぼしたのは，トルコ系の突厥。
鮮卑…匈奴衰退後に台頭，五胡の一つ，華北に北魏を建国（4C）
柔然…鮮卑の華北進出後モンゴル高原で強盛（5C）➡北魏と対立

□5. **解答** ○ **年代** 突厥は，隋に討たれて6世紀に東西に分裂。
突厥…トルコ系騎馬遊牧民，柔然を滅ぼし強盛，突厥文字使用，
隋に討たれ東西分裂➡唐に服属➡トルコ系ウイグルにより滅亡

□6. **解答** ✕ 6世紀に，突厥がササン朝と同盟してエフタルを滅ぼした。
エフタル…中央アジアの遊牧民，グプタ朝を衰退させる，ササン
朝のホスロー1世と突厥に挟撃され滅亡（6C）

□7. **解答** ✕ キルギスが，9世紀にウイグルを滅ぼした。
ウイグル…トルコ系騎馬遊牧民，安史の乱で唐を援助（8C），ト
ルコ系キルギスにより滅亡（9C）➡一部が中央アジアに定住，
中央アジアのトルコ化・イスラーム化（トルキスタンの呼称）

□8. **解答** ✕ サマルカンドは，ソグディアナの中心的なオアシス都市。
「オアシスの道」（絹の道）…オアシス都市を結ぶ東西交易路
ソグド人…イラン系，ソグディアナのサマルカンドを拠点に中継貿易

☐**9.** チンギス＝ハンは，クリルタイでハンの位についた。

☐**10.** チンギス＝ハンは，タングートのバクトリアを滅ぼした。

☐**11.** オゴタイは，金を滅ぼし，カラコルムに都を置いた。

☐**12.** チンギス＝ハンは，ワールシュタットの戦いでドイツ・ポーランドの諸侯の
連合軍を破った。

☐**13.** モンゴル帝国のフラグは，チャガタイ＝ハン国を建てた。

☐**14.** フビライは，都を現在の北京に移し，大都と名づけた。

☐**15.** 元は，ベトナムに侵攻し，陳朝を滅ぼした。

☐**16.** 元の支配下では，漢人が重用され，西域出身の色目人は蔑視された。

☐**17.** モンゴル帝国では，ジャムチと呼ばれる駅伝制が敷かれていた。

☐**18.** 元では，従来の大運河が補修され，また大都に至る新運河が建設された。

□ **9.** 解答 ○ チンギス＝ハンはクリルタイでハンとなりモンゴル帝国建設。
チンギス＝ハン（テムジン）（13C）…**13世紀**に**クリルタイ**（有力者
の集会）で**ハン（カン）**（君主の称号）に選出➡モンゴル帝国
（大モンゴル国）の成立，**千戸制**実施

□ **10.** 解答 × チンギス＝ハンは，タングートの建てた西夏を滅ぼした。
チンギス＝ハン…**ナイマン・ホラズム＝シャー朝・西夏を倒す**
(→ P.27) バクトリアは，前３Cに中央アジアに成立したギリシア系国家

□ **11.** 解答 ○ オゴタイは，**金**を滅ぼした。また，カラコルムを都とした。
オゴタイ（13C）…**金を滅ぼす**➡華北支配，都を**カラコルム**に置く

□ **12.** 解答 × ワールシュタットの戦いに勝利したのは，バトゥのモンゴル軍。
バトゥ（13C）…**オゴタイ**の命で**西征（ヨーロッパ遠征）**，ワール
シュタットの戦いでドイツ・ポーランド連合軍を撃破，**南ロシア**
に**キプチャク＝ハン国**建設

□ **13.** 解答 × フラグは，イランにイル＝ハン国を建てた。
フラグ（13C）…**モンケ**時代に**アッバース朝**征服，**イル＝ハン国**建設
同時期に，雲南の**大理**を滅ぼし，朝鮮半島の**高麗**を服属させる
(→ P.55) チャガタイ＝ハン国は中央アジアに成立し，のちティムールが出る

□ **14.** 解答 ○ フビライは，**大都**に遷都し，その後国号を**元**とした。
フビライ（13C）…即位に反対した**ハイドゥの乱**が起こる➡モンゴ
ル帝国の分裂，**大都**（現在の北京）に遷都，国号を**元**とする

□ **15.** 解答 × ベトナムの陳朝は，元の侵攻を撃退した。
フビライの征服活動…**南宋**を滅ぼし中国統一
遠征が**失敗**した地域…日本（**鎌倉幕府**），ベトナム（**陳朝**），**ジャワ**

□ **16.** 解答 × 元の支配下では，西域出身の色目人が重用された。
元の支配構造…支配層＝**モンゴル人・色目人**（西域出身者），被
支配層＝**漢人**（旧金支配下の人々）・**南人**（旧南宋支配下の
人々），**科挙**を一時停止

□ **17.** 解答 ○ モンゴル帝国では，ジャムチと呼ばれる駅伝制が整備された。
陸路…**駅伝制（ジャムチ）**の整備➡東西交易活発化

□ **18.** 解答 ○ 元では，大運河が補修され，新運河も建設された。
内陸水路・沿岸航路…**大運河**改修と**新運河**建設，**海運**の発達
海路…海上交易の活発化➡**杭州・泉州・広州**の繁栄

□**19.** 元は，中国史上初めて紙幣を発行し使用した。

□**20.** 元末に，白蓮教徒が主体になって紅巾の乱を起こした。

□**21.** 元では，『西廂記』などの戯曲が盛んに作られ，庶民に愛好された。

□**22.** モンテ＝コルヴィノは，元の支配下でギリシア正教を布教した。

□**23.** ヴェネツィアの地を旅立ったマルコ＝ポーロの旅の記録は，『仏国記』である。

□**24.** 授時暦は，イスラーム天文学の影響を受けて作成された。

□**25.** 中国絵画は，イスラーム世界の細密画（ミニアチュール）に影響を与えた。

□**26.** 西夏文字は，モンゴル語を表すために考案された。

☐**19.** 解答 ✕ 中国史上初めて紙幣を発行したのは北宋で，交子を発行。

交鈔…元で発行された紙幣，チベット仏教（ラマ教）保護などで
財政難になり元末に濫発され経済混乱をまねく

☐**20.** 解答 ○ 紅巾の乱と明の成立で，元はモンゴル高原に後退。

白蓮教…弥勒仏が救済のため出現するという信仰

紅巾の乱（14C）…白蓮教徒主体の元末の農民反乱➡朱元璋が明
を建国し元を駆逐

☐**21.** 解答 ○ 文化 元では，庶民文化が発達し，元曲と呼ばれる戯曲が流行。

元曲…『西廂記』・『琵琶記』

☐**22.** 解答 ✕ モンテ＝コルヴィノが元で布教したのは，カトリック。

キリスト教使節の来訪…プラノ＝カルピニ（教皇が派遣），ルブル
ック（フランス王ルイ9世が派遣），モンテ＝コルヴィノ（元の
大都でカトリック布教）

☐**23.** 解答 ✕ マルコ＝ポーロの旅行記は，『世界の記述（東方見聞録）』。

元に来訪した商人・旅行者…マルコ＝ポーロ（ヴェネツィア出身，
『世界の記述』），イブン＝バットゥータ（『三大陸周遊記（旅行記）』）
（→ P.69）『仏国記』は，東晋の法顕の旅行記

☐**24.** 解答 ○ 文化 イスラーム天文学の影響で，元の郭守敬が授時暦を作成。

授時暦…イスラーム天文学の影響で元の郭守敬が作成➡日本の貞
享暦に影響

☐**25.** 解答 ○ 文化 モンゴル時代の文化交流で，細密画が発達。

細密画（ミニアチュール）…中国絵画の影響で発達したイスラーム
の世界の絵画

火薬…宋代に実用化，中国からイスラーム世界を経て世界各地へ

☐**26.** 解答 ✕ 文化 モンゴル語を表すために考案されたのは，パスパ文字。

元ではパスパ文字・ウイグル文字でモンゴル語を表記

パスパ…チベット仏教の僧，モンゴル語表記のためパスパ文字考案
（→ P.81）西夏文字は，タングートの西夏で作成された文字

1 明

☐**1.** 明を建国した洪武帝（太祖）は，元をモンゴル高原に退けた。

☐**2.** 明は，尚書省を廃止し，その管轄下にあった六部を皇帝直属とした。

☐**3.** 明は，賦役黄冊・魚鱗図冊などを作らせて，財政の確立をはかった。

☐**4.** 明では，軍制として衛所制を整えた。

☐**5.** 明は，海禁政策をとり，朝貢貿易体制を維持しようとした。

☐**6.** 13世紀に，永楽帝が即位した。

☐**7.** 15世紀に，鄭和の遠征艦隊の一部はアフリカ東岸へ到達した。

☐**8.** 明の皇帝がアルタン＝ハンによって捕虜にされた事件を，土木の変と称する。

☐**9.** 倭寇は，北虜と呼ばれた。

解答・ポイント

□**1. 解答 ○** 明に追われてモンゴル高原に退いた元は，北元と呼ばれる。
洪武帝（朱元璋，**太祖**）…元末の紅巾の乱から台頭➡明を建国
（14C），元をモンゴル高原に駆逐（北元），**一世一元の制**を創
始，**明律・明令**の制定，都南京

□**2. 解答 ×** 明の洪武帝は，中書省を廃止し，六部を皇帝直属とした。
洪武帝の君主独裁体制…中書省・丞相（中書省の長官）**の廃止**，
中書省の管轄下にあった六部を皇帝直属

□**3. 解答 ○** 里甲制のもと，賦役黄冊・魚鱗図冊で徴税を円滑化した。
里甲制…民戸に対する**明**の村落統治制度，賦役黄冊（戸籍・租
税台帳）・魚鱗図冊（土地台帳）を作成し徴税を円滑化，里老
人に六諭を徹底させ民衆教化

□**4. 解答 ○** 明の洪武帝は，軍戸に対し兵役を課す衛所制を創始した。
衛所**制**…軍戸に対する**明**の兵農一致の兵制

□**5. 解答 ○** 明は,民間貿易を禁止し朝貢貿易に限定する海禁政策を実施。
明の**海禁**…元末明初の前期倭寇対策などが背景，民間貿易（私
貿易）を全面的に禁止，**朝貢貿易**に限定，日本とは**室町幕府**の
足利義満と勘合貿易開始

□**6. 解答 ×** 年代 明の永楽帝の即位は15世紀。13世紀はモンゴルの時代。
永楽帝（15C）…**燕王**が建文帝を打倒する靖難の役➡**永楽帝**とな
る，南京から北京に遷都 ☞区別 北宋の靖康の変

□**7. 解答 ○** 年代 鄭和の南海諸国遠征は，15世紀に行われた。
永楽帝の対外政策…鄭和を南海諸国**遠征**に派遣➡朝貢貿易を促
進，モンゴル**遠征**，陳朝滅亡後のベトナムを征服➡永楽帝の
死後に黎朝が明から自立

□**8. 解答 ×** 土木の変は，明の皇帝がエセン＝ハンに捕虜にされた事件。
エセン＝ハン…オイラトの首長，明の正統帝を**土木堡**で捕らえる
土木**の変**（15C）
アルタン＝ハン…韃靼（タタール）の首長，明に侵入（16C）

□**9. 解答 ×** 倭寇は南倭と呼ばれた。北虜は明に侵攻するモンゴル系民族。
北虜…**オイラト・タタール**など北方民族の侵入➡万里の長城 **修築**
南倭…後期倭寇（海禁に不満をもつ中国系商人中心）の活動

3
東アジア世界

4
近世の東アジア

□**10.** 明は，豊臣秀吉の朝鮮侵攻に対抗して救援軍を送った。

□**11.** 李自成の反乱軍が北京を占領し，明は滅んだ。

□**12.** 16世紀に，税を銀で代納する両税法が行われるようになった。

□**13.** 明清時代には，穀物生産の中心地が長江中流域から下流域に移った。

□**14.** 明清時代の景徳鎮は，絹織物の代表的産地として有名である。

□**15.** 明代に，山西商人や徽州（新安）商人が活躍した。

□**16.** 明代以降，多数の中国人が東南アジアに移住し，商業活動などに従事した。

□**17.** 明代に，郷紳と呼ばれる地方有力者が成長した。

□**18.** 明では，『永楽大典』が編纂された。

□**19.** 明代には，庶民文化が栄え，小説『儒林外史』が書かれた。

□**10.** 解答 ○ 豊臣秀吉の朝鮮侵攻に対抗して，明は援軍を派遣した。
北虜南倭・豊臣秀吉の朝鮮侵攻・女真への軍事費増大➡万暦帝
のもと張居正が財政改革➡東林派（顧憲成が設立した東林書院
中心）の政治批判

□**11.** 解答 ○ 明は，李自成の乱により滅亡した。
東林派 vs 非東林派（宦官と結んだ官僚ら）
➡政治混乱や重税などを背景に李自成の乱➡明の滅亡（17C）

③ 東アジア世界

□**12.** 解答 × 銀経済の進展で，16世紀に税法は両税法から一条鞭法に。
16世紀の国際商業の繁栄➡明に大量の日本銀・メキシコ銀が流
入➡諸税を一括して銀納する一条鞭法の普及
→ P.73 両税法は，唐代半ばの8Cに施行開始

□**13.** 解答 × 明後半以降，穀物生産の中心は長江下流域から中流域に移動。
明後半以降，長江下流域で綿織物や生糸の生産が盛ん➡穀倉地
帯は長江中流域の「湖広」へ＝「湖広熟すれば天下足る」
⊛区別 宋代の「蘇湖熟すれば天下足る」

□**14.** 解答 × 景徳鎮は，陶磁器の生産で有名。
陶磁器…宋代以降の主要な輸出品，景徳鎮が代表的産地

④ 近世の東アジア

□**15.** 解答 ○ 明代には，特権商人である山西商人や徽州商人が活躍。
明の特権商人…山西商人（山西省出身），徽州（新安）商人（安徽省
出身）➡主要都市に会館・公所（同郷・同業者の施設）を建設

□**16.** 解答 ○ 明後半以降，華僑と呼ばれる海外移住者が増大。
華僑…中国から海外に移住した中国系の人，人口増加や海禁緩和
を背景に明後半以降東南アジアを中心に移住が進んだ

□**17.** 解答 ○ 郷紳は，明・清代に科挙合格によって台頭した地方の有力者。
明代に江南を中心に郷紳（科挙合格や官僚経験を通して地方で台
頭した者）などによる大土地経営進展

□**18.** 解答 ○ 文化 明の永楽帝は，『永楽大典』などを編纂させた。
永楽帝の編纂事業…『四書大全』（四書の注釈書），『五経大全』
（五経の注釈書），『永楽大典』（百科事典）

□**19.** 解答 × 文化 『儒林外史』は，清代の小説。
明の小説…『三国志演義』・『水滸伝』・『西遊記』・『金瓶梅』

☐**20.** 明では，陽明学が官学とされた。

☐**21.** 明代には，実学が盛んになるなか，李時珍が『本草綱目』を著した。

☐**22.**「坤輿万国全図」は，明代に作成された。

2 清

☐**1.** 17世紀に，ヌルハチは後金を建国した。

☐**2.** 16世紀に，ホンタイジはチャハルを服属させた。

☐**3.** 康熙帝は，李自成らが起こした三藩の乱を鎮圧した。

☐**4.** 鄭成功は，明に抵抗するために台湾に拠点を築いた。

☐**5.** ネルチンスク条約で，キリスト教布教の自由が認められた。

☐**6.** キャフタ条約は，雍正帝のときに結ばれた。

☐**7.** 清の軍機処は，乾隆帝が創設した。

□**20.** 解答 ✕　文化 明で官学とされたのは，朱子学。

朱子学…**明**の洪武帝が**官学化**

陽明学…**明**の王守仁（王陽明）が確立，知行合一を唱える

□**21.** 解答 ○　文化 明末清初には，実学が盛んになった。

明末清初の実学…**李時珍**『**本草綱目**』，徐光啓『**農政全書**』，宋応星『**天工開物**』，アダム＝シャール・徐光啓『**崇禎暦書**』

□**22.** 解答 ○　文化 「坤輿万国全図」は，明代にマテオ＝リッチが作成。

イエズス会…明清に布教の際，ヨーロッパの科学技術を伝える

マテオ＝リッチ…「坤輿万国全図」（世界地図），『**幾何原本**』（**徐光啓**と漢訳）

📖🔍 解答・ポイント

□**1.** 解答 ○　年代 ヌルハチは，17世紀に女真を統一して後金を建てた。

ヌルハチ…**17世紀**に女真（満州）を統一し**金**（**後金**）（ホンタイジが清と改称）を建国，軍事・行政組織の八旗創設，**満州文字**作成

□**2.** 解答 ✕　年代 ホンタイジは17世紀の清の皇帝。16世紀は明代。

ホンタイジ…**チャハル**（内モンゴル）を征服，国号を清と改称，**朝鮮王朝**（李朝）を服属，モンゴル（蒙古）**八旗**・**漢軍八旗**を創設

□**3.** 解答 ✕　三藩の乱を起こしたのは，呉三桂ら。李自成は明を滅ぼした。

呉三桂…明滅亡後に**山海関**を開いて清の北京入城に協力→藩王三藩の乱（17C）…藩王抑圧策に呉三桂らが反乱→康熙帝が鎮圧

□**4.** 解答 ✕　鄭成功が台湾に拠点を築いたのは，清に抵抗するため。

鄭氏台湾…鄭成功（鄭芝竜の子，国姓爺の異名）一族がオランダ人を駆逐し反清運動の拠点とする→**清**の康熙帝が征服（17C）→**台湾**を直轄領化

□**5.** 解答 ✕　ネルチンスク条約は，清とロシアの国境画定条約。

ネルチンスク条約（17C）…**清**の康熙帝と**ロシア**のピョートル1世が締結，中国東北部の国境画定

→P.201 清がキリスト教布教の自由を認めたのは，アロー戦争後の北京条約

□**6.** 解答 ○　キャフタ条約は，清の雍正帝とロシアの国境画定条約。

キャフタ条約（18C）…**清**の雍正帝と**ロシア**が締結，**モンゴル方面**の国境画定

□**7.** 解答 ✕　軍機処を創設したのは，清の雍正帝。

軍機処…**清**の軍事・行政の最高機関，雍正帝が創設

☐**8.** 15世紀に，ジュンガルが清に服属した。

☐**9.** 清は，中書省を設けてモンゴルやチベットなどの地域を統括した。

☐**10.** チベットでは，ツォンカパが黄帽派を開いた。

☐**11.** 清は，公行という特許商人の組合に貿易を管理させた。

☐**12.** 清代に，東南アジアから中国に華僑が流入した。

☐**13.** 地丁銀制は，地銀（地税）と丁銀（丁税）を別々に徴収する税制である。

☐**14.** 清は，学問を保護して，漢人の反清思想に対しても寛大であった。

☐**15.** 清では，『康熙字典』が編纂された。

☐**16.** 顧炎武は，銭大昕の唱えた学説を発展させ，考証学として確立させた。

☐**17.** 清では，戯曲『琵琶記』が作られた。

□**8.** 解答 ✕ 年代 ジュンガルを服属させたのは清の乾隆帝で，18世紀。
東トルキスタン…乾隆帝（18C）のジュンガル（オイラトの一部族）征服で**清**の支配下に➡新疆の呼称

□**9.** 解答 ✕ モンゴル・チベットなどの藩部を統括したのは，理藩院。
藩部…**モンゴル・チベット・青海・新疆**の総称➡**清**では理藩院の統括のもと，藩部での**自治**が認められた
→ P.71,P.87 中書省は唐代に詔勅の草案を作成した機関，明の洪武帝が廃止

□**10.** 解答 ◯ ツォンカパは，チベット仏教を改革し黄帽派を創始。
チベット…**ツォンカパ**が黄帽派（**ゲルク派**）を創始して**チベット仏教**改革（14C）➡ダライ＝ラマ（チベット仏教の最高権威者）の称号が始まる(16C)，**ラサ**にポタラ**宮殿**建設，**清**の藩部となる

□**11.** 解答 ◯ 18世紀にヨーロッパ貿易は広州に限定され公行が管理した。
清の乾隆帝の貿易統制…ヨーロッパとの貿易を広州一港に限定（**18C半**），公行（特権商人組合）に独占させる

□**12.** 解答 ✕ 華僑は，中国から東南アジアなどに流入した人々。
南洋華僑（華僑）…国外に移住した中国人，清代には人口増加などを背景に東南アジアへの移住が進む

□**13.** 解答 ✕ 地丁銀制は，丁銀（丁税）を地銀に組み込んで徴収する税制。
地丁銀制…丁銀（**人頭税**）を地銀（**地税**）に組み込み一本化して銀納，事実上**人頭税を廃止**，**清**の18Cから実施

□**14.** 解答 ✕ 清は漢人の伝統文化を尊重したが,反清思想は厳しく弾圧した。
懐柔策…科挙の振興➡満漢併用**制**，**緑営**（漢人の軍）創設，大編纂事業実施
威圧策…**文字の獄・禁書**の指定による思想統制，辮髪の強制

□**15.** 解答 ◯ 文化 『康熙字典』は，康熙帝が編纂させた字書。
清の大編纂事業…**『康熙字典』**（字書），**『古今図書集成』**（百科事典），**『四庫全書』**（乾隆帝が編纂させた叢書）

□**16.** 解答 ✕ 文化 顧炎武が唱えた学説を，銭大昕が発展させた。
考証学…実証的な古典研究を行う学問，明末清初の顧炎武・**黄宗羲**が先駆➡**清**の銭大昕が確立（18C）

□**17.** 解答 ✕ 文化 『琵琶記』は，元で作られた戯曲（元曲）。
清の小説…『紅楼夢』（上流階級の栄華没落）・『儒林外史』（官僚の腐敗を風刺）

☐**18.** ブーヴェは，「皇輿全覧図」の製作に携わった。

☐**19.** イエズス会は，布教する際に中国人の祖先崇拝を否認した。

3 朝鮮・日本

☐**1.** 衛氏朝鮮は，後漢の光武帝によって滅ぼされた。

☐**2.** 3世紀に，卑弥呼は魏に朝貢使節を送った。

☐**3.** 高句麗は，4世紀に楽浪郡を滅ぼした。

☐**4.** 5・6世紀の朝鮮半島では，高句麗・新羅・百済などが分立し，互いに抗争した。

☐**5.** 百済は，唐と同盟して新羅と高句麗を滅ぼし，朝鮮半島を統一した。

☐**6.** 渤海は，元の文化を取り入れて栄えた。

☐**7.** 日本は，遣唐使の派遣などによって唐の文化や制度を取り入れ，天皇中心の国家体制を確立した。

☐18. 解答 ○ 　文化 ブーヴェは，中国の実測地図「皇輿全覧図」を製作。
　　　　　　清で活躍した**イエズス会**宣教師…**アダム＝シャール**，**フェルビー
　　　　　　スト**，ブーヴェ「皇輿全覧図」（実測地図），**カスティリオーネ**
　　　　　　（円明園の設計に参加）（⬅区別）マテオ＝リッチ「坤輿万国全図」

☐19. 解答 ✕ 　文化 イエズス会は，布教の際，中国人の祖先崇拝を容認。
　　　　　　典礼問題…イエズス会が**孔子崇拝・祖先祭祀**を認めて布教➡教皇
　　　　　　がイエズス会の布教方法を否定➡康熙帝はイエズス会以外の宣
　　　　　　教師の布教を禁止➡雍正帝は**キリスト教布教を全面禁止**（18C）

解答・ポイント

☐1. 解答 ✕ 　衛氏朝鮮を滅ぼしたのは，前漢の武帝。
　　　　　衛氏朝鮮（前2C）…衛満が建国➡**前漢の武帝**が滅ぼし朝鮮に楽
　　　　　浪郡など**朝鮮4郡**を設置

☐2. 解答 ○ 　年代 卑弥呼は，3世紀に三国時代の魏に朝貢使節を送った。
　　　　　邪馬台国…卑弥呼が三国時代の**魏**から「親魏倭王」の称号獲得
　　　　　（『魏志』倭人伝の記述）
　　　　　ヤマト政権…倭の五王が南朝に朝貢（5C）

☐3. 解答 ○ 　年代 高句麗は4世紀に楽浪郡を滅ぼし，朝鮮半島北部も支配。
　　　　　高句麗（前1～後7C）…東北地方に建国➡**楽浪郡**を滅ぼす（4C）
　　　　　広開土王碑（5C）…高句麗最盛期の王の治績を称える

☐4. 解答 ○ 　年代 4～7世紀の朝鮮半島は高句麗・百済・新羅の三国時代。
　　　　　朝鮮半島**東南部**…新羅　　**西南部**…百済　　**南部**…加羅
　　　　　新羅と**百済**が北部の**高句麗**と対立＝朝鮮の**三国時代**（4～7C）

☐5. 解答 ✕ 　新羅が，唐と同盟して百済・高句麗を滅ぼし，朝鮮半島統一。
　　　　　隋…煬帝の高句麗遠征➡失敗
　　　　　唐…高宗のとき新羅と同盟して**百済・高句麗**を滅ぼす（7C）
　　　　　白村江の戦い（7C）…百済復興をはかる日本が唐・新羅に敗北

☐6. 解答 ✕ 　渤海は，唐の冊封を受け，制度・文化を導入して発展した。
　　　　　渤海（7～10C）…**大祚栄**が，滅亡した高句麗の遺民などを率い
　　　　　中国東北地方に建国，都**上京竜泉府**，遼（契丹）により滅亡

☐7. 解答 ○ 　日本は，中国の制度や文化を導入し，律令国家体制を整備。
　　　　　遣隋使・遣唐使の派遣➡中国の制度・文化を導入，大化の改新
　　　　　➡天皇中心の律令国家体制の整備，平城京…唐の長安をモデ
　　　　　ル，**天平文化**…唐文化の影響

☐**8.** 骨品制は，新羅の身分制度である。

☐**9.** 新羅では，大蔵経が刊行された。

☐**10.** 宋代に，日本との間で朱印船貿易が行われた。

☐**11.** 朝鮮王朝（李朝）を建国したのは，倭寇対策で功績をあげた李世民であった。

☐**12.** 朝鮮王朝（李朝）では，陽明学が官学とされ，両班の支配体制が確立した。

☐**13.** 訓民正音は，15世紀に作られた。

☐**14.** 琉球は，12世紀に中山王によって統一された。

☐**15.** 李舜臣は，亀甲船を用いて明軍に打撃を与えた。

☐**16.** 江戸幕府は鎖国政策をとり，日本と朝鮮との国交も途絶えた。

☐**17.** 琉球は島津氏に支配されると，中国への朝貢を断絶した。

□ **8.** 解答 ○ 新羅には，骨品制と呼ばれる特権的身分制度があった。
新羅（4〜10C）…朝鮮半島を初めて統一，唐に朝貢し制度・文化を導入，身分制度として骨品**制**，都慶州に仏国寺を創建

□ **9.** 解答 ✕ 仏教を保護し大蔵経を刊行したのは，高麗。
高麗（10〜14C）…王建が建国➡朝鮮半島統一，都開城，仏教保護➡高麗版大蔵経刊行，世界最古の**金属活字**製作，高麗**青磁**の発達，**モンゴル**に服属（13C）

□ **10.** 解答 ✕ 朱印船貿易は，江戸時代初期の17世紀前半に盛んに行われた。
日本の遣唐使**廃止**（9C）➡**国風文化**発達
日宋貿易（10〜13C）
鎌倉幕府（12〜14C）…**武士**の台頭，元の**日本遠征**を撃退（13C）

□ **11.** 解答 ✕ 朝鮮王朝（李朝）を建国したのは李成桂。李世民は唐の太宗。
朝鮮王朝（李朝）（14〜20C）…李成桂が倭寇撃退の功績➡高麗を倒し建国，都漢城，**明**に朝貢，科挙を導入，**朱子学**を官学化

□ **12.** 解答 ✕ 朝鮮王朝（李朝）では，朱子学が官学とされた。
朱子**学**の官学化➡17Cに**清**に服属すると「**小中華**」思想の根拠
ヤンバン
両班…**朝鮮王朝**時代の支配階級（➡区別）新羅の骨品制

□ **13.** 解答 ○ 年代 朝鮮王朝（李朝）の世宗が，15世紀に訓民正音を制定。
金属**活字**…朝鮮王朝で銅活字などが実用化
訓民正音（**ハングル**）…**15世紀**に**朝鮮王朝**の世宗が制定

□ **14.** 解答 ✕ 年代 中山王が琉球を統一したのは，15世紀。
琉球…**15世紀**に**中山王**が統一，都**首里**，**明**に朝貢し中継貿易で繁栄

□ **15.** 解答 ✕ 豊臣秀吉の朝鮮侵攻に，李舜臣の亀甲船や明の援軍が抵抗。
鉄砲伝来➡**織田信長・豊臣秀吉**の台頭
豊臣秀吉の朝鮮侵攻（**文禄・慶長の役**，壬辰・丁酉倭乱）（16C末）…**明**の援軍や**李舜臣**の**亀甲船**（**亀船**）の活躍➡撃退

□ **16.** 解答 ✕ 江戸幕府は鎖国後も朝鮮と国交をもち，朝鮮通信使が来航。
江戸**幕府**（17〜19C）…徳川家康が開く，初期には**朱印船**貿易で東南アジア各地に**日本町**，その後鎖国➡長崎で**清・オランダ**と交易，対馬（宗氏）が朝鮮王朝と交易，朝鮮から**朝鮮通信使**の派遣

□ **17.** 解答 ✕ 琉球は島津氏に支配されると，日中両属体制となった。
琉球…薩摩の**島津氏**に服属（17C）➡日本と中国に**両属体制**

第4章　ヨーロッパ・アメリカ

1 ｜ 中世のヨーロッパ

1 中世ヨーロッパ世界の成立

☐**1.** 大移動前のゲルマン人の社会では，女性の地位は高く，民会にも参加できた。

☐**2.** フン人の西進により，西ゴート人が圧迫されて移動を開始した。

☐**3.** 13世紀に，東ゴート王国が成立した。

☐**4.** ゲルマン人の一つであるランゴバルド（ロンバルド）人は，イベリア半島を経て北アフリカに建国した。

☐**5.** アングロ＝サクソン人は，七王国を建てた。

☐**6.** クローヴィスは，ネストリウス派に改宗した。

☐**7.** フランク王国のカール＝マルテルは，イベリア半島に侵攻してイスラーム教徒の軍を撃破した。

🔍 解答・ポイント

□ **1.** 解答 ✕　ゲルマン人の民会は，自由民の男性によって構成された。

大移動前のゲルマン人社会…**民会**（自由民の男性によって構成）
が最高機関

□ **2.** 解答 ○　4世紀に，フン人が東ゴート人を征服し，西ゴート人が移動開始。

フン人が**東ゴート人**征服➡**西ゴート人**が移動＝ゲルマン人の**大移
動**開始（4 C）

フン人…アジア系の民族，最盛期の**アッティラ王**が**パンノニア**（現
在のハンガリー）に帝国建設（5 C）➡**カタラウヌムの戦い**に敗北

□ **3.** 解答 ✕　年代 大移動によるゲルマン諸国家の成立は5～6世紀。

ゲルマン人傭兵隊長の**オドアケル**により**西ローマ帝国滅亡**（5 C）
➡東ゴート人の**テオドリック王**がオドアケルを倒し**イタリア半島**
に東ゴート**王国**建国

□ **4.** 解答 ✕　イベリア半島を経て北アフリカに建国したのは，ヴァンダル人。

西ゴート人…**イベリア半島**に建国

ヴァンダル人…**北アフリカ**に建国

ランゴバルド（ロンバルド）人…**北イタリア**に建国

□ **5.** 解答 ○　アングロ＝サクソン人は，大ブリテン島に七王国を建てた。

アングロ＝サクソン人…**大ブリテン島**に**七王国**（**ヘプターキー**）建国

フランク人…フランス北部に建国

ブルグンド人…フランス東南部に建国

□ **6.** 解答 ✕　フランク王国のクローヴィスは，アタナシウス派に改宗した。

クローヴィス…**フランク人**を統一しフランク**王国**建設，メロヴィング
朝創始（5 C），アタナシウス**派に改宗**➡ローマ教会と結びつく

→ P.33 ネストリウス派は，エフェソス公会議で異端とされたキリスト教の一派

□ **7.** 解答 ✕　イベリア半島に侵攻しイスラーム軍と戦ったのは，カール大帝。

カール＝マルテル…フランク王国の**宮宰**（マヨル＝ドムス），フラン
ク王国に侵入した**ウマイヤ朝イスラーム軍**を**トゥール・ポワティ
エ間の戦い**で撃破（8 C）➡ローマ教会がフランク王国に接近

☐**8.** フランク王国のピピンは，コンスタンティノープル教会との関係を強化し，カロリング朝を開いた。

☐**9.** グレゴリウス1世は，ゲルマン人への布教を行った。

☐**10.** 6世紀にベネディクトゥスは，モンテ＝カシノに修道院を建てた。

☐**11.** ローマ教会は，神聖ローマ皇帝を首長とする教会制度を築いた。

☐**12.** ローマ教会が出した聖像禁止令に対して，東方の教会は反発した。

☐**13.** 8世紀に，カール大帝は，マジャール人を撃退した。

☐**14.** カール大帝は，教皇レオ3世によって，ローマ皇帝の冠を授けられた。

☐**15.** 13世紀に，ギリシア正教会はローマ＝カトリック教会と分裂した。

☐**16.** フランク王国は，ヴェルダン条約によって，東フランク王国と西フランク王国に二分された。

□**8.** 解答 ✕ ピピンは，ローマ教会との関係を強化した。

ピピン…カール＝マルテルの子，教皇の支持下にフランク王国の**カロリング朝**創始（8C）➡教皇に**ラヴェンナ地方**を**寄進**＝教皇領の起源

□**9.** 解答 ◯ 教皇グレゴリウス1世は，ゲルマン人への布教に活躍した。

教皇…ローマ教会の首長，使徒ペテロの後継者とされる
グレゴリウス1世（6〜7C）…ゲルマン人**への布教**に尽力した教皇

□**10.** 解答 ◯ 年代 ベネディクトゥスは，6世紀に修道院を創建した。

ベネディクト**修道会**…ベネディクトゥスが中部イタリアの**モンテ＝カシノ**に建設，「祈り，働け」が標語

□**11.** 解答 ✕ ローマ教会の首長は，教皇。

ローマ**教会**…教皇が首長，**西ヨーロッパ**に影響力，コンスタンティノープル教会（ビザンツ帝国保護下で**東ヨーロッパ**に影響力）と首位権を争う

□**12.** 解答 ✕ ビザンツ皇帝が発布した聖像禁止令に，ローマ教会が反発した。

レオン3世…ビザンツ皇帝，**聖像禁止令**発布（8C）➡反発したローマ教会がフランク王国に接近

□**13.** 解答 ✕ 8世紀にカール大帝が撃退したのは，アヴァール人。

カール**大帝**（**シャルルマーニュ**）…ピピンの子，フランク王国最盛期，ランゴバルド王国征服，**ザクセン人**征服，**アヴァール人**（アジア系民族）撃退，イベリア半島のイスラーム軍と戦う
⊜区別 マジャール人撃退は，オットー1世

□**14.** 解答 ◯ 教皇レオ3世は，カール大帝にローマ皇帝の帝冠を授けた。

カール**戴冠**（800）…教皇**レオ3世**から戴冠＝「西ローマ帝国」復活
カール大帝の国内統治…伯に地方統治を委任し巡察使が監督

□**15.** 解答 ✕ 年代 教会の東西分裂は，11世紀。

教会の東西分裂（11C）…**ローマ＝カトリック教会**（教皇中心の西方の教会組織）と**ギリシア正教会**（コンスタンティノープル教会中心の東方の教会組織）に分裂

□**16.** 解答 ✕ フランク王国は，9世紀にヴェルダン条約で三分された。

ヴェルダン条約（9C）…フランク王国を**三分**
➡**メルセン条約**（9C）…東フランク・西フランク・イタリアに**三分**＝ドイツ・フランス・イタリアの起源

□**17.** 9世紀に，ローマ教皇により，オットー1世が帝冠を授けられた。

□**18.** 西フランクでは，カロリング朝の断絶後，ヴァロワ朝が成立した。

□**19.** ノルマン人は，原住地であるアイスランドから，ノルウェーに進出した。

□**20.** アルフレッド大王が，デーン人の王国をイングランドに建てた。

□**21.** クヌート（カヌート）は，9世紀にイングランドを征服した。

□**22.** ノルマン人のロロが，イングランドにノルマン朝を開いた。

□**23.** 9世紀に，リューリクに率いられた一派により，ノヴゴロド国が建てられた。

□**24.** 地中海に進出したノルマン人は，両シチリア王国を建てた。

□**25.** 西ヨーロッパの封建制では主君が家臣に封土を与えるのに対して，家臣は主君に対して軍事的忠誠の義務を負った。

□**17.** 解答 **✕**　年代 オットー1世が教皇から帝冠を受けたのは，10世紀。
　　　　東フランク…カロリング朝断絶➡**ザクセン家**のオットー1世がマジ
　　　　　　ャール人撃退などで威信を高め教皇から帝冠を受ける（10C）
　　　　　　➡**神聖ローマ帝国**成立

□**18.** 解答 **✕**　西フランクでは，カロリング朝断絶後，カペー朝が成立。
　　　　西フランク…カロリング朝断絶➡**パリ伯ユーグ＝カペー**が**カペー
　　　　　　朝**創始（10C）
　　　　イタリア…カロリング朝断絶➡都市や教皇領が分立
　　　　→P.115 ヴァロワ朝は，カペー朝断絶後に成立したフランスの王朝

□**19.** 解答 **✕**　ノルウェーはノルマン人の原住地。アイスランドは移住先。
　　　　ノルマン人（ヴァイキング）…スカンディナヴィア半島などが原住
　　　　　　地，イングランド・北フランス・ロシア・南イタリア・北欧など
　　　　　　に建国，アイスランド・グリーンランドにも移住

□**20.** 解答 **✕**　アルフレッド大王は，デーン人を撃退したイングランド王。
　　　　イングランド（大ブリテン島中・南部）…七王国の統一（9C）➡**アルフ
　　　　　　レッド大王**が**デーン人**（デンマーク地方のノルマン人）の侵入撃退

□**21.** 解答 **✕**　年代 クヌートがイングランドを征服したのは，11世紀。
　　　　クヌート（カヌート）…デーン人の王，**11世紀**にイングランド征服

□**22.** 解答 **✕**　ノルマン朝を開いたのは，ノルマンディー公ウィリアム。
　　　　ノルマンディー公国…ノルマン人の**ロロ**が**北フランス**に建国（10C）
　　　　　　➡ノルマンディー公ウィリアムが**イングランド征服**（ノルマン＝
　　　　　　コンクェスト）➡**ウィリアム1世**としてノルマン朝創始（**11C**）

□**23.** 解答 **○**　年代 9世紀に，ルーシのリューリクがノヴゴロド国を建てた。
　　　　ロシア…ノルマン人の一派**ルーシ**のリューリクがノヴゴロド国建設
　　　　　　（9C）➡一部がドニエプル川を南下し**キエフ公国**建設（9C）
　　　　　　➡**ロシアの起源**

□**24.** 解答 **○**　ノルマン人の一部は，南イタリアに両シチリア王国を建てた。
　　　　両シチリア王国…ノルマン人が**南イタリア**に建国（12C）
　　　　デンマーク王国・スウェーデン王国・ノルウェー王国…ノルマン人
　　　　　　が**原住地**に建国

□**25.** 解答 **○**　封建制は，主君・臣下ともに義務を負った。
　　　　封建制（封建的主従関係）…主君は臣下に封土を与え保護，臣下
　　　　　　は主君に忠誠・軍事奉仕，**ローマの恩貸地制度**と**ゲルマンの従
　　　　　　士制**が起源

□**26.** 中世の荘園には，直営地以外に，農民自らが耕作することのできる保有地は与えられなかった。

□**27.** 荘園制のもとで農奴身分に置かれた農民は，領主への貢納や賦役を課されていた。

□**28.** ヨーロッパでは，国王の役人が入ることも徴税することもできない荘園の土地を，恩貸地という。

□**29.** 世俗世界の階層制と同様に，教会においても，ローマ教皇を頂点とする，大司教・司教・司祭などの階層制が確立した。

□**30.** 8世紀に，クリュニー修道院を中心とする教会改革運動が起こった。

□**31.** フランチェスコ修道会は，托鉢修道会の一つであった。

□**32.** グレゴリウス7世は，カノッサで皇帝に謝罪した。

□**33.** ビザンツ（東ローマ）皇帝ユスティニアヌスは，ランゴバルド王国などを滅ぼし，地中海世界を再び統一した。

□**34.** 中国から伝わった養蚕の技術が，ビザンツ帝国で取り入れられた。

□**35.** ビザンツ帝国では，軍管区制（テマ制）がとられた。

□**26.** 解答 × 中世の荘園には，領主直営地以外に農民保有地も存在。
荘園…領主（国王・諸侯・騎士・教会・修道院など）が経営する所領，領主直営地・農民保有地などからなる

□**27.** 解答 ○ 農奴は，賦役・貢納など領主に対しさまざまな義務を負った。
農奴…移動の自由がなく**領主裁判権**に服従，賦役（**領主直営地**での労働）・貢納（**農民保有地**からの地代）・結婚**税**・死亡**税**の負担

□**28.** 解答 × 恩貸地制度は，封建制の起源の一つで，古代ローマに由来。
不輸不入**権**（**インムニテート**）…領主が国王による徴税・裁判を拒否する権利➡領主の自立化と封建社会の分権化が進む

□**29.** 解答 ○ ローマ＝カトリック教会では，教皇を頂点とする階層制成立。
階層制組織…**大司教・司教**・司祭・**修道院長**などの聖職者の序列
十分の一税…農奴が教会に納める税

□**30.** 解答 × 年代 クリュニー修道院は，10世紀に創建された修道院。
クリュニー修道院…フランスに創建（10C），聖職売買・聖職者の妻帯を禁止➡教会改革運動の中心となり**叙任権闘争**に影響

□**31.** 解答 ○ フランチェスコ修道会は，托鉢修道会である。
シトー修道会…大開墾運動の中心
フランチェスコ修道会・ドミニコ修道会…**托鉢修道会**（信者の施しで活動）

□**32.** 解答 × 神聖ローマ皇帝が，カノッサで教皇グレゴリウス7世に謝罪。
叙任権**闘争**…聖職叙任**権**をめぐり教皇と皇帝が対立➡教皇グレゴリウス7世が神聖ローマ皇帝ハインリヒ4世を破門，カノッサで謝罪させる（カノッサの屈辱）（11C）➡**ヴォルムス協約**（12C）で叙任権闘争終結

□**33.** 解答 × ランゴバルド王国を滅ぼしたのは，フランク王国のカール大帝。
ユスティニアヌス大帝（6C）…ビザンツ皇帝，ヴァンダル**王国**・東ゴート**王国**を滅ぼし地中海統一，**ササン朝**の**ホスロー1世**と抗争

□**34.** 解答 ○ ビザンツ帝国のユスティニアヌス大帝は，絹織物産業を振興。
ユスティニアヌス大帝の事業…**絹織物産業**の育成，『**ローマ法大全**』（ローマ法の集大成）の編纂

□**35.** 解答 ○ ビザンツ帝国では，軍管区制が実施された。
軍管区**制**（テマ制）…**ビザンツ帝国**の軍事行政制度
プロノイア制…**ビザンツ帝国**後期の軍事封建制度

□**36.** ビザンツ（東ローマ）帝国は，第4回十字軍から首都を奪回した後，ラテン帝国を建てた。

□**37.** ビザンツ帝国では，公用語がギリシア語からラテン語となった。

□**38.** コンスタンティノープルのハギア゠ソフィア聖堂は，レオン3世の命によって建設された。

□**39.** ウラディミル1世は，ユダヤ教を国教とした。

□**40.** セルビア人は，バルカン半島に定住後，ローマ゠カトリックを受容した。

□**41.** ポーランド人の間では，ギリシア正教が広く受容された。

□**42.** 17世紀に，ポーランドとリトアニアが合同して，ヤゲウォ朝が成立した。

□**43.** ドナウ川流域に進出したノルマン人は，ハンガリー王国を建てた。

2 中世ヨーロッパ世界の発展

□**1.** 11～13世紀の西ヨーロッパでは，三圃制が普及し，農業生産力が向上した。

☐ **36.** **解答** ✕ 　第4回十字軍が，ビザンツ帝国の都を占領しラテン帝国建設。
　　　　　　　　ラテン**帝国**（13C）…第4回**十字軍**がビザンツ帝国の都コンスタン
　　　　　　　　ティノープルを占領し建国➡ビザンツ帝国は一時中断

☐ **37.** **解答** ✕ 　**文化** ビザンツ帝国の公用語は，ラテン語からギリシア語に。
　　　　　　　　ビザンツ文化…**ギリシア語**の公用語化（7C），**ビザンツ様式**の教
　　　　　　　　会建築，**イコン**（イエスや聖母などの聖像画）の制作

☐ **38.** **解答** ✕ 　**文化** ハギア＝ソフィア聖堂は，ユスティニアヌス大帝が建設。
　　　　　　　　ビザンツ様式…モザイク壁画が特色，**ハギア（セント）＝ソフィア聖
　　　　　　　　堂（コンスタンティノープル）**，サン＝ヴィターレ**聖堂**（北イタリア）

☐ **39.** **解答** ✕ 　キエフ公国のウラディミル1世は，ギリシア正教を国教化。
　　　　　　　　キエフ公国…ノルマン人が建国（9C）➡**東スラヴ人**（ロシア人な
　　　　　　　　ど）と同化，ウラディミル1世が**ギリシア正教**を国教化（10C）
　　　　　　　　キリル文字…スラブ人へのギリシア正教布教に用いた文字に由来

☐ **40.** **解答** ✕ 　南スラヴ人のセルビア人は，ギリシア正教を受容。
　　　　　　　　南スラヴ人…セルビア**人**➡**ギリシア正教**，クロアティア**人**・**スロヴ
　　　　　　　　ェニア人**➡**ローマ＝カトリック**

☐ **41.** **解答** ✕ 　西スラヴ人のポーランド人は，ローマ＝カトリックを受容。
　　　　　　　　西スラヴ人（**ローマ＝カトリック**受容）…ポーランド**人**，チェック
　　　　　　　　人（**ベーメン**に建国）

☐ **42.** **解答** ✕ 　**年代** ヤゲウォ朝の成立は，14世紀。
　　　　　　　　ヤゲウォ（ヤゲロー）**朝**…**14世紀**にポーランドが**リトアニア大公
　　　　　　　　国**（リトアニア人が建国）と合同して成立

☐ **43.** **解答** ✕ 　ハンガリー王国を建てたのは，マジャール人。
　　　　　　　　東ヨーロッパの非スラヴ系民族…マジャール**人**（**ハンガリー王国**
　　　　　　　　建設）➡**カトリック**受容，ブルガール**人**（のちスラヴ人に同化，
　　　　　　　　ブルガリア帝国建設）➡**ギリシア正教**受容

解答・ポイント

☐ **1.** **解答** ○ 　**年代** 11～13世紀の西ヨーロッパでは，三圃制（さんぽせい）が普及。
　　　　　　　　三圃**制**（耕地を三分する農法）・鉄製農具・重量有輪犂（じゅうりょうゆうりんすき）の普及➡農
　　　　　　　　業生産向上➡西ヨーロッパの拡大（十字軍・巡礼（じゅんれい）**の流行**など）

☐ **2.** 十字軍は，ブワイフ朝の小アジア進出がきっかけとなった。

☐ **3.** 9世紀に，教皇ウルバヌス2世がクレルモン宗教会議を開いた。

☐ **4.** サラディン（サラーフ゠アッディーン）は，十字軍からイェルサレムを奪回した。

☐ **5.** 第4回十字軍は，フィレンツェの主導のもとにコンスタンティノープルを占領し，ラテン帝国を建てた。

☐ **6.** 長期にわたる十字軍とその失敗は，諸侯や騎士の没落の一因となった。

☐ **7.** イタリア商人はおもに，東方から銀を，アルプスの北から香辛料を得た。

☐ **8.** 中世のフィレンツェでは，毛織物生産が盛んだった。

☐ **9.** 北海やバルト海の貿易では，おもに絹織物や貴金属が取引されていた。

☐ **10.** 北ヨーロッパ商業圏と地中海商業圏の接点にあたる北イタリアでは，大きな市が定期的に立つようになった。

☐ **2.** 解答 ✕ 十字軍の契機となったのは，セルジューク朝の小アジア進出。
十字軍…イスラーム支配下の聖地イェルサレムの回復運動，セル
ジューク朝の小アジア進出➡ビザンツ皇帝が教皇に救援要請
(➔ P.49) ブワイフ朝は，セルジューク朝に倒されたイラン系シーア派王朝

☐ **3.** 解答 ✕ 年代 ウルバヌス2世のクレルモン宗教会議開催は，11世紀。
クレルモン宗教会議（11C）…教皇ウルバヌス2世が十字軍を提唱
➡第1回十字軍（11C）…聖地占領➡イェルサレム王国建設

☐ **4.** 解答 ○ アイユーブ朝のサラディンは，十字軍からイェルサレムを奪回。
第2回十字軍のあと，**アイユーブ朝**のサラディンがイェルサレム占領
➡第3回十字軍（12C）…イギリス王リチャード1世らが参加➡聖
地回復に失敗

☐ **5.** 解答 ✕ 第4回十字軍は，ヴェネツィア商人が主導。
第4回十字軍（13C）…教皇インノケンティウス3世（教皇権の最
盛期）提唱，ヴェネツィア商人主導➡コンスタンティノープルを
占領しラテン帝国建設

☐ **6.** 解答 ○ 十字軍の結果，諸侯・騎士は没落した。
神聖ローマ皇帝フリードリヒ2世の外交交渉，フランス王ルイ9
世指揮の十字軍（13C）➡最終的に十字軍失敗
十字軍の政治的影響…教皇権衰退，諸侯・騎士没落，王権伸張

☐ **7.** 解答 ✕ イタリア商人は，銀を輸出してアジアの香辛料を輸入した。
東方貿易（レヴァント貿易）…北イタリア都市（ヴェネツィア・ジ
ェノヴァ・ピサなど）が主導，南ドイツの銀を輸出しアジアの香
辛料を輸入

☐ **8.** 解答 ○ 中世のフィレンツェは，毛織物生産で富を蓄積した。
フィレンツェ…イタリア中部の都市，毛織物（東方貿易の輸出品）
生産が盛ん，メディチ家のもとで繁栄（15C）

☐ **9.** 解答 ✕ 北海・バルト海交易では，おもに海産物・木材など日用品を取引。
北海・バルト海交易…北ドイツ都市（リューベック・ハンブルクな
ど）が主導，海産物・木材・穀物・毛皮などの日用品やフランドル
地方の毛織物を交易 (➔区別) 東方貿易では奢侈品を取引

☐ **10.** 解答 ✕ 大定期市が開催されたのは，フランスのシャンパーニュ地方。
シャンパーニュ地方…北ヨーロッパ商業圏（北海・バルト海交易中
心）と地中海商業圏（東方貿易中心）を結ぶ，定期市で繁栄

☐**11.** アウクスブルクは, 南ドイツ産の銀で繁栄した。

☐**12.** 自治都市は, 王権が弱体であったイギリスで特に発達した。

☐**13.** 中世ドイツの帝国都市（自由都市）は, 皇帝に直属しつつ, 諸侯に対抗する政治的自立を得ていた。

☐**14.** ロンバルディア同盟は, 北ドイツ・バルト海沿岸諸都市を中心に結成された。

☐**15.** ギルドは, 生産・流通の自由競争を促進した。

☐**16.** 中世都市の手工業者は, 大商人に対抗して同職ギルド（ツンフト）を組織した。

☐**17.** 手工業の親方と職人・徒弟との間には, 自由・対等の関係があった。

☐**18.** 領主直営地における賦役の廃止は, 農民の経済的地位の向上に重要な役割を果たした。

☐**19.** 黒死病（ペスト）の流行が, 12世紀に農業人口を激減させた。

☐**20.** イギリスで, ジャックリーの乱が起こった。

□**11.** 解答 ○ アウクスブルクは，南ドイツ産の銀を交易して繁栄した。
アウクスブルク…**南ドイツ**の都市，南ドイツ産の**銀**を扱って繁栄し
た**フッガー家**の本拠地（●区別）フィレンツェのメディチ家

□**12.** 解答 ✕ 自治都市は，王権が弱体であったイタリア・ドイツで発達。
農業生産の増大・十字軍遠征➡貨幣経済**の普及**や遠隔地**貿易**の
進展➡**中世都市の成長**➡領主から**特許状**を得て**自治権**を認めら
れた自治都市に発展

□**13.** 解答 ○ ドイツの自治都市は，皇帝直属の帝国都市(自由都市)となった。
ドイツの自治都市…皇帝に直属して**帝国都市（自由都市）**となる
イタリアの自治都市(コムーネ)…完全に独立した都市国家となる

□**14.** 解答 ✕ ロンバルディア同盟は，北イタリア都市が結成した都市同盟。
ロンバルディア**同盟**…ミラノ中心に**北イタリア都市**が神聖ローマ皇
帝に対抗
ハンザ同盟…**リューベック盟主**，北ドイツ都市が北海・バルト海
交易独占

□**15.** 解答 ✕ ギルドは，自由競争を禁止した。
ギルド…中世都市における商工業者の組合，自由競争を禁止，市
場を独占

□**16.** 解答 ○ 手工業者は，商人ギルドに対抗して同職ギルドを結成。
大商人が支配する商人ギルドが市政独占➡反発した**手工業者**が同
職ギルド（ツンフト）を結成し市政参加を要求（ツンフト**闘争**）

□**17.** 解答 ✕ 手工業の親方・職人・徒弟の間には，厳格な身分序列があった。
「都市の空気は(人を)自由にする」…都市の住民は領主支配から
自由➡都市内部では親方・職人・徒弟の身分序列など多くの規制

□**18.** 解答 ○ 賦役の廃止と貨幣地代の普及は，農奴解放を促進。
貨幣経済の**普及**➡賦役の廃止と貨幣**地代**の普及➡農民の地位向
上➡**農奴解放**促進＝独立自営農民（**ヨーマン**）の出現

□**19.** 解答 ✕ 年代 黒死病が流行し農業人口を激減させたのは，14世紀。
黒死病（ペスト）の流行（14C）➡農業人口激減➡領主が農民の
待遇を改善➡農奴解放促進

□**20.** 解答 ✕ ジャックリーの乱は，フランスで起こった。
ジャックリーの乱（14C）…**フランス**の農民反乱
ワット＝タイラーの乱(14C)…**イギリス**の農民反乱，ジョン＝ボー
ル「**アダムが耕しイヴが紡いだとき，だれが貴族であったか**」

□**21.** 火器による戦術の変化が，中世末期における騎士層の没落の一因となった。

□**22.** フランス王フィリップ4世は，インノケンティウス3世と対立した。

□**23.** 12世紀に，教皇庁がアヴィニョンに移された。

□**24.** 14世紀に，オランダのウィクリフが教会制度を批判して，宗教改革の先駆者となった。

□**25.** 15世紀に，コンスタンツ公会議で教会大分裂が収拾された。

□**26.** 12世紀に，イギリスでプランタジネット朝が開かれた。

□**27.** イギリス王ジョンは，フランスのフィリップ2世を破り，イギリス領を拡大した。

□**28.** シモン＝ド＝モンフォールは，ヘンリ8世に対して反乱を起こした。

□**29.** イギリスでは，13世紀にエドワード1世が模範議会を開催した。

□**21.** 解答 ○ 火砲（火器）の普及は，騎士の没落の一因となった。
　　　　火砲による**戦術の変化**➡没落した諸侯・騎士は国王に仕える➡国
　　　　王による中央集権化進展

□**22.** 解答 × フィリップ4世は，教皇ボニファティウス8世と対立。
　　　　フィリップ4世…**カペー朝**最盛期，聖職者課税問題をめぐり教皇
　　　　ボニファティウス8世と対立➡三部会の支持を得てアナーニ**事
　　　　件**で教皇を捕囚（14C）

□**23.** 解答 × 年代 教皇庁がアヴィニョンに移されたのは，14世紀。
　　　　「教皇のバビロン捕囚」（14C）…フィリップ4世が教皇庁を**南フ
　　　　ランス**のアヴィニョンに移す➡教皇はフランス王の影響下に

□**24.** 解答 × ウィクリフは,14世紀に教会改革を主張したイギリスの神学者。
　　　　教会大分裂（大シスマ）…「教皇のバビロン捕囚」解消後，複数の
　　　　教皇が並立➡ウィクリフ（イギリス）・フス（ベーメン）が教会批判

□**25.** 解答 ○ 年代 コンスタンツ公会議は，15世紀に開かれた。
　　　　コンスタンツ**公会議**（15C）…教会大分裂を解消，**ウィクリフ・フ
　　　　ス**を異端，フスを処刑➡ベーメンでフス**戦争**勃発

□**26.** 解答 ○ 年代 12世紀に，イギリスでプランタジネット朝が成立。
　　　　プランタジネット**朝**…イギリスで**ヘンリ2世**が創始（12C）

□**27.** 解答 × イギリス王ジョンは,フィリップ2世に敗れ,多くの領土を喪失。
　　　　ジョン**王**（13C）…**プランタジネット朝**の王，フランスのカペー朝
　　　　のフィリップ2世に敗れ領土喪失➡大憲章（マグナ＝カルタ）
　　　　（課税に貴族の同意）を承認

□**28.** 解答 × シモン＝ド＝モンフォールは，ヘンリ3世に反乱を起こした。
　　　　ヘンリ3世（13C）…**プランタジネット朝**の王，大憲章無視➡シモ
　　　　ン＝ド＝モンフォールが聖職者・貴族・州と都市の代表を集め
　　　　国政協議＝**イギリス議会の起源**
　　　　（➡P.131）ヘンリ8世は，イギリス国教会を創始したテューダー朝の王

□**29.** 解答 ○ 年代 13世紀にエドワード1世は，模範議会を開催。
　　　　イギリス議会の発展…エドワード1世の**模範議会**（13C）➡上院
　　　　（貴族院）・下院（庶民院）（**ジェントリ**が議員として進出）に分
　　　　かれる（14C）

☐**30.** フランス王フィリップ4世は，カタリ派（アルビジョワ派）を平定した。

☐**31.** 14世紀に，フランスで最初の三部会が開催され，教皇の威信が高まった。

☐**32.** フランドル地方の都市は，綿工業によって栄えた。

☐**33.** メロヴィング朝が途絶えると，王位継承をめぐって，イギリスはフランスに出兵した。

☐**34.** フランスの軍隊は，クレシーの戦いでイギリス軍に勝利した。

☐**35.** 百年戦争の結果，イギリス王はオルレアン以外の大陸の所領を失った。

☐**36.** 百年戦争が終わると，イギリスに内乱が起こり，それをおさめたヘンリがステュアート朝を開いた。

☐**37.** 歴代神聖ローマ皇帝のイタリア政策は，ドイツにおける集権化を促進した。

□**30.** 解答 × カタリ派（アルビジョワ派）を平定したのは，ルイ９世。
アルビジョワ十字軍…南フランスの異端**カタリ派（アルビジョワ派）**
への遠征➡**ルイ９世**（カペー朝のフランス王）が完遂（13C）
➡南フランスに王権伸張

□**31.** 解答 × 三部会の開催で威信を高めたのは，国王のフィリップ４世。
三部会…聖職者・貴族・平民からなるフランスの**身分制議会**，フ
ィリップ４世が教皇（きょうこう）と対立した際に最初に開催（14C）

□**32.** 解答 × フランドル地方は，毛織物業で繁栄。
フランドル地方…ガン（ヘント）・**ブリュージュ（ブルッヘ）**など
が**毛織物業**で繁栄➡この地をめぐるイギリス・フランスの対立
が**百年戦争**の経済的要因

□**33.** 解答 × イギリス王が出兵したのは,カペー朝断絶をめぐる問題が背景。
エドワード３世…**プランタジネット朝**の王，フランスでカペー朝が
断絶し**ヴァロワ朝**成立➡フランス王位継承権を主張し開戦＝百
年**戦争**勃発（14C）
→ P.99 メロヴィング朝はフランク王国の王朝

□**34.** 解答 × クレシーの戦いで，フランス軍はイギリス軍に敗北した。
クレシーの戦い…**百年戦争**初期の戦い，**長弓兵**（ちょうきゅうへい）の活躍でイギリス
が勝利

□**35.** 解答 × 百年戦争に敗北したイギリスは,カレー以外の大陸領を喪失。
フランス劣勢➡ジャンヌ＝ダルクがオルレアンの包囲を破り形勢逆
転➡シャルル７世のフランスが勝利（15C），イギリスは**カレー**
以外の大陸領喪失

□**36.** 解答 × バラ戦争（しゅうしゅう）を収拾したヘンリ７世が創始したのは,テューダー朝。
バラ**戦争**（15C）…百年戦争終結後のイギリスで**ランカスター家**と
ヨーク家が対立➡収拾した**ヘンリ７世**が**テューダー朝**創始（テ
ューダー朝は**星室庁**（せいしつちょう）**裁判所**で王権強化）
→P.139 ステュアート朝は，テューダー朝断絶後に成立した王朝

□**37.** 解答 × 神聖ローマ皇帝のイタリア政策は，ドイツの分権化を促進。
イタリア政策…神聖ローマ皇帝のイタリア介入政策➡ドイツの分権
化と皇帝権弱体化を促進➡**シュタウフェン朝**断絶後に皇帝不在の
「大空位時代」（だいくういじ）（13C）

☐**38.** 16世紀後半に，皇帝カール4世は，金印勅書を発布した。

☐**39.** 神聖ローマ皇帝は，15世紀以降，ホーエンツォレルン家から選出されるようになった。

☐**40.** ドイツ騎士団が，国土回復運動（レコンキスタ）を行った。

☐**41.** イタリアでは，皇帝党と教皇党とが互いに争い，分裂状態が続いた。

☐**42.** 国土回復運動（レコンキスタ）が行われた時期に，イベリア半島西部にアラゴン王国が建国された。

☐**43.** 15世紀に，カスティリャ王女とアラゴン王子との結婚を経て，スペイン王国が成立した。

☐**44.** オランダ・デンマーク・ノルウェーが，カルマル同盟を結成した。

☐**45.** モスクワ大公国がモンゴル人の支配から脱したときの大公は，ウラディミル1世であった。

□**38.** 解答 ✕ 年代 皇帝カール4世が金印勅書を発布したのは，14世紀。
金印**勅書**（14C）…皇帝カール4世が発布，7人の選帝侯に神聖
ローマ皇帝選出権を付与➡ドイツで領邦（小国家化した諸侯の
所領）の自立が進む

□**39.** 解答 ✕ 15世紀以降，神聖ローマ皇帝はハプスブルク家から選出。
ハプスブルク**家**…オーストリアの名門，神聖ローマ皇帝位を世襲
（15C〜）
→P.143 ホーエンツォレルン家は，プロイセンの王家

□**40.** 解答 ✕ ドイツ騎士団は東方植民。国土回復運動はイベリア半島。
東方植民…エルベ川以東への植民，**ブランデンブルク辺境伯領**や**ド
イツ騎士団領**（宗教騎士団の一つの**ドイツ騎士団**が建設）が成立

□**41.** 解答 ○ イタリアは分裂状態で，皇帝党と教皇党が争った。
イタリア…南部は**シチリア王国・ナポリ王国**，中部は**教皇領**，北部は
都市国家分立（**ヴェネツィア共和国・フィレンツェ共和国・ミラ
ノ公国**など）➡皇帝**党**（**ギベリン**）と教皇**党**（**ゲルフ**）に分かれ抗争

□**42.** 解答 ✕ アラゴン王国は，イベリア半島北東部に建国。
イベリア半島…8世紀以降イスラーム支配➡11世紀頃からキリス
ト教徒による国土回復**運動**（レコンキスタ）進展，**サンチャゴ
＝デ＝コンポステラ**への巡礼活発化

□**43.** 解答 ○ 年代 15世紀に成立したスペイン王国が，国土回復運動を完了。
スペイン**王国**…カスティリャ王国の**イサベル**とアラゴン王国の**フェ
ルナンド**の結婚を機に成立➡ナスル朝の都**グラナダ**陥落で国土
回復運動完了（15C）

□**44.** 解答 ✕ カルマル同盟は，スウェーデン・デンマーク・ノルウェー。
カルマル**同盟**…デンマークの**マルグレーテ**の主導で**デンマーク・ス
ウェーデン・ノルウェー**が結成した**同君連合**➡デンマーク連合
王国成立（14C）

□**45.** 解答 ✕ モスクワ大公のイヴァン3世が，15世紀にモンゴルから自立。
イヴァン3世…モスクワ**大公国**の大公，**キプチャク＝ハン国**の支配
（「**タタールのくびき**」）から自立（15C），ビザンツ皇帝権の継
承者としてツァーリ自称
→P.107 ウラディミル1世は，10Cにギリシア正教に改宗したキエフ大公

☐**46.** イヴァン4世の治世下で，イェルマークのシベリア遠征が行われた。

☐**47.** カール大帝は，アルクインらを集め，学芸を奨励した。

☐**48.** ロジャー＝ベーコンは，『神学大全』を著し，スコラ学を完成させた。

☐**49.** 12〜13世紀に，アラビア語の哲学書や医学書がラテン語に翻訳され，西ヨーロッパの哲学・神学や医学に影響を与えた。

☐**50.** ヨーロッパ中世の大学は，教師と学生のギルド的な自治組織であった。

☐**51.** イギリスのオクスフォード大学は，医学研究を中心に発展した。

☐**52.** 中世ヨーロッパにおいて，ロマネスク様式に続いてゴシック様式が広まった。

☐**53.** ゴシック式建築の代表的な例は，ピサ大聖堂である。

☐**54.** イギリスでは，カール大帝とその武将の活躍を描いた『アーサー王物語』が成立した。

☐**46.** 解答 ○　イヴァン４世は，イェルマークを利用してシベリアに進出。
イヴァン４世（雷帝）（16C）…モスクワ大公国の大公，**ツァーリ**の称号を正式に使用，**コサック**の**イェルマーク**を利用し**シベリア**進出，農奴制強化

☐**47.** 解答 ○　文化 カール大帝は，イギリスからアルクインを招き学芸奨励。
カロリング＝ルネサンス…フランク王国の**カール大帝**が中心，**ラテン語**などの古典文化復興運動，イギリスから**アルクイン**を招く

☐**48.** 解答 ✕　文化 『神学大全』を著したのは，トマス＝アクィナス。
スコラ学…**アンセルムス**ら**実在論**と**アベラール**ら**唯名論**の対立➡**トマス＝アクィナス**が『神学大全』を著しスコラ学大成，ウィリアム＝オブ＝オッカム（理性と信仰を分離），**ロジャー＝ベーコン**（実験・観察を重視）

☐**49.** 解答 ○　年代 文化 12〜13世紀にアラビア語文献のラテン語翻訳進展。
イベリア半島や**シチリア島**でアラビア語文献の**ラテン語**翻訳➡スコラ学大成など中世西ヨーロッパ文化の興隆＝**12世紀ルネサンス**

☐**50.** 解答 ○　文化 中世の大学は，教授や学生のギルド的自治組織。
中世の大学…教授・学生のギルド的な自治組織として成立，神学部・法学部・医学部が中心

☐**51.** 解答 ✕　文化 イギリスのオクスフォード大学は，神学研究で発展。
ボローニャ大学（北イタリア）…**法学**，**パリ大学**（フランス）…**神学**，**オクスフォード大学**（イギリス）…**神学**，**サレルノ大学**（南イタリア）…**医学**

☐**52.** 解答 ○　文化 ロマネスク様式に続いてゴシック様式の建築が広まる。
ロマネスク様式（11C頃〜）…半円アーチ・厚い壁・小さな窓
ゴシック様式（12C頃〜）…高い塔・尖頭アーチ・ステンドグラス

☐**53.** 解答 ✕　文化 イタリアのピサ大聖堂は，ロマネスク様式の代表的建築。
ロマネスク様式…ピサ**大聖堂**（イタリア）
ゴシック様式…ノートルダム**大聖堂**（パリ），シャルトル**大聖堂**（フランス），ケルン**大聖堂**（ドイツ）

☐**54.** 解答 ✕　文化 『アーサー王物語』は，ケルト人の英雄が題材。
騎士道文学…吟遊詩人が朗唱，**フランス**の『ローランの歌』（カール大帝のイスラーム討伐を題材），**ドイツ**の『ニーベルンゲンの歌』（ゲルマン人の英雄叙事詩），**イギリス**の『アーサー王物語』（ケルト人の英雄を題材）

1 大航海時代

☐**1.** アメリカ大陸の先住民の祖先は，ユーラシア大陸から移住してきた。

☐**2.** アメリカ大陸に栄えたインカ文明などの諸文明では，小麦栽培を中心とする農業が営まれていた。

☐**3.** アステカ王国では，鉄器が使用されていた。

☐**4.** オルメカ文明は，メキシコ湾岸に栄えた。

☐**5.** テオティワカン文明は，アンデス地域に栄えた。

☐**6.** ユカタン半島では，キープ（結縄）を用いるマヤ文明が発展した。

☐**7.** メキシコシティの地には，インカ帝国の都テノチティトランがあった。

☐**8.** インカ文明の影響で，チャビン文化が生まれた。

☐**9.** インカ帝国では，王は太陽の子（化身）として崇拝されていた。

🔍 解答・ポイント

☐ **1.** 解答 ◯ アメリカ先住民の祖先は，ユーラシア大陸から移住してきた。
インディオ（インディアン）…アメリカ先住民の呼称，その祖先は
ユーラシア大陸とアメリカ大陸が陸続きであった時代に**ベーリン
グ海峡**を渡り移住した

☐ **2.** 解答 ✕ アメリカ大陸の古代文明は，トウモロコシ中心の農耕文明。
アメリカ大陸原産の食物…**トウモロコシ・ジャガイモ・トマト**など
➡ヨーロッパ人進出の15世紀末以前には他地域に伝わっていない

☐ **3.** 解答 ✕ アメリカ大陸の古代文明は，鉄器・牛馬・車輪を使用しなかった。
アメリカ大陸の古代文明の特徴…**鉄器・車輪を使用せず，牛馬の
ような大型動物は存在せず**，大河流域ではなく高山・高地に成立

☐ **4.** 解答 ◯ オルメカ文明は，前1200年頃にメキシコ湾岸に成立。
メソアメリカ文明…メキシコ高原から中央アメリカに成立した文明
メキシコ地域…**オルメカ文明**➡テオティワカン**文明**➡アステカ**王国**

☐ **5.** 解答 ✕ テオティワカン文明は，メキシコ高原で栄えた。
テオティワカン**文明**（前1〜後6C）…**メキシコ高原**に成立

☐ **6.** 解答 ✕ マヤ文明はマヤ文字を使用。キープはインカ文明で用いた。
マヤ**文明**（前1000頃〜後16C）…**ユカタン半島**に成立，ピラミッ
ド状**神殿**を建設，**マヤ文字**・二十進法を使用

☐ **7.** 解答 ✕ テノチティトランは，アステカ王国の都。
アステカ**王国**（14〜16C）…アステカ**人**が建設，**メキシコ高原**に
成立，都テノチティトラン（⊕区別）インカ帝国の都のクスコ

☐ **8.** 解答 ✕ チャビン文化は，インカ文明に先行する文明。
アンデス地方…**チャビン文化**（前1000頃成立）➡インカ**帝国**（15
〜16C）

☐ **9.** 解答 ◯ インカ帝国では，王は太陽の化身とされ崇拝された。
インカ**帝国**…**アンデス地方**に成立，都クスコ，マチュ＝ピチュ（離
宮の遺跡），**文字はなくキープ**（結縄）で情報伝達

□**10.** バルトロメウ゠ディアスは，アフリカ南端の喜望峰に到達した。

□**11.** ポルトガルがインド洋に進出したのは，香辛料の直接取引をねらったからである。

□**12.** 16世紀に，マレー半島では，ポルトガルがマラッカを占領し，香辛料貿易の独占をはかった。

□**13.** 16世紀に，ポルトガルがマカオに居住権を獲得した。

□**14.** コロンブスは，スペインのイサベル女王の後援を受け，カリカットに到達した。

□**15.** トルデシリャス条約が，スペインとイギリスの間で結ばれた。

□**16.** カブラルがブラジルに漂着し，そこをポルトガル領とした。

□**17.** 「アメリカ」という名称は，先住民の言語に由来する。

□**18.** マゼラン（マガリャンイス）は，ポルトガル王の命を受けて大西洋を南下した。

□**10.** **解答** ○　ポルトガルのバルトロメウ゠ディアスは，喜望峰に到達。
　　　　　　ポルトガルの大航海事業…エンリケ航海**王子**（アフリカ西岸探検
　　　　　　推進），**バルトロメウ゠ディアス**（15C後半喜望峰到達），ヴァ
　　　　　　スコ゠ダ゠ガマ（15C末**カリカット**到達＝インド航路開拓）

□**11.** **解答** ○　胡椒などの香辛料の直接取引は，新航路開拓の重要な背景。
　　　　　　大航海**時代**の背景となったアジアの富への憧れ…マルコ゠ポーロ
　　　　　　『**世界の記述（東方見聞録）**』（日本を黄金の国ジパングと紹介），
　　　　　　香辛料の直接取引

□**12.** **解答** ○　**年代**16世紀に，ポルトガルはマラッカを占領した。
　　　　　　ポルトガルの進出…インドの**ゴア**に拠点，**セイロン島（スリランカ）**
　　　　　　➡**マラッカ（マラッカ王国**征服）➡**モルッカ諸島**，**香辛料貿易**
　　　　　　で首都リスボンが繁栄

□**13.** **解答** ○　**年代**16世紀に，ポルトガルは明からマカオの居住権獲得。
　　　　　　ポルトガルの東アジア進出…マカオ（16Cに**明**から居住権獲得）

□**14.** **解答** ✕　インドのカリカットは，ポルトガルのヴァスコ゠ダ゠ガマが到達。
　　　　　　コロンブス…**スペイン**の**イサベル**が支援，トスカネリの**地球球体説**
　　　　　　の影響➡西回りでアジア到達をめざす➡**サンサルバドル島**に到達
　　　　　　（15C末）

□**15.** **解答** ✕　トルデシリャス条約は，スペインとポルトガルが締結。
　　　　　　トルデシリャス**条約**（15C末）…**ポルトガル**と**スペイン**の海外領
　　　　　　土分割

□**16.** **解答** ○　ポルトガルのカブラルは，ブラジルに漂着した。
　　　　　　カボット（父子）…**イギリス王**の援助で**北アメリカ沿岸**探検
　　　　　　カブラル…ポルトガル人，ブラジルに漂着➡**ポルトガルの領有**宣言
　　　　　　バルボア…**スペイン人**，**パナマ地峡**を横断

□**17.** **解答** ✕　「アメリカ」は，アメリゴ゠ヴェスプッチの名に由来。
　　　　　　アメリゴ゠ヴェスプッチ…イタリア人，コロンブスの到達した地が
　　　　　　インディアス（アジア）の一部ではなく未知の「新大陸」と報
　　　　　　告➡「アメリカ」の名の由来

□**18.** **解答** ✕　ポルトガル人のマゼランは，スペイン王の支援で大西洋を南下。
　　　　　　マゼラン（マガリャンイス）…ポルトガル人，**スペイン王**の支援，
　　　　　　マゼラン**海峡**➡太平洋横断➡フィリピン（マゼランが殺される）
　　　　　　➡部下が**世界周航達成**（16C）

☐**19.** スペインは，マニラをアジア貿易の拠点とした。

☐**20.** コルテスは，インカ帝国を征服した。

☐**21.** アメリカ大陸では，鉱山や大農園の経営のため，軍管区制が導入された。

☐**22.** ラス＝カサスは，スペイン人によるアメリカ先住民の酷使を正当化した。

☐**23.** スペイン領アメリカ植民地では，黒人奴隷が導入された。

☐**24.** 北イタリアの諸都市は，インド航路の開拓が進むにつれて，いっそう経済的に繁栄した。

☐**25.** 16世紀に，アメリカ大陸からの銀の流入などによって，ヨーロッパで価格革命が起こった。

☐**26.** 農場領主制（グーツヘルシャフト）では，おもに東ヨーロッパ向けの穀物が生産された。

☐ **19.** 解答 ○ スペインは，フィリピンのマニラをアジア貿易の拠点とした。

スペインのアジア交易…**フィリピン**の**マニラ**を拠点，メキシコの**ア**
カプルコから**メキシコ銀**を運び中国製品（絹・陶磁器など）と
交換（→区別）ポルトガルの拠点マカオ

☐ **20.** 解答 ✕ コルテスが征服したのはアステカ王国。インカ帝国はピサロ。

コルテス…**スペイン人**，メキシコの**アステカ王国**征服
ピサロ…**スペイン人**，ペルーの**インカ帝国**征服
（いずれもスペイン王**カルロス1世**時代の16C）

☐ **21.** 解答 ✕ アメリカ大陸では，エンコミエンダ制が導入された。

エンコミエンダ制…スペイン王が植民者に先住民の統治を委託➡
伝染病や酷使で先住民人口激減
（→P.105）軍管区制は，ビザンツ帝国の軍事・行政制度

☐ **22.** 解答 ✕ ラス＝カサスは，スペイン人による先住民酷使を批判した。

「征服者」（**コンキスタドール**）…アメリカに植民したスペイン人
ラス＝カサス…先住民酷使を批判したスペイン人聖職者

☐ **23.** 解答 ○ 先住民人口の減少で，労働力として黒人奴隷が導入された。

先住民人口の減少➡スペインは西アフリカから**黒人奴隷**を導入➡
プランテーション（大農園）の労働力として使役

☐ **24.** 解答 ✕ 経済の中心が大西洋岸に移り，北イタリア都市は没落した。

商業**革命**…新航路開拓によりヨーロッパ経済の中心が**地中海**から
大西洋岸に➡**北イタリア都市の没落**と大西洋岸の**リスボン・ア**
ントウェルペンの繁栄

☐ **25.** 解答 ○ 年代 16世紀に，ヨーロッパで価格革命が起こり物価が騰貴。

価格**革命**…**ポトシ銀山**などアメリカ大陸から大量の銀が流入し**物**
価騰貴➡商工業発達，固定地代に依存する封建領主没落，南ド
イツの**フッガー家**没落

☐ **26.** 解答 ✕ 農場領主制では，西ヨーロッパ向けの輸出用穀物を生産。

農場領主制（**グーツヘルシャフト**）…**エルベ川以東の東ヨーロッパ**
で発達，**西ヨーロッパ向けの穀物**を生産，**再版農奴制**により農
民を農奴化して使役

2 ルネサンス

☐ **1.** 人文主義（ヒューマニズム）においては，ゲルマン人の古典文化が重視された。

☐ **2.** ヴェネツィアのメディチ家は，ルネサンス文化を保護したことで知られている。

☐ **3.** ダンテは，『神曲』をラテン語で著した。

☐ **4.** ダンテの作品に影響を受けたボッカチオは，『カンタベリ物語』を日常語で著した。

☐ **5.** ネーデルラント出身の人文主義者エラスムスは，『ユートピア』を著して，教会の腐敗を風刺した。

☐ **6.** フランスのルネサンスを代表する人物であるラブレーは，『ガルガンチュアとパンタグリュエルの物語』により，人間の生活と精神を深く観察した。

☐ **7.** スペインの作家セルバンテスが，『ドン＝キホーテ』を著した。

☐ **8.** ブルネレスキが，フィレンツェにハギア（セント）＝ソフィア聖堂を建てた。

☐ **9.** ローマのヴァチカンにあるサン＝ピエトロ大聖堂は，ロマネスク様式の教会建築である。

🔍 解答・ポイント

□ **1.** **解答** ✕ **文化** 人文主義は，ギリシア・ローマの古典文化を重視した。
ルネサンス…人文主義（ヒューマニズム）が根本精神，中世の教会中心から**人間中心**主義へ，**ギリシア・ローマの古典文化**尊重，イタリアから開始

□ **2.** **解答** ✕ **文化** メディチ家は，フィレンツェの富豪一族。
フィレンツェ…**メディチ家**が芸術保護➡イタリア＝ルネサンスの中心
マキァヴェリ…フィレンツェの政治家，『**君主論**』（16C）

□ **3.** **解答** ✕ **文化** ルネサンスの先駆ダンテはトスカナ語で『神曲』を著した。
ダンテ（13〜14C）…イタリア，『**神曲**』（口語の**トスカナ語**で著す）
ペトラルカ（14C）…イタリア

□ **4.** **解答** ✕ **文化** ボッカチオは，『デカメロン』を著した。
ボッカチオ（14C）…イタリア，『**デカメロン**』（➡区別）ボッティチェリは画家
チョーサー（14C）…イギリス，『**カンタベリ物語**』

□ **5.** **解答** ✕ **文化** エラスムスは，『愚神礼賛』を著して教会の腐敗を批判。
エラスムス（15〜16C）…ネーデルラント，『**愚神礼賛**』
トマス＝モア（15〜16C）…イギリス，『**ユートピア**』（囲い込み批判）

□ **6.** **解答** ○ **文化** 『ガルガンチュアとパンタグリュエルの物語』はラブレー。
ラブレー（15〜16C）…フランス，『**ガルガンチュアとパンタグリュエルの物語**』
モンテーニュ（16C）…フランス，『**エセー**（随想録）』

□ **7.** **解答** ○ **文化** スペインのセルバンテスは，『ドン＝キホーテ』を著した。
セルバンテス（16〜17C）…スペイン，『**ドン＝キホーテ**』
シェークスピア（16〜17C）…イギリス，『**ハムレット**』

□ **8.** **解答** ✕ **文化** ブルネレスキは，フィレンツェのサンタ＝マリア大聖堂。
ブルネレスキ（14〜15C）…イタリア，**サンタ＝マリア大聖堂**の設計参加
（➡P.107）ハギア＝ソフィア聖堂は，ビザンツ帝国のユスティニアヌス大帝が建築

□ **9.** **解答** ✕ **文化** サン＝ピエトロ大聖堂は，ルネサンス期の建築。
サン＝ピエトロ大聖堂…イタリアのラファエロ・ミケランジェロが設計参加（16C）
（➡P.119）ロマネスク様式は，11C頃から広まった中世の建築様式

ーロッパ・アメリカ

2
近世のヨーロッパ

127

□**10.** レオナルド = ダ = ヴィンチは，「最後の晩餐」を描いた。

□**11.** 16世紀のスペインでは，ブリューゲルが宮廷画家として活躍した。

□**12.** コペルニクスは，地動説を唱えた。

□**13.** 中国から伝わった羅針盤が，ヨーロッパで改良・実用化された。

□**14.** グーテンベルクが13世紀に，活版印刷術を改良・実用化した。

3 宗教改革

□**1.** レオ10世は，贖宥状の販売を禁止した。

□**2.** 17世紀に，マルティン = ルターは，「95カ条の論題」を発表した。

□**3.** ルターは，神聖ローマ皇帝の保護のもとで，『新約聖書』をドイツ語に翻訳した。

☐**10.** 解答 ○ 　文化 レオナルド゠ダ゠ヴィンチは，「最後の晩餐」を描いた。
　　　　　ミケランジェロ（15〜16C）…イタリア，「**ダヴィデ像**」「**最後の審判**」
　　　　　レオナルド゠ダ゠ヴィンチ（15〜16C）…イタリア，「**最後の晩餐**」
　　　　　「**モナ゠リザ**」

☐**11.** 解答 ✕ 　文化 16世紀のフランドルのブリューゲルは農民生活を描く。
　　　　　ルネサンス期の画家…イタリアのジョット・ボッティチェリ（「**ヴィ
　　　　　ーナスの誕生**」），フランドルのファン゠アイク兄弟（油絵技
　　　　　法）・ブリューゲル（「農民の踊り」），ドイツのデューラー・**ホ
　　　　　ルバイン**（「**エラスムス像**」）
　　　　　→P.153 スペインの宮廷画家は，17Cのベラスケス

☐**12.** 解答 ○ 　文化 ポーランドのコペルニクスは，地動説を唱えた。
　　　　　天**動**説…ローマ゠カトリック教会が支持
　　　　　地**動**説…コペルニクス（ポーランド）が主張（16C）**➡ガリレイ**
　　　　　（イタリア）が発展

☐**13.** 解答 ○ 　文化 中国起源の羅針盤が，ヨーロッパで実用化。
　　　　　ルネサンス期に実用化された中国起源の技術…羅針盤（遠洋航海
　　　　　可能**➡大航海時代**），火薬（**鉄砲**）（騎士の没落**➡中央集権化**）

☐**14.** 解答 ✕ 　年代 文化 グーテンベルクの活版印刷術改良は，15世紀。
　　　　　活版印刷**術**…グーテンベルク（ドイツ）が**15世紀**に改良**➡書物の
　　　　　出版が活発化➡聖書・知識の普及➡宗教改革促進**

🔍 解答・ポイント

☐**1.** 解答 ✕ 　教皇レオ10世は，贖宥状の販売を許可した。
　　　　　レオ10世…メディチ家出身の教皇，サン゠ピエトロ**大聖堂**建築費
　　　　　用のため贖宥状（免罪符）の販売を**許可➡ルターの反発＝宗教
　　　　　改革**の開始（16C前半）

☐**2.** 解答 ✕ 　年代 ルターが「95カ条の論題」を発表したのは，16世紀前半。
　　　　　マルティン゠ルター…**ヴィッテンベルク大学**教授，「人は信仰によ
　　　　　ってのみ義とされる」，95カ条の論題（16C前半）で**贖宥状批判**

☐**3.** 解答 ✕ 　ルターは，ザクセン選帝侯のもとで聖書のドイツ語訳を行った。
　　　　　カール5世…神聖ローマ皇帝，**ヴォルムス帝国議会**でルターと対
　　　　　立**➡**ルターはザクセン選帝侯フリードリヒの保護下で『**新約聖
　　　　　書**』のドイツ語訳

☐**4.** ツヴィングリは，ドイツ農民戦争を指導した。

☐**5.** フランソワ1世は，神聖ローマ皇帝オットー1世と対立した。

☐**6.** 神聖ローマ帝国において，カトリック勢力は，シュマルカルデン同盟を結んで皇帝と争った。

☐**7.** 諸侯は，アウクスブルクの和議でルター派を選択する権利も認められた。

☐**8.** カルヴァンは，スイスのチューリヒを中心に改革運動を行った。

☐**9.** カルヴァンは，魂の救済は神によりあらかじめ定められていると説いた。

☐**10.** フランスのカルヴァン派は，ピューリタンと呼ばれた。

☐**11.** ヘンリ7世は，国王を首長とするイギリス国教会を作った。

☐**12.** エリザベス1世は，カトリックの復興をはかった。

☐ **4.** 解答 ✕　農民戦争はミュンツァー指導。ツヴィングリはスイスで改革。
　　　　　　ドイツ農民戦争…**ミュンツァー**が指導，農奴制の廃止などを掲げ
　　　　　　る➡当初農民に同情的であったルターは弾圧支持に変化

☐ **5.** 解答 ✕　フランソワ1世は，神聖ローマ皇帝カール5世と対立。
　　　　　　カール5世…**フランソワ1世**との**イタリア戦争**や**オスマン帝国**の脅
　　　　　　威➡ルター派を一時容認➡再禁止➡ルター派が抗議（新教 = プ
　　　　　　ロテスタントの由来）
　　　　　　(➡P.103) オットー1世は，初代の神聖ローマ皇帝

☐ **6.** 解答 ✕　シュマルカルデン同盟を結成したのは，ルター派。
　　　　　　シュマルカルデン同盟…ドイツのルター派が**カトリック側の皇帝カ
　　　　　　ール5世**に対抗して結成

☐ **7.** 解答 ◯　アウクスブルクの和議で，ルター派が公認された。
　　　　　　アウクスブルクの和議（16C半）…ドイツの諸侯に**カトリック**か**ル
　　　　　　ター派**の宗教選択権➡**領邦教会制**確立，個人の信仰や**カルヴ
　　　　　　ァン派は認められず**

☐ **8.** 解答 ✕　カルヴァンは，スイスのジュネーヴで改革運動を行った。
　　　　　　ツヴィングリ…**スイス**の**チューリヒ**で宗教改革
　　　　　　カルヴァン…**スイス**のジュネーヴで**神権政治**，**長老主義**，『キリス
　　　　　　ト教綱要』

☐ **9.** 解答 ◯　カルヴァンは，予定説を説いた。
　　　　　　予定説…魂の救済は善行とは無関係で神によりあらかじめ定めら
　　　　　　れている➡禁欲的勤労による蓄財の肯定➡新興商工業者の支持

☐ **10.** 解答 ✕　フランスのカルヴァン派は，ユグノー。
　　　　　　カルヴァン派の呼称…ピューリタン（イギリス），ユグノー（フランス）

☐ **11.** 解答 ✕　イギリス国教会を創始したのは，テューダー朝のヘンリ8世。
　　　　　　ヘンリ8世…国王至上法（首長法）発布➡イギリス国王を首長と
　　　　　　する**イギリス国教会**成立（16C前半）= カトリック教会から自立
　　　　　　(➡P.115, P.137) ヘンリ7世は，テューダー朝の創始者

☐ **12.** 解答 ✕　カトリックの復興をはかったのは，メアリ1世。
　　　　　　メアリ1世…カトリック復活
　　　　　　エリザベス1世…統一法発布（16C後半）➡イギリス国教会の確立

☐**13.** 宗教改革に直面したカトリック教会は，対抗宗教改革を行った。

☐**14.** カトリックの拡大を食い止めようとしてイエズス会が組織され，海外に宣教師が派遣された。

☐**15.** サンバルテルミの虐殺で，多数のカトリック教徒が殺された。

☐**16.** ナントの王令（勅令）によって，フランスのカルヴァン派に信仰の自由が認められた。

☐**17.** カトリック信仰の強制に対する反抗が，ネーデルラントの独立戦争へとつながった。

☐**18.** 三十年戦争の発端は，ベーメン（ボヘミア）のカトリックの反乱であった。

☐**19.** 三十年戦争でスウェーデン王グスタフ＝アドルフは，カトリック陣営の中心となって戦った。

☐**20.** 三十年戦争では，カトリック派の皇帝軍とフランス軍とが同盟を結び，新教諸国軍を相手に戦った。

☐**21.** ウェストファリア条約によって，オランダとスイスの独立が認められた。

□**13.** 解答 ○ カトリック教会は，対抗宗教改革（反宗教改革）を行った。
対抗宗教改革…**トリエント公会議**（教皇の至上権とカトリック教義
再確認），**禁書目録**作成，宗教裁判強化，**イエズス会**設立
➡新教と旧教の対立激化➡**宗教戦争**の勃発，「**魔女狩り**」の横行

□**14.** 解答 × イエズス会はカトリックの修道会で，新教の拡大阻止をはかる。
イエズス会（ジェズイット教団）…**イグナティウス＝ロヨラ**やフラン
シスコ＝ザビエルが設立，対抗宗教改革の先駆，海外布教を展開

□**15.** 解答 × サンバルテルミの虐殺では，多数のユグノーが殺された。
ユグノー戦争（16C 後半）…**フランス**の宗教戦争，**サンバルテルミ
の虐殺**（王母**カトリーヌ＝ド＝メディシス**の主導でユグノー虐
殺）で激化

□**16.** 解答 ○ アンリ4世は，ナントの王令（勅令）でカルヴァン派の信仰容認。
アンリ4世…**ブルボン朝**創始（ユグノー戦争中ヴァロワ朝断絶），
カトリックに改宗，**ナントの王令**でカルヴァン派信仰容認➡ユグ
ノー戦争終結（16C 末）

□**17.** 解答 ○ スペインのカトリック強制政策への反抗が，オランダ独立戦争。
ネーデルラント…中継貿易・毛織物業で繁栄➡カルヴァン派普及，
スペイン支配➡フェリペ2世のカトリック化政策➡**オランダ独立
戦争**勃発（16C 後半）

□**18.** 解答 × 三十年戦争の発端は，ベーメン（ボヘミア）の新教徒の反乱。
三十年戦争（17C 前半）…カトリック強制にベーメンの新教徒**が
反乱**➡ドイツの新旧両派諸侯の内乱➡スウェーデン・フランス
などが参戦し国際戦争に

□**19.** 解答 × スウェーデン王のグスタフ＝アドルフは，新教徒側で参戦した。
スウェーデン…**グスタフ＝アドルフ**が**新教徒側**で参戦➡**カトリック**
側の皇帝の傭兵隊長**ヴァレンシュタイン**と戦う

□**20.** 解答 × フランスは新教徒側で参戦し，カトリック派の皇帝軍と戦った。
フランス…カトリック国だが，**カトリックのハプスブルク家**への対
抗から**新教徒側**で参戦（**ルイ13世**の宰相**リシュリュー**の判断）

□**21.** 解答 ○ ウェストファリア条約で，オランダとスイスの独立が承認された。
ウェストファリア条約（17C 半）…**三十年戦争**の講和条約，**スイス・
オランダの独立**承認，**カルヴァン派公認**，ドイツ領邦の主権確立

□**22.** ウェストファリア条約の結果，ドイツが統一に向けて第一歩を踏み出した。

4 絶対王政

□**1.** イタリアの領有権をめぐって，神聖ローマ皇帝とメディチ家との間にイタリア戦争が起こった。

□**2.** スペイン王フェリペ2世は，神聖ローマ皇帝を兼ね，カール5世と称した。

□**3.** スペインは，ポルトガルを併合して，17世紀中頃に世界商業の覇権を確立した。

□**4.** 15世紀末に，スペインが，レパントの海戦で勝利した。

□**5.** ネーデルラントで反乱が起こったとき，スペインの支配者はカルロス1世であった。

□**6.** ネーデルラント北部7州は，ユトレヒト同盟を結んで，スペインに抵抗した。

□**7.** 16世紀前半にイギリスは，スペインの無敵艦隊を破り，積極的な海外進出を始めた。

□22. 解答 ✕　ウェストファリア条約の結果，ドイツの分裂状態が決定的に。
　　　　　ウェストファリア条約の結果…神聖ローマ**帝国の有名無実化**，ヨーロッパに主権国家**体制**が確立，ブルボン家のハプスブルク家に対する優位確立

🔍 解答・ポイント

□1. 解答 ✕　イタリア戦争は，神聖ローマ皇帝とフランスの戦争。
　　　　　イタリア**戦争**…神聖ローマ皇帝カール5世と**フランス王**フランソワ1世（**ヴァロワ朝**）の時代に激化（16C前半），主権国家**体制**形成の契機，**カトー＝カンブレジ条約**で講和
　　　　　→P.127　メディチ家は，15Cに台頭したフィレンツェの富豪

□2. 解答 ✕　スペイン王カルロス1世が，神聖ローマ皇帝カール5世。
　　　　　カルロス1世…ハプスブルク**家**出身の**スペイン王**➡神聖ローマ皇帝カール5世を兼ね覇権，退位後**スペイン・ネーデルラント**をフェリペ2世が継承

□3. 解答 ✕　17世紀中頃に商業覇権を確立したのは，オランダ。
　　　　　フェリペ2世（**16C後半**）…最盛期の**スペイン王**，レパントの海戦勝利，**ポルトガル併合**➡「太陽のしずまぬ国」，**オランダ独立・無敵艦隊**敗北➡衰退

□4. 解答 ✕　年代　スペインがレパントの海戦で勝利したのは，16世紀後半。
　　　　　プレヴェザの**海戦**（16C前半）…カルロス1世がオスマン帝国に**敗北**
　　　　　レパントの**海戦**（16C後半）…フェリペ2世がオスマン帝国に**勝利**

□5. 解答 ✕　オランダ独立戦争勃発時のスペイン王は，フェリペ2世。
　　　　　オランダ独立戦争…スペイン領ネーデルラント（商工業が発達し**カルヴァン派**が多い）にフェリペ2世がカトリック強制➡**独立戦争**勃発（16C後半）

□6. 解答 ○　南部脱落後，北部7州はユトレヒト同盟でスペインに抵抗。
　　　　　南部10州脱落➡北部7州（**ホラント州**中心）がユトレヒト**同盟**結成➡ネーデルラント連邦**共和国**の**独立宣言**（オラニエ公ウィレムが指導）

□7. 解答 ✕　年代　イギリスが無敵艦隊を破ったのは，16世紀後半。
　　　　　イギリス（エリザベス1世）がオランダ独立を支援➡スペイン（**フェリペ2世**）の無敵艦隊（アルマダ）がイギリスに**敗北**（16C後半）

☐**8.** 16世紀に栄えたアムステルダムは，オランダ独立戦争中に，スペイン軍によって破壊され，没落した。

☐**9.** オランダの独立は，ユトレヒト条約で正式に認められた。

☐**10.** 15世紀に，イギリスでは，ヘンリ8世がテューダー朝を開いた。

☐**11.** ジェントリは，主として海外との貿易を行った商業資本家層である。

☐**12.** 16世紀に，イギリスで，牧羊のための第1次囲い込みが進展した。

☐**13.** エリザベス1世の治世下で，イギリス東インド会社が設立された。

☐**14.** 16世紀後半に，アンリ4世は，ブルボン朝を開いた。

☐**15.** リシュリューは，ルイ13世の宰相で王権の強化に努め，また三十年戦争に干渉した。

☐**16.** マザランは，ルイ14世のもとで宰相となり，特権会社の創設や産業の育成に努めた。

□**8.** 解答 ✕　スペインが破壊したのは，16世紀に繁栄したアントウェルペン。
オランダ独立戦争中にスペイン軍が**南部**の**アントウェルペン**（アントワープ）破壊➡**北部**の**アムステルダム**が17Cに国際商業の中心

□**9.** 解答 ✕　ユトレヒト条約は，スペイン継承戦争の講和条約。
オランダとスペインの**休戦条約**（17C初）➡**ウェストファリア条約**（三十年戦争の講和条約）で**オランダの独立**を正式承認（17C半）

□**10.** 解答 ✕　15世紀にテューダー朝を開いたのは，ヘンリ7世。
テューダー朝（15C後半～17C初）…**イギリス絶対王政**を確立，**ヘンリ7世**が創始，**ヘンリ8世**が**イギリス国教会**創始，毛織物**工業**発達，海外進出本格化

□**11.** 解答 ✕　ジェントリは，イギリスの地方地主層。
ジェントリ（**郷紳**）…イギリスの平民身分の地方地主層，地方政治を担当，下院に議員として進出（✎区別）独立自営農民のヨーマン

□**12.** 解答 ○　年代 16世紀の第1次囲い込みは，羊毛増産が目的。
第1次囲い込み（エンクロージャー）…**テューダー朝**期に進展，毛織物**工業**のため**牧羊**による**羊毛**増産をはかる

□**13.** 解答 ○　エリザベス1世は，イギリス東インド会社を設立。
エリザベス1世…**テューダー朝**最後の王，**統一法**でイギリス国教会確立，スペインの**無敵艦隊**を撃破（**ドレーク**の活躍），東インド**会社**設立

□**14.** 解答 ○　年代 フランスのアンリ4世は，16世紀後半にブルボン朝創始。
ブルボン朝（16C末～19C前半）…**フランス絶対王政**を確立，ア**ンリ4世**がユグノー戦争中に創始，海外進出本格化，**フランス革命**を招く（17C末）

□**15.** 解答 ○　リシュリューは，ブルボン朝のルイ13世の宰相。
ルイ13世（17C前半）…**ブルボン朝**の王，三部会の招集停止
リシュリュー…**ルイ13世の宰相**，三十年**戦争**に**新教徒側**で参戦，**アカデミー゠フランセーズ**創設

□**16.** 解答 ✕　ルイ14世時代に産業育成に努めたのは，財務総監コルベール。
マザラン…**ルイ14世の宰相**，高等法院による**フロンドの乱**鎮圧➡王権強化（✎区別）ルイ13世の宰相リシュリュー

☐**17.** フランス絶対王政はルイ14世のもとで全盛期を迎え，王は王権神授説を唱えた。

☐**18.** フランスの蔵相ネッケルは，東インド会社を設立して，オランダの商業覇権の打破に努めた。

☐**19.** ルイ14世は，しきりに侵略戦争を起こして，オランダなどに侵入した。

☐**20.** スペイン継承戦争において，イギリスはフランスを支持した。

☐**21.** 18世紀前半のフランスでは，ルイ15世のもとで，ナントの王令が廃止された。

5 イギリス革命

☐**1.** テューダー朝が絶えると，スコットランドのジョージ1世が王位を継承した。

☐**2.** 「権利の請願」には，議会の承認なしには課税しえないことが明記された。

☐**3.** ピューリタン革命では，クロムウェルを中心とする長老派が権力を掌握した。

□**17.** 解答 ○　フランス絶対王政最盛期のルイ14世は，王権神授説を主張。

ルイ14世（17C～18C前半）…**ブルボン朝**最盛期の王，「**太陽王**」「**朕は国家なり**」

絶対王政…常備**軍**・官僚制を整備，**王権神授説**，**重商主義**

□**18.** 解答 ✕　コルベールが，東インド会社を再建しオランダの覇権に対抗。

コルベール…**ルイ14世の財務総監**，重商主義政策，**フランス東インド会社再建**，王立（特権）**マニュファクチュア**による産業育成

（→P.161）ネッケルは，ルイ16世の財務総監

□**19.** 解答 ○　ルイ14世は，周辺諸国に侵略戦争を展開した。

ルイ14世の侵略戦争…**オランダ戦争**➡**ファルツ戦争**（**アウクスブルク同盟戦争**）➡**スペイン継承戦争**

□**20.** 解答 ✕　スペイン継承戦争で，イギリスはフランスと対立した。

スペイン継承戦争（18C前半）…ルイ14世の孫のスペイン王位継承が契機➡**ユトレヒト条約**…ブルボン家がスペイン王位継承，イギリスがスペインから**ジブラルタル**，フランスから**ニューファンドランド**など獲得

□**21.** 解答 ✕　ナントの王令廃止は，17世紀後半のルイ14世の治世。

ルイ14世がナントの王令廃止➡**ユグノー**の商工業者が亡命➡国内経済停滞

ルイ15世（18C）…**ブルボン朝**の王，七年戦争などに参戦

🔍 解答・ポイント

□**1.** 解答 ✕　テューダー朝断絶で，スコットランドのジェームズ1世が即位。

ジェームズ1世（17C前半）…**スコットランド王**，イギリスでステュアート**朝**を創始，国教会強制・**王権神授説**信奉➡**ピューリタン**の多い議会と対立

（→P.141）ジョージ1世は，ステュアート朝断絶で成立したハノーヴァー朝の創始者

□**2.** 解答 ○　「**権利の請願**」で，議会の承認なしの課税や不当な逮捕を批判。

チャールズ1世（17C前半）…権利の請願を無視し専制➡スコットランドの反乱で**短期議会・長期議会**開催➡**王党派**と**議会派**の内乱＝ピューリタン革命

□**3.** 解答 ✕　クロムウェルは独立派の中心で，長老派を追放した。

議会派は**鉄騎隊**を再編した軍隊で王党派を破る➡議会派が**独立派**（**クロムウェル**中心）と**長老派**に分裂➡議会から長老派を追放

☐**4.** ピューリタン革命で，ジェームズ1世が処刑された。

☐**5.** イギリスは，航海法によってオランダに打撃を与えようとした。

☐**6.** クロムウェルが護国卿のときに，王政復古が起こった。

☐**7.** 審査法によって，イギリスの非国教徒に公職就任が認められた。

☐**8.** イギリスでは，名誉革命でチャールズ2世が国王となった。

☐**9.** 「権利の章典」では，議会の承認なしでも，国王による課税が可能となった。

☐**10.** 名誉革命後，王政復古を主張するホイッグ党と議会主義を唱えたトーリ党が誕生した。

☐**11.** アン女王の治世下で，大ブリテン王国が成立した。

☐**12.** トーリ党のウォルポール首相の時代に，責任内閣制が確立した。

□**4.** 解答 × ピューリタン革命で処刑されたのは，チャールズ１世。
共和政…チャールズ１世**処刑**で成立（17C 半），**水平派弾圧**，ア
イルランド征服➡**アイルランド問題**の端緒，**スコットランド征服**，
航海法発布

□**5.** 解答 ○ 航海法は，オランダの中継貿易に打撃を与えることが目的。
航海**法**でオランダの中継貿易打撃➡**イギリス＝オランダ**（英蘭）
戦争勃発➡イギリス優勢＝海上権はオランダからイギリスへ

□**6.** 解答 × 王政復古は，クロムウェルの死後のこと。
クロムウェルが護国卿に就任し軍事独裁体制➡国民の不満➡クロ
ムウェル死後，チャールズ２世が即位して**王政復古**

□**7.** 解答 × 審査法は，公職就任をイギリス国教徒に限定する法。
チャールズ２世（17C 後半）…専制・カトリック復活➡議会は審
査**法**・**人身保護法**（不当な逮捕禁止）で対抗
(→P.169) 非国教徒に公職就任が認められたのは，審査法廃止による（19C 前半）

□**8.** 解答 × 名誉革命で国王になったのは，ウィリアム３世とメアリ２世。
ジェームズ２世（17C 後半）…専制・カトリック復活➡議会はオラ
ンダ総督ウィレム夫妻を招く➡ジェームズ２世亡命＝名誉**革命**

□**9.** 解答 × 「権利の章典」は，議会の同意のない課税などを否定。
ウィレム夫妻は議会の提出した権利の宣言を承認➡**ウィリアム３
世・メアリ２世**として即位➡権利の宣言を権利の章典として成
文化＝**立憲王政**の基礎確立

□**10.** 解答 × トーリ党が王権重視を主張。ホイッグ党が議会主義を主張。
名誉革命前のチャールズ２世の治世に**王権重視のトーリ党**と**議会
重視のホイッグ党**が成立➡それぞれ**保守党・自由党**に発展

□**11.** 解答 ○ アン女王の治世に，大ブリテン王国が成立した。
アン女王…**ステュアート朝**最後の王，**スコットランド**を併合し大ブ
リテン**王国**成立（18C 初），死後ステュアート朝断絶➡ハノーヴ
ァー**朝**成立

□**12.** 解答 × ウォルポールは，ホイッグ党の政治家。
ハノーヴァー**朝**…ハノーヴァー**選帝侯**がジョージ１世として創始，
首相ウォルポールが責任内閣**制**開始➡「**王は君臨すれども統治
せず**」

☐ **1.** ランカスター家のブランデンブルク選帝侯国が，プロイセン公国を併合した。

☐ **2.** プロイセンは，18世紀初頭，オーストリア継承戦争を契機に，王国となった。

☐ **3.** 18世紀のプロイセンでは，ブルジョワジーが上級官職を独占し，国政を担った。

☐ **4.** フリードリヒ2世は，ヴォルテールと親交を結んだ。

☐ **5.** マリア＝テレジアの即位に異議を唱えたフリードリヒ2世は，イギリスと結んでオーストリア継承戦争を起こした。

☐ **6.** マリア＝テレジアは，イギリスと同盟する外交革命を実現した。

☐ **7.** マリア＝テレジアは，七年戦争の結果，シュレジエンを奪回した。

☐ **8.** オーストリアのヨーゼフ2世は，王権神授説の立場から，啓蒙主義に対抗した。

解答・ポイント

☐ **1.** 解答 ✕ ブランデンブルク選帝侯国（せんていこうこく）は，ホーエンツォレルン家。
プロイセン…**ホーエンツォレルン家**支配の**ブランデンブルク選帝侯国**（ブランデンブルク辺境伯領起源）と**プロイセン公国**（**ドイツ騎士団領**起源）が合邦
→P.115 ランカスター家は，ヨーク家とバラ戦争を戦ったイギリスの家系

☐ **2.** 解答 ✕ プロイセンは，スペイン継承戦争を機に王国になった。
プロイセン王国…**スペイン継承戦争**を機にプロイセンが王国に昇格して成立（18C 初），**フリードリヒ = ヴィルヘルム 1 世**が軍隊強化

☐ **3.** 解答 ✕ プロイセンでは，地主貴族のユンカーが官僚・軍隊の中心。
ユンカー…**農場領主制**を経営する地主貴族，プロイセンの官僚・軍隊の中心
→P.161 ブルジョワジーは，絶対王政期以降にあらわれた有産市民層

☐ **4.** 解答 ○ フリードリヒ 2 世は，ヴォルテールと交流した啓蒙専制君主（けいもう）。
フリードリヒ 2 世（大王）（18C）…**プロイセン**の啓蒙専制君主➡ヴォルテールと親交・「君主は国家第一の僕（しもべ）」，**オーストリア継承戦争・七年戦争**を戦う
啓蒙専制君主…啓蒙思想で君主主導の近代化を試みた君主

☐ **5.** 解答 ✕ オーストリア継承戦争で，イギリスはオーストリア側についた。
オーストリア継承**戦争**（18C 半）…**オーストリア**（マリア = テレジア）・イギリス vs プロイセン（フリードリヒ 2 世）・フランス➡**プロイセン**がシュレジエン獲得

☐ **6.** 解答 ✕ 「外交革命」は，オーストリアとフランスが同盟に転じたこと。
外交**革命**…シュレジエン奪回をはかる**オーストリア**（ハプスブルク家）がイタリア戦争以来の宿敵**フランスと同盟**➡**七年戦争**勃発

☐ **7.** 解答 ✕ 七年戦争の結果，オーストリアはシュレジエン奪回に失敗。
七年**戦争**（18C 後半）…オーストリア（マリア = テレジア）・フランス vs プロイセン（フリードリヒ 2 世）・イギリス➡**プロイセンがシュレジエン確保**

☐ **8.** 解答 ✕ オーストリアのヨーゼフ 2 世は，啓蒙専制君主。
ヨーゼフ 2 世（18C 後半）…マリア = テレジアの子，**オーストリア**の啓蒙専制君主，農奴解放令（のうど）・宗教寛容令（しゅうきょうかんよう）の発布

☐**9.** 17世紀にロシアで，ステンカ゠ラージンの率いる貴族反乱が鎮圧された。

☐**10.** 16世紀に，ロシアのピョートル1世は，シベリアに出兵して全域を支配下に収めた。

☐**11.** 北方戦争に勝利したロシアは，アゾフ海への出口を確保することができた。

☐**12.** プガチョフの反乱をきっかけに，農奴制が廃止された。

☐**13.** ポーランド分割によって，ヤゲウォ（ヤゲロー）朝は断絶した。

☐**14.** ポーランド分割に反対したグスタフ゠アドルフは，農民の解放を宣言した。

7 ヨーロッパのアジア・アメリカ経営

☐**1.** 17世紀にオランダは，バタヴィアに根拠地を置いた。

☐**2.** イギリスは，オランダをモルッカ（香料）諸島から締め出して，香辛料貿易を独占した。

☐ **9.** 解答 ✕　ステンカ＝ラージンの反乱は，農民反乱。
ロマノフ朝（17〜20C 前半）…ミハイル＝ロマノフが創始したロシアの王朝，農奴制強化 ➡ コサックのステンカ＝ラージン率いる農民反乱勃発（17C）

☐ **10.** 解答 ✕　年代 ピョートル１世は，17世紀後半〜18世紀前半の皇帝。
ピョートル１世（大帝）（17C 後半〜18C 前半）…ロシア（ロマノフ朝）の皇帝，西欧化改革，ネルチンスク条約で清の康熙帝と国境画定，黒海の内海アゾフ海進出，北方戦争勝利

4

ヨ
ー
ロ
ッ
パ
・
ア
メ
リ
カ

➡ P.119 16C にシベリアに進出したのは，モスクワ大公国のイヴァン４世

☐ **11.** 解答 ✕　北方戦争に勝利したロシアは，バルト海に進出した。
北方戦争…ロシア（ピョートル１世）vs スウェーデン（カール12世）➡ ロシアが勝利（18C 前半）➡ バルト海の覇権はロシアへ
ペテルブルク…北方戦争中にピョートル１世が建設した新都

2

近
世
の
ヨ
ー
ロ
ッ
パ

☐ **12.** 解答 ✕　ロシアでは，プガチョフの反乱を機に農奴制が強化された。
エカチェリーナ２世（18C 後半）…ロシア（ロマノフ朝）の啓蒙専制君主 ➡ プガチョフの農民反乱を機に農奴制強化，クリミア半島領有，ラクスマンを日本に派遣

☐ **13.** 解答 ✕　ヤゲウォ朝断絶後の選挙王制時に，ポーランド分割が行われた。
ポーランド…ヤゲウォ朝断絶（16C 後半）➡ 選挙王制で弱体化 ➡ ３回のポーランド分割（18C 後半）➡ 王国消滅

☐ **14.** 解答 ✕　ポーランド分割に反対したのはコシューシコ（コシチューシコ）。
ポーランド分割…第１回（プロイセンのフリードリヒ２世・オーストリアのヨーゼフ２世・ロシアのエカチェリーナ２世）➡ 第２回（プロイセン・ロシア）➡ コシューシコの抵抗運動 ➡ 第３回（プロイセン・オーストリア・ロシア）

➡ P.133 グスタフ＝アドルフは，三十年戦争に参加したスウェーデン王

📖 解答・ポイント

☐ **1.** 解答 ⭕　年代 17世紀にオランダは，ジャワ島のバタヴィアを拠点とした。
オランダのアジア進出…東インド会社設立（17C 初），ジャワ島のバタヴィア拠点，東アジアの中継交易の拠点として台湾占領

☐ **2.** 解答 ✕　オランダが，アンボイナ事件でイギリスを締め出した。
アンボイナ事件（17C 前半）…モルッカ諸島でオランダがイギリスに勝利 ➡ オランダは香辛料貿易独占，イギリスはインドへ

☐**3.** 南アフリカのケープ植民地は，スペイン人によって開かれた。

☐**4.** フランスは，他のヨーロッパ諸国に先んじて東インド会社を設立し，アジア貿易の独占をはかった。

☐**5.** フランスは，インド西部のマドラスに拠点を維持した。

☐**6.** イギリスはプラッシーの戦いで勝利し，インドシナに対する支配権を獲得した。

☐**7.** オランダが，ニューアムステルダムを建設した。

☐**8.** オランダの北米のニューネーデルラントは，フランスに奪われた。

☐**9.** イギリスはミシシッピ川流域に進出して，その地域をルイジアナと名付けた。

☐**10.** ピューリタンの一団が，メイフラワー号でアメリカに渡った。

☐**11.** ユトレヒト条約で，フランスがニューファンドランドを獲得した。

□ **3.** 解答 ✕ ケープ植民地は，オランダが建設したアジア貿易の拠点。
オランダのアジア進出…ポルトガルの拠点マラッカ・セイロン（スリランカ）を奪う，**南アフリカ**にケープ植民地建設（17C半）

□ **4.** 解答 ✕ 最初に東インド会社を設立したのは，イギリス。
東インド会社の設立順…イギリス➡オランダ➡フランス
フランス東インド会社…17C初建設➡17C後半コルベールが**再建**

□ **5.** 解答 ✕ マドラスはインド東南岸で，イギリスの拠点。
イギリス…**マドラス**（東南岸）・**ボンベイ**（西岸）・**カルカッタ**（北東部）
フランス…**ポンディシェリ**（東南岸）・**シャンデルナゴル**（北東部）

□ **6.** 解答 ✕ プラッシーの戦いで勝ったイギリスは，ベンガル支配権獲得。
プラッシーの戦い（18C半）…七年**戦争**と連動してインドでイギリスとフランスが抗争➡**クライヴ**率いるイギリス東インド会社勝利
➡**ベンガル**支配

□ **7.** 解答 ○ オランダは，北アメリカ東岸にニューアムステルダムを建設。
ニューネーデルラント植民地…オランダ西インド会社が北アメリカ東部に建設，ニューアムステルダムが中心

□ **8.** 解答 ✕ ニューネーデルラント植民地を奪ったのは，イギリス。
イギリス＝オランダ（英蘭）戦争（17C後半）によってイギリスがニューネーデルラント植民地獲得，ニューアムステルダムを**ニューヨーク**と改称

□ **9.** 解答 ✕ ルイジアナを領有したのは，フランス。
フランスの北アメリカ植民地…**カナダ**（**ケベック**中心），**ルイジアナ**（ミシシッピ川流域，ルイ14世の名にちなむ）

□ **10.** 解答 ○ メイフラワー号のピューリタンの一団が，アメリカに入植。
イギリスの北アメリカ植民地…**ヴァージニア**，**ニューイングランド植民地**（**ピルグリム＝ファーザーズ**の入植地から発展）など建設➡13植民地形成

□ **11.** 解答 ✕ ユトレヒト条約で，イギリスがニューファンドランドを獲得。
ユトレヒト条約（18C前半）…**スペイン継承戦争**とそれに連動した北アメリカでの抗争の講和条約，イギリスがフランスからニューファンドランドなど獲得

□**12.** 七年戦争後の結果，ミシシッピ川以東のルイジアナはイギリス領からフランス領となった。

□**13.** 西アフリカから大西洋を越えて，奴隷が輸出された。

8 17～18世紀のヨーロッパ文化

□**1.** ニュートンは，万有引力の法則を発見し，近代物理学の基礎を築いた。

□**2.** ハーヴェーは，動植物，とりわけ植物の分類学を確立した。

□**3.** ボイルは，質量不変の法則を発見した。

□**4.** ジェンナーによる結核菌・コレラ菌の発見をはじめとして，細菌学のめざましい進歩が見られ，伝染病の予防が可能になった。

□**5.** フランス＝ベーコンは，事実の観察から一般法則を導く経験論（帰納法）を説いた。

□**6.** デカルトは，数学的に真理を探求する合理論（演繹法）を確立した。

□**7.** オランダのライプニッツは，汎神論を主張した。

□**12.** 解答 ✕ 　イギリスが，カナダとミシシッピ川以東のルイジアナを獲得。
　　　　　フレンチ＝インディアン戦争（18C 後半）…**七年戦争**と連動した北
　　　　　アメリカでの抗争，**パリ条約**でイギリスはフランスから**カナダ・**
　　　　　ミシシッピ川以東のルイジアナ，スペインから**フロリダ**を獲得

□**13.** 解答 ○ 　大西洋三角貿易で，黒人奴隷を西アフリカからアメリカに輸出。
　　　　　大西洋三角貿易…西ヨーロッパから西アフリカへ雑貨・武器，西ア
　　　　　フリカからアメリカへ黒人奴隷，アメリカから西ヨーロッパへ砂
　　　　　糖など（黒人奴隷を使役するプランテーションの産物）を運ぶ

4
ヨーロッパ・アメリカ

🔍 解答・ポイント

□**1.** 解答 ○ 　文化 ニュートンは，万有引力の法則を発見した。
　　　　　科学革命…17C に合理主義に基づく近代科学が発達
　　　　　ニュートン（17～18C）…イギリス，**万有引力の法則**発見，『プリ
　　　　　ンキピア』

□**2.** 解答 ✕ 　文化 動植物の分類学の基礎を築いたのは，リンネ。
　　　　　ハーヴェー（16～17C）…イギリス，血液循環説
　　　　　リンネ（18C）…スウェーデン，動植物の分類学の基礎

□**3.** 解答 ✕ 　文化 質量不変の法則の発見は，フランスのラヴォワジェ。
　　　　　ボイル（17C）…イギリス，気体の体積と圧力の関係を解明
　　　　　ラヴォワジェ（18C）…フランス，質量不変の法則発見

□**4.** 解答 ✕ 　文化 ジェンナーは，種痘法を開発。
　　　　　ジェンナー（18～19C）…イギリス，**種痘法**開発
　　　　　ラプラース（18～19C）…フランス，宇宙進化論
　　　　　→P.195 結核菌・コレラ菌の発見など細菌学の進歩は19C 後半

□**5.** 解答 ○ 　文化 イギリスのフランシス＝ベーコンは，経験論を説いた。
　　　　　フランシス＝ベーコン（16～17C）…イギリス，**帰納法**による**経験論**
　　　　　→区別 スコラ学のロジャー＝ベーコン

□**6.** 解答 ○ 　文化 フランスのデカルトは，合理論を確立した。
　　　　　デカルト（16～17C）…フランス，**演繹法**による合理論，**「われ思
　　　　　う，ゆえにわれあり」**（『**方法叙説**』の言葉）

□**7.** 解答 ✕ 　文化 汎神論を主張したのは，オランダのスピノザ。
　　　　　パスカル（17C）…フランス，『**パンセ（瞑想録）**』
　　　　　スピノザ（17C）…オランダ，合理論から汎神論に至る
　　　　　ライプニッツ（17～18C）…ドイツ，合理論

2
近世のヨーロッパ

☐ **8.** イギリスのボシュエは，王権神授説を理論化した。

☐ **9.** グロティウスは，17世紀に国際法の理念を提示した。

☐ **10.** ホッブズは，自然状態を「万人の万人に対する闘争」であると形容し，国家主権の絶対性を唱えた。

☐ **11.** ジョン゠ロックの『統治二論（市民政府二論)』は，ピューリタン革命を擁護したものである。

☐ **12.** 啓蒙主義の思想は，まずドイツに始まり，その後イギリスやフランスへと広がっていった。

☐ **13.** モンテスキューは，『哲学書簡』で三権分立論を唱えた。

☐ **14.** ディドロは，『人間不平等起源論』で，不平等は歴史的に生成したと説いた。

☐ **15.** ケネーは，『経済表』を著し，重商主義を唱えた。

☐ **16.** アダム゠スミスは，経済活動の自由に反対した。

☐ **17.** バロック式は繊細優美を，ロココ式は豪壮華麗を，それぞれ特徴とする。

□**8.** 解答 ✕ 文化 ボシュエは，王権神授説（おうけんしんじゅせつ）を唱えたフランス人。

王権神授説…絶対王政を正当化する理論，フランスの**ボシュエ**（ルイ14世に仕える）らが主張

□**9.** 解答 ○ 年代 文化 グロティウスは，17世紀に国際法を提示した。

グロティウス…オランダ，「国際**法の祖**」「近代自然**法の父**」，『**海洋自由論**』『**戦争と平和の法**』（17C の**三十年戦争**の惨禍を見て）

□**10.** 解答 ○ 文化 イギリスのホッブズは，国家主権の絶対性を唱えた。

ホッブズ（16〜17C）…イギリス，社会契約説，『**リヴァイアサン**』で自然状態を「**万人の万人に対する闘争**（ばんにん）」 ➡ 国家主権の絶対性

□**11.** 解答 ✕ 文化 ロックの『統治二論』は，名誉革命（めいよかくめい）を擁護した。

ロック（17〜18C）…イギリス，社会契約説，『**統治二論（市民政府二論）**』で政府に対する人民の**抵抗権**を主張

□**12.** 解答 ✕ 文化 啓蒙思想（けいもう）はイギリスに始まりフランスで展開された。

啓蒙思想…人間の理性を絶対とし迷信・偏見など非合理なものを排除 ➡ **フランス革命**の思想的基盤

□**13.** 解答 ✕ 文化 モンテスキューは，『法の精神』で三権分立を唱えた。

モンテスキュー（17〜18C）…フランス，**啓蒙思想**，『**法の精神**』で三権分立

ヴォルテール（17〜18C）…フランス，**啓蒙思想**，『**哲学書簡（イギリス便り）**』でフランスの旧制度批判，**フリードリヒ2世**と親交

□**14.** 解答 ✕ 文化 『人間不平等起源論』は，ルソーの著作。

ルソー（18C）…フランス，**啓蒙思想**，『**人間不平等起源論**』『**社会契約論**』

ディドロ・ダランベール（18C）…フランス，啓蒙思想，『**百科全書**』

□**15.** 解答 ✕ 文化 ケネーは重商（じゅうしょう）主義を批判し，重農（じゅうのう）主義を唱えた。

ケネー（17〜18C）…フランス，**重農主義**，『**経済表**』

テュルゴー（18C）…フランス，**重農主義**，**ルイ16世**の財務総監（そうかん）

□**16.** 解答 ✕ 文化 アダム＝スミスは，経済活動の自由を主張。

アダム＝スミス（18C）…イギリス，**古典派経済学**を確立，重商主義を批判し**自由放任主義**を主張，『**諸国民の富（国富論）**（こくふろん）』

□**17.** 解答 ✕ 文化 バロック式が豪壮華麗で，ロココ式が繊細優美。

バロック美術（17C 〜18C 初）…豪壮華麗

ロココ美術（18C）…繊細優美

□**18.** ヴェルサイユ宮殿は，繊細優美なロココ式の建物である。

□**19.** フランドルの画家ルーベンスは，バロック絵画の代表者の一人である。

□**20.** オランダの画家のレンブラントは，市民の肖像画などを残した。

□**21.** フランスの画家ワトーは，ロココ式の絵画を残した。

□**22.** バッハは，ロマン派の代表的な作曲家である。

□**23.** モリエールは，宮廷画家として活躍した。

□**24.** ミルトンが，『ロビンソン＝クルーソー』を著した。

□**25.** 18世紀のロンドンのコーヒーハウスは，新聞が備えられ，情報交換の場となった。

☐**18.** 解答 × 文化 ヴェルサイユ宮殿は，豪壮華麗なバロック式の建築。
ヴェルサイユ宮殿…**フランス**のルイ14世が造営，**バロック式**
サンスーシ宮殿…**プロイセン**のフリードリヒ2世がポツダムに造
営，**ロココ式**

☐**19.** 解答 ○ 文化 ルーベンスは，バロック絵画の代表者。
バロック美術の画家…ルーベンス(フランドル)，**ファン＝ダイク**(フ
ランドル)，**エル＝グレコ**(スペインで活躍)，ベラスケス(スペイン)

☐**20.** 解答 ○ 文化 オランダのレンブラントは，市民の肖像画などを描いた。
オランダの画家（17C)…レンブラント（明暗画法，「**夜警**」）

☐**21.** 解答 ○ 文化 フランスのワトーは，ロココ美術の代表的画家。
ロココ美術の画家…**ワトー**（フランス）
シノワズリ（**中国趣味**)…17～18Cのヨーロッパで流行

☐**22.** 解答 × 文化 バッハは，バロック音楽の代表的作曲家。
バロック音楽…バッハ（ドイツ），ヘンデル（ドイツ）
古典派音楽…**ハイドン**（オーストリア），モーツァルト（オースト
リア)，ベートーヴェン（ドイツ）

☐**23.** 解答 × 文化 モリエールは，フランス古典主義の喜劇作家。
フランス古典主義の文学者（17C)…**コルネイユ**（悲劇作家)，**ラ
シーヌ**（悲劇作家)，モリエール（喜劇作家）

☐**24.** 解答 × 文化 イギリスのミルトンは，『失楽園』を著した。
イギリスのピューリタン文学…**ミルトン**『**失楽園**』，バンヤン『**天
路歴程**』
イギリスの海外発展を背景とした文学…**デフォー**『ロビンソン＝ク
ルーソー』，**スウィフト**『ガリヴァー旅行記』

☐**25.** 解答 ○ 年代▶文化 18世紀のコーヒーハウスは，新思想形成の場。
コーヒーハウス(イギリス)・**カフェ**(フランス)…新聞が備えられる
サロン（フランス)…貴族・上流階級の社交場

1 産業革命

☐ **1.** イギリスでは、第2次囲い込みで土地を失った農民が、新しい産業の労働力の供給源となった。

☐ **2.** ジョン゠ケイによる飛び杼（飛び梭）の発明がきっかけとなり、毛織物工業の技術革新が始まった。

☐ **3.** ハーグリーヴズのミュール紡績機の発明によって、糸紡ぎの機械化が進んだ。

☐ **4.** ホイットニーが綿繰り機を発明した。

☐ **5.** 18世紀後半にワットによって改良された蒸気機関は、その後さまざまな輸送機関の開発を可能にした。

☐ **6.** 19世紀に、ダービーは、コークス製鉄法を開発した。

☐ **7.** イギリスでは、18世紀半ばから、運河網が整備されていった。

☐ **8.** 産業革命の時期に、イギリスで蒸気機関車が実用化された。

☐ **9.** 19世紀後半に、アメリカ合衆国のフルトンが、蒸気船を実用化した。

解答・ポイント

☐ **1.** **解答** ○ イギリスでは, 農業革命による余剰労働力が工場労働者となる。
　　農業**革命**(18C)…第２次囲い込み(エンクロージャー)(穀物増産
　　目的, 合法的)による食糧増産と資本主義農業経営の確立
　　⮕区別 羊毛増産目的で非合法の第１次囲い込み

☐ **2.** **解答** ✕ 飛び杼の発明を機に, 綿工業の技術革新が始まった。
　　毛織物業の**マニュファクチュア(工場制手工業)** ⮕ 資本・技術蓄積
　　ジョン＝ケイ…**飛び杼(梭)**発明(18C 前半) ⮕ **綿工業**の技術革新

☐ **3.** **解答** ✕ イギリスのハーグリーヴズは, 多軸紡績機を発明した。
　　ハーグリーヴズ…**多軸紡績機(ジェニー紡績機)**発明(18C 後半)
　　アークライト…**水力紡績機**発明 (18C 後半)
　　クロンプトン…**ミュール紡績機**発明 (18C 後半)

☐ **4.** **解答** ○ アメリカのホイットニーは, 綿繰り機を発明した。
　　カートライト…織布機の**力織機**発明 (18C 後半)
　　ホイットニー(アメリカ)…綿の種を分離する**綿繰り機**発明(18C 末)

☐ **5.** **解答** ○ 年代 18世紀後半に, イギリスのワットは蒸気機関を改良。
　　ニューコメン…**蒸気機関**を実用化 (18C 前半)
　　ワット…**蒸気機関**を改良 (18C 後半)

☐ **6.** **解答** ✕ 年代 ダービーのコークス製鉄法開発は, 産業革命期の18世紀。
　　産業**革命**の進展 ＝ **機械工業**の発達 ＝ **製鉄業**の発展
　　ダービー…**コークス製鉄法**開発(18C 前半) ⮕ 鉄の大量生産可能

☐ **7.** **解答** ○ 年代 イギリスでは, 産業革命期の18世紀半ば以降運河網整備。
　　交通革命…産業革命により大量・迅速な輸送のため交通機関が発達
　　運河…イギリスで国内の輸送路として運河網整備

☐ **8.** **解答** ○ イギリスで, スティーヴンソンが蒸気機関車を実用化。
　　鉄道…スティーヴンソンが**蒸気機関車**実用化 (19C 前半), **ストッ
　　クトン・ダーリントン**間で初成功 ⮕ マンチェスター・リヴァプー
　　ル間で初の営業運転

☐ **9.** **解答** ✕ 年代 19世紀前半に, アメリカのフルトンが蒸気船を実用化。
　　蒸気船…アメリカの**フルトン**が実用化 (19C 前半)

□**10.** イギリスに次いで，19世紀初頭からドイツが，19世紀半ばにはフランスとアメリカ合衆国が，産業革命を迎えた。

□**11.** イギリスの産業革命期における綿工業の中心は，古くから商工業が発達していたロンドンであった。

□**12.** イギリスでは産業革命期に，女性や子どもが，安価な労働力として工場で雇用された。

□**13.** ラダイト運動は，職人・労働者が，機械を改良して旧来の生産組織を守ろうとした運動である。

2 アメリカ独立革命

□**1.** 北アメリカ植民地では，植民地議会などの自治制度が発達していた。

□**2.** 北アメリカ植民地で，本国による課税に反対して，「代表なくして課税なし」と主張する運動が始まった。

□**3.** 茶法の廃止をきっかけに，イギリスの北アメリカ植民地で，ボストン茶会事件が起こった。

□**4.** 北アメリカ植民地では，大陸会議を組織して本国の圧政に対抗した。

□**5.** アメリカ独立革命では，レキシントンで，イギリス軍との武力衝突が起こった。

□**6.** アメリカ独立革命では，トマス゠ペインが『コモン゠センス』を発表した。

□**10.** 解答 ✕　年代 フランスは1830年代，ドイツは1840年代に本格化。
　　　　各国の産業革命…**ベルギー1830年代，フランス1830年代**（七月
　　　　王政期），**ドイツ1840年代，アメリカ1860年代**（南北戦争後），
　　　　ロシア・日本1890年代

□**11.** 解答 ✕　イギリス産業革命期の綿工業の中心地は，マンチェスター。
　　　　マンチェスター…綿工業の中心
　　　　バーミンガム…製鉄業の中心
　　　　リヴァプール…マンチェスターの外港として繁栄

□**12.** 解答 ○　産業革命によって，新たな社会問題が発生した。
　　　　産業革命の進展…**資本主義体制**の確立による産業資本家と労働者
　　　　階級の分化，**都市への人口集中**や女性・子ども**の労働**などの問題

□**13.** 解答 ✕　ラダイト運動は，職人・労働者による機械打ちこわし運動。
　　　　ラダイト運動（19C 前半）…**機械制工場**の拡大で賃金の下落や失
　　　　業を恐れた手工業者や労働者による**機械打ちこわし運動**

🔍 解答・ポイント

□**1.** 解答 ○　北アメリカ植民地では，植民地議会が組織され自治が発達した。
　　　　13植民地…**ヴァージニア・ニューイングランド植民地**などの北ア
　　　　メリカ大西洋岸の**イギリス領**➡植民地**議会**による自治の発達

□**2.** 解答 ○　13植民地は，「代表なくして課税なし」と印紙法に反対した。
　　　　七年戦争後，イギリスが13植民地に課税強化➡植民地の反発
　　　　印紙法制定➡植民地側は「代表なくして課税なし」と反発➡撤廃

□**3.** 解答 ✕　茶法の制定をきっかけに，ボストン茶会事件が起こった。
　　　　茶法…イギリス東インド会社に植民地での茶の独占販売権➡反発
　　　　した市民が**ボストン茶会事件**➡イギリスは**ボストン港閉鎖**で弾圧

□**4.** 解答 ○　13植民地は，大陸会議を組織してイギリスの圧政に対抗した。
　　　　大陸会議…フィラデルフィアで開催，イギリスに対する抗議と団結
　　　　のため植民地側の代表が組織

□**5.** 解答 ○　レキシントンとコンコードでの武力衝突を機に，独立戦争勃発。
　　　　アメリカ独立戦争（**アメリカ独立革命**）（1770s 〜80s）…**レキシント
　　　　ン**と**コンコード**でのイギリスと植民地との武力衝突を機に勃発

□**6.** 解答 ○　独立戦争勃発後，トマス＝ペインが『コモン＝センス』を発表。
　　　　トマス＝ペイン『コモン＝センス（常識）』…独立戦争勃発後に出
　　　　版，アメリカ独立の正当性を説き独立への世論を高める

☐**7.** アメリカ独立宣言が，ワシントンを中心に起草された。

☐**8.** アメリカ独立戦争では，フランスもイギリス側に立って参戦した。

☐**9.** アメリカ独立革命では，武装中立同盟にイギリスが参加した。

☐**10.** アメリカ独立戦争には，フランスのラ゠ファイエット，ポーランドのコシューシコなどが義勇兵として参加した。

☐**11.** アメリカ独立革命では，ヨークタウンの戦いでイギリス軍が勝利した。

☐**12.** 18世紀後半に，イギリスはアメリカ合衆国の独立を認め，ミシシッピ川以西の領地を譲渡した。

☐**13.** アメリカ合衆国憲法の憲法制定会議が開かれたのは，フィラデルフィアにおいてであった。

☐**14.** 民主的なアメリカ合衆国憲法の制定により，黒人・先住民も第1回連邦選挙から参加できるようになった。

☐**15.** アメリカ合衆国憲法は，反連邦派と呼ばれる人々に支持された。

📖 ③ フランス革命・ナポレオン時代

☐**1.** フランス革命前のフランスにおいて，平民は第二身分とされた。

□ **7.** 解答 × アメリカ独立宣言は，トマス＝ジェファソンを中心に起草。
ワシントン…植民地軍総司令官，のち**アメリカ合衆国初代大統領**
独立**宣言**…トマス＝ジェファソンら起草，基本的人権や革命権

□ **8.** 解答 × イギリスに対抗するフランスは，植民地側で参戦。
フランス…植民地側が派遣した**フランクリン**の外交交渉もあり植民
地**側**で**参戦**➡財政難となりフランス革命の一因
スペイン…植民地**側**で**参戦**

□ **9.** 解答 × 武装中立同盟は，イギリスに対抗して結成された同盟。
武装中立**同盟**…ロシアの**エカチェリーナ2世**が提唱，イギリスに
対抗して中立を表明➡アメリカ独立を間接的に支援

□ **10.** 解答 ○ 独立戦争には，ヨーロッパ人の義勇兵も植民地側で参加した。
独立戦争の義勇兵…ポーランドの**コシューシコ（コシチューシコ）**，
フランスの**ラ＝ファイエット**らが**植民地側**で参加

□ **11.** 解答 × ヨークタウンの戦いで，イギリス軍は敗北した。
ヨークタウンの戦い…イギリス敗北➡植民地側の勝利が確定

□ **12.** 解答 × イギリスが割譲したのは，ミシシッピ川以東のルイジアナ。
パリ条約（1780s）…アメリカ独立戦争の講和条約，イギリスはアメ
リカ合衆国独立を承認しミシシッピ川以東のルイジアナを割譲
（➡区別）七年戦争と並行したフレンチ＝インディアン戦争のパリ条約（1760s）

□ **13.** 解答 ○ 憲法制定会議は，フィラデルフィアで開催された。
アメリカ連合規約…独立戦争中，各州の権限が強く中央政府弱体
➡**憲法制定会議**…独立戦争後，中央政府の強い憲法を制定

□ **14.** 解答 × 合衆国憲法は人民主権だったが，黒人・先住民の権利無視。
アメリカ合衆国憲法…**人民主権**・**連邦主義**（中央政府の権限強
化）・**三権分立**，黒人奴隷・先住民（インディアン）の権利無視

□ **15.** 解答 × 反連邦派は，中央政府の権限が強い合衆国憲法に反対。
連邦派…アメリカ連邦（中央）政府の権限が強い合衆国憲法を**支持**
反連邦派…各州の自治権維持を主張し合衆国憲法に**反対**

解答・ポイント

□ **1.** 解答 × 革命前フランスの旧制度において，平民は第三身分とされた。
旧制度（アンシャン＝レジーム）…革命前のフランス，第一身分（**聖
職者**）・第二身分（**貴族**）・第三身分（**平民**）の身分制度残存

☐**2.** ラ＝ファイエットは，『第三身分とは何か』を著した。

☐**3.** フランスの財務総監となったケネーは，特権身分に対する課税によって財政問題を解決しようとした。

☐**4.** 三部会はルイ13世の治世下に召集されて以来開かれなかったが，1789年にルイ16世によって召集された。

☐**5.** ネーデルラントで，球戯場の誓いが行われた。

☐**6.** 1789年にフランスで開催された三部会は，封建的特権の廃止を決定した。

☐**7.** フランス人権宣言は，所有権の不可侵をうたった。

☐**8.** 1791年にフランスで，共和政の憲法が制定された。

☐**9.** フランス革命において，国民議会は，オーストリアに宣戦を布告し，戦争を開始した。

☐**10.** フランスの国民議会は，王政の廃止を宣言した。

□2. 解答 ✕　ラ゠ファイエットは，人権宣言の起草者。
　　第三身分…大多数が貧しい農民だが一部は**ブルジョワジー（有産市民）**，政治的に無権利➡**シェイエス『第三身分とは何か』**で旧制度の矛盾を批判

□3. 解答 ✕　特権身分に対する課税を提案したのは，財務総監のネッケル。
　　ルイ16世時代の**財政改革**…テュルゴー・ネッケルの財政再建策，特権身分（第一・二身分は免税特権）への課税を提案➡特権身分の反発➡三部会開催へ
　　→P.151 ケネーは，『経済表』を著したフランスの重農主義者

□4. 解答 ○　特権身分への課税問題を審議するため，三部会が開催された。
　　ルイ16世が三部会開催➡特権身分が**身分別議決法**を主張して第三身分と対立➡第三身分は分離して国民議会を結成

□5. 解答 ✕　球戯場の誓いは，フランスで国民議会が行った。
　　国民議会…球戯場（テニスコート）**の誓い**で憲法制定まで解散しないと誓う，**ミラボー・ラ゠ファイエット**ら自由主義貴族指導

□6. 解答 ✕　封建的特権の廃止を宣言したのは，国民議会。
　　バスティーユ牢獄襲撃（**1789**）➡**フランス革命**勃発
　　国民議会…封建的特権の**廃止**（地代廃止は有償）宣言，人権宣言発表，度量衡の統一に着手（のち**メートル法**）

□7. 解答 ○　人権宣言は，所有権の不可侵など近代市民社会の原理を提示。
　　人権宣言（**人間および市民の権利の宣言**）…ラ゠ファイエットら起草，国民議会が採択，自由・平等や国民主権・所有権の不可侵

□8. 解答 ✕　1791年憲法は，立憲君主政を規定した。
　　ルイ16世一家…ヴェルサイユ行進でパリに連行➡**ヴァレンヌ逃亡事件**（王妃マリ゠アントワネットの祖国オーストリアへ）失敗
　　1791年憲法…立憲君主政・制限選挙規定➡国民議会解散，立法議会成立

□9. 解答 ✕　オーストリアに宣戦したのは，立法議会。
　　立法議会…**フィヤン派（立憲君主派）**が支配的➡ジロンド派（穏健共和派）が台頭しオーストリアに**宣戦**布告➡義勇兵の活躍

□10. 解答 ✕　王政の廃止を宣言したのは，国民公会。
　　8月10日事件で義勇兵とサンキュロット（都市民衆）がルイ16世一家を襲撃➡**王権停止**➡立法議会解散➡国民公会が成立し王政廃止（共和政）宣言

☐**11.** フランス革命において，総裁政府は，国王を処刑し，共和政を宣言した。

☐**12.** フランスでは，恐怖政治が終わったあと，ジャコバン派が独裁体制を樹立した。

☐**13.** ジャコバン派の支配のもとで，農民の所有地に対する領主権はすべて無償で廃止された。

☐**14.** フランスでは，1795年の憲法で制限選挙制が復活した。

☐**15.** 総裁政府下で，革命暦（共和暦）が制定された。

☐**16.** 立法議会は，ブリュメール18日のクーデタによって倒された。

☐**17.** ナポレオンは総裁となり，革命暦を廃止した。

☐**18.** フランス海軍は，トラファルガーの海戦でイギリス海軍に敗れた。

☐**19.** ナポレオンが，神聖ローマ帝国を復活させた。

☐ **11.** 解答 ✕ 共和政を宣言し，国王を処刑したのは，国民公会。
国民公会…共和政宣言で第一共和政成立，ジャコバン派（山岳派）
（急進共和派）台頭➡ルイ16世処刑➡イギリス首相ピットの提
唱で第1回対仏大同盟成立，**徴兵制の実施**➡ヴァンデー反乱

☐ **12.** 解答 ✕ 国民公会で独裁を行ったジャコバン派が，恐怖政治実施。
ジャコバン派独裁…公安委員会中心にロベスピエールが独裁，恐
怖政治で反革命派を**断頭台（ギロチン）**で処刑

☐ **13.** 解答 ◯ 国民公会でジャコバン派は，封建地代の無償廃止を行った。
ジャコバン派の政策…1793年憲法（実施されず）で**男性普通選挙
制**規定，封建地代の無償廃止，**最高価格令**制定，**革命暦**の採用

☐ **14.** 解答 ◯ 1795年の憲法で制限選挙が復活し，総裁政府が成立した。
テルミドール9日のクーデタでジャコバン派独裁終了➡**1795年憲
法（共和国第3年憲法）**で制限選挙復活➡国民公会解散，総
裁政府成立

☐ **15.** 解答 ✕ 革命暦の制定は，国民公会の時代。
総裁政府…バブーフの陰謀（私有財産廃止をはかる）など不安定，
ナポレオン＝ボナパルトが**イタリア遠征・エジプト遠征**で台頭➡
第2回対仏大同盟成立

☐ **16.** 解答 ✕ ブリュメール18日のクーデタで倒されたのは，総裁政府。
統領政府…ナポレオンが**ブリュメール18日のクーデタ**で総裁政府
を倒して樹立，ナポレオンが第一統領➡のち終身統領

☐ **17.** 解答 ✕ ナポレオンは第一統領となり，のち終身統領・皇帝となった。
統領政府…**宗教協約（コンコルダート）**で教皇と和解，**アミアンの和
約**でイギリスと講和，ナポレオン**法典（フランス民法典）**制定

☐ **18.** 解答 ◯ フランスは，トラファルガーの海戦でイギリスに敗北した。
ナポレオンが皇帝（**ナポレオン1世**）即位（19C初）＝第一帝政
開始➡**第3回対仏大同盟**
トラファルガーの海戦…フランスが**ネルソン**率いるイギリスに**敗北**

☐ **19.** 解答 ✕ ナポレオンのライン同盟結成により，神聖ローマ帝国は消滅。
アウステルリッツの三帝会戦…ロシア・オーストリアを撃破
ライン同盟…西南ドイツ諸邦と結成➡**神聖ローマ帝国消滅**

☐**20.** ナポレオンは，イギリスとアメリカ合衆国の間の通商を断絶させるために，大陸封鎖令を出した。

☐**21.** オーストリアでは，シュタインとハルデンベルクが農民解放を行った。

☐**22.** フィヒテは，ナポレオン戦争のさなか，「ドイツ国民に告ぐ」を発表した。

☐**23.** ピカソの「1808年5月3日」は，スペイン市民がナポレオン軍に殺される場面を描いている。

☐**24.** ライプツィヒの戦い（諸国民戦争）で，プロイセンなどの連合軍がフランス軍に敗れた。

4 ウィーン体制

☐**1.** ウィーン会議では，プロイセンが，シュレジエンを獲得した。

☐**2.** ナポレオン1世の失脚後，ルイ16世が復位してブルボン朝が復活した。

☐**3.** ケープ植民地は，イギリスがフランスから獲得した。

☐**4.** 19世紀前半のドイツでは，ドイツ連邦が成立した結果，神聖ローマ帝国が解体した。

□**20.** 解答 ✕   大陸封鎖令は，大陸諸国にイギリスとの通商を禁じた勅令。
　　　　　　　　　　大陸封鎖令（19C 初）…イギリスと大陸諸国の通商禁止，イギリ
　　　　　　　　　　ス経済に打撃を与える目的➡大陸諸国が打撃➡反ナポレオンの
　　　　　　　　　　ナショナリズム高揚

□**21.** 解答 ✕   シュタインとハルデンベルクが改革を行ったのは，プロイセン。
　　　　　　　　　　プロイセン…ナポレオンに敗北し**ティルジット条約**で領土割譲➡
　　　　　　　　　　シュタインやハルデンベルクが**農民解放**など近代化改革

【4】ヨーロッパ・アメリカ

□**22.** 解答 ○   フィヒテは，講演「ドイツ国民に告ぐ」で国民意識を喚起した。
　　　　　　　　　　「**ドイツ国民に告ぐ**」…**フィヒテ**の連続講演，ナポレオン支配下の
　　　　　　　　　　プロイセンでドイツ人の国民意識を喚起

□**23.** 解答 ✕   スペインへの侵略を描いた「1808年5月3日」は，ゴヤの作品。
　　　　　　　　　　ナポレオン支配への抵抗…**スペイン反乱**，ロシアの大陸封鎖令違
　　　　　　　　　　反➡ナポレオンの**ロシア遠征**（1810s）➡失敗➡ナポレオン没落
　　　　　　　　　　(➡P.255, P.281) ピカソは，「ゲルニカ」でスペイン内戦のドイツの無差別爆撃に抗議

□**24.** 解答 ✕   ライプツィヒの戦いでは，プロイセンなどがフランスを破った。
　　　　　　　　　　ナポレオン…**ライプツィヒの戦い**で敗北➡**エルバ島**に流刑➡復位
　　　　　　　　　　するも**ワーテルローの戦い**でイギリスなどに**敗北**（**百日天下**）
　　　　　　　　　　➡**セントヘレナ**に流刑（1810s）

【3】近代のヨーロッパ・アメリカ

解答・ポイント

□**1.** 解答 ✕   プロイセンのシュレジエン獲得は，18世紀のこと。
　　　　　　　　　　ウィーン会議…**オーストリア**のメッテルニヒ主催，フランスのタレ
　　　　　　　　　　ーラン提唱の**正統主義**（革命前に戻す）と大国の**勢力均衡**が原
　　　　　　　　　　則➡**ウィーン体制**成立
　　　　　　　　　　(➡P.143) プロイセンは，オーストリア継承戦争・七年戦争でシュレジエン確保

□**2.** 解答 ✕   ナポレオン1世失脚後に即位したフランス王は，ルイ18世。
　　　　　　　　　　フランス…ブルボン朝復活➡**ルイ18世**が即位（革命で処刑された
　　　　　　　　　　ルイ16世の弟）

□**3.** 解答 ✕   ウィーン会議でイギリスは，オランダからケープ植民地を獲得。
　　　　　　　　　　イギリス…**オランダ**からセイロン島（スリランカ）・ケープ植民地獲得
　　　　　　　　　　スイス…永世中立国となる

□**4.** 解答 ✕   神聖ローマ帝国は，すでにナポレオンのライン同盟結成で解体。
　　　　　　　　　　ドイツ…**神聖ローマ帝国は復活せず**，**ドイツ連邦**（35君主国と4
　　　　　　　　　　自由市で構成）が成立

☐**5.** ウィーン会議の結果，ポーランドの国王はロシア皇帝が兼ねた。

☐**6.** ローマ教皇の提唱によって，神聖同盟が成立した。

☐**7.** ウィーン体制下のドイツでは，自由と統一を求めるカルボナリが結成された。

☐**8.** ウィーン体制下のロシアでは，デカブリストの乱が鎮圧された。

☐**9.** オスマン帝国からギリシアが独立した。

☐**10.** 七月革命では，ルイ＝フィリップは亡命し，シャルル10世が即位した。

☐**11.** 七月革命の結果，ベルギーがフランスから独立した。

☐**12.** オーストリアを中心に，ドイツ関税同盟が発足した。

☐**13.** 七月革命後，フランスでは男性普通選挙制が実施された。

□5. 解答 ○ ウィーン会議の結果, ロシア皇帝はポーランドの国王を兼ねた。
ポーランド…ロシア皇帝が国王を兼ねる（事実上のロシア支配）

□6. 解答 × 神聖同盟に, イギリス・ローマ教皇・オスマン帝国は不参加。
ウィーン体制（19C 前半）…自由主義・ナショナリズムを抑圧, 神
聖同盟（ロシア皇帝アレクサンドル1世が提唱）や**四国同盟**
（のち**五国同盟**）で補強

□7. 解答 × ドイツの自由と統一を求める組織は, ブルシェンシャフト。
ドイツ…学生組合の**ブルシェンシャフト**➡メッテルニヒが弾圧
イタリア…秘密結社の**カルボナリ**➡オーストリアが弾圧

□8. 解答 ○ ロシアでは, デカブリストの乱がニコライ1世に鎮圧された。
ロシア…デカブリスト(十二月党員)**の乱**➡皇帝**ニコライ1世**が鎮圧
スペイン…**スペイン立憲革命**➡フランスが鎮圧

□9. 解答 ○ ウィーン体制下で, ギリシアがオスマン帝国から独立した。
ギリシア独立戦争（1820s）…イギリス・フランス・ロシアがギリ
シア独立支援➡**ロンドン会議**でオスマン帝国からのギリシア独立
を承認➡ウィーン体制動揺

□10. 解答 × 七月革命で, シャルル10世が亡命し, ルイ=フィリップが即位。
ブルボン復古王政…**シャルル10世**の反動政治（**アルジェリア出兵**,
未招集の議会解散）➡**七月革命**で打倒（1830）➡**オルレアン**
家のルイ=フィリップ即位=**七月王政**成立（ドラクロワ「民衆を
導く自由の女神」…七月革命題材）

□11. 解答 × 七月革命の影響で, ベルギーはオランダから独立した。
七月革命の影響 成功…**オランダ**から**ベルギー**が独立
失敗…**ポーランド・ドイツ・イタリア**（カルボナリ）**の蜂起**

□12. 解答 × ドイツ関税同盟は, プロイセン中心の経済同盟。
七月革命期の改革…**プロイセン**中心のドイツ関税**同盟**発足➡ドイ
ツの経済的統一, イギリス第1回**選挙法改正**➡腐敗選挙区廃
止・**産業資本家**が選挙権獲得

□13. 解答 × 七月王政下のフランスでは, 大資本家中心の制限選挙を実施。
七月王政…**産業革命**本格化➡台頭した中小資本家・労働者が制
限選挙に反対➡**選挙法改正運動**への弾圧➡**二月革命**が勃発し
七月王政打倒（**1848**）

☐**14.** 二月革命後の臨時政府は，ルイ゠ブランの提案により国立作業場を設立した。

☐**15.** 1848年にフランス大統領に当選したルイ゠ナポレオンは，パリ労働者の六月蜂起を鎮圧した。

☐**16.** オーストリアでの三月革命の結果，ウィーン体制の推進者であったメッテルニヒは失脚した。

☐**17.** コシュート（コッシュート）は，チェコ人の独立をめざす運動を指導した。

☐**18.** フランクフルト国民議会は終始，オーストリア中心のドイツ統一を求めることで一致していた。

☐**19.** 二月革命のあと，カヴールがローマ共和国を建てた。

☐**20.** イギリスでは，審査法が制定されて，非国教徒が公職に就く道が開かれた。

☐**21.** チャーティスト運動は，第1回選挙法改正に不満を抱く労働者などが，男性普通選挙の実現を要求した運動である。

☐**22.** イギリスの産業資本家たちは，19世紀初頭に，東インド会社の貿易独占を推進した。

☐ **14.** 解答 ○ 臨時政府には社会主義者が入閣し, 国立作業場が設置された。
第二共和政…**二月革命**で成立, 臨時**政府**に社会主義者**ルイ = ブラ
ン**入閣➡労働者保護の国立作業場設置, **男性普通選挙制**実現

☐ **15.** 解答 ✕ 六月蜂起鎮圧後に, ルイ = ナポレオンが大統領当選。
第二共和政…四月普通選挙で社会主義者大敗➡**国立作業場**閉鎖
➡労働者の六月蜂起鎮圧➡**ルイ = ナポレオンが大統領当選**➡
1851年クーデタで独裁権掌握

☐ **16.** 解答 ○ オーストリアのウィーンの三月革命で, メッテルニヒは失脚。
1848年革命 =「諸国民の春」…**二月革命**後のナショナリズム高揚
ドイツ…**ウィーン三月革命**(メッテルニヒ失脚)・**ベルリン三月革命**

☐ **17.** 解答 ✕ コシュートは, ハンガリーの独立運動を指導。
オーストリア支配下の民族運動…**チェコ人のベーメン**（ボヘミア）
民族運動・マジャール人のハンガリー民族運動（コシュート指
導）➡いずれもオーストリアが鎮圧(➡区別) ポーランドのコシューシコ

☐ **18.** 解答 ✕ フランクフルト国民議会はプロイセン中心のドイツ統一採用。
フランクフルト国民議会…ドイツ統一をめぐり**大ドイツ主義**（**オー
ストリア**を含む）と**小ドイツ主義**（**プロイセン**中心）の対立➡**小
ドイツ主義**採択➡挫折

☐ **19.** 解答 ✕ 二月革命の影響で, ローマ共和国を建てたのはマッツィーニ。
イタリア民族運動…「青年イタリア」出身のマッツィーニが**ローマ
共和国**建国➡**フランス**の介入で崩壊
(➡P.173) カヴールは, 19C後半にイタリア統一を進めたサルデーニャ王国首相

☐ **20.** 解答 ✕ 審査法が廃止され, 非国教徒の公職就任が可能になった。
審査法**廃止**(1820s)…カトリックを除く非国教徒の公職就任可能
カトリック教徒解放法（1820s）…カトリック教徒の公職就任可能
(➡P.141) 審査法の制定は17Cで, 公職就任を国教徒に限定

☐ **21.** 解答 ○ チャーティスト運動で, 労働者が男性普通選挙などを要求。
チャーティスト運動…第1回選挙法改正で選挙権を得られなかっ
た都市労働者が人民憲章を掲げ男性普通選挙などを要求, **二月
革命**期に高揚➡弾圧

☐ **22.** 解答 ✕ 産業資本家は, 東インド会社の貿易独占権に反対した。
産業革命進展で産業資本家台頭➡自由**貿易主義**要求(19C前半)
イギリス東インド会社…インド**貿易独占権廃止**➡中国貿易独占権
廃止➡商業活動停止

☐**23.** コブデンとブライトは，穀物法を支持して保護貿易を主張した。

5 19世紀後半のヨーロッパ

☐**1.** イギリスではヴィクトリア女王の時代に，ロンドン万国博覧会が開催された。

☐**2.** 19世紀後半のイギリスでは，自由党と保守党の対立によって，選挙権の拡大が阻まれた。

☐**3.** イギリスでは，第2回選挙法改正によって，男性普通選挙が実施された。

☐**4.** イギリスでは，19世紀後半，労働組合法が制定された。

☐**5.** アイルランドは，ヨーロッパにおける1848年の諸革命のなかで，イギリスから独立した。

☐**6.** クリミア戦争でオスマン帝国側について参戦した当時のフランスは，ナポレオン3世の第二帝政の時代であった。

☐**7.** フランスの軍隊は，プロイセン＝フランス（普仏）戦争で，プロイセン軍に勝利した。

□**23.** 解答 ✕ コブデンとブライトは，自由貿易を主張し穀物法に反対した。
穀物法**廃止**（輸入穀物に関税をかける穀物**法**に対し，**コブデン・ブライト**らが**反穀物法同盟**を結成し反対）・航海法**廃止**➡自由貿易体制の確立（19C 半）

🔍 解答・ポイント

□**1.** 解答 ○ ロンドン万国博覧会は，ヴィクトリア女王時代に開催。
ヴィクトリア**女王**（1830s 〜20C 初）…**パクス = ブリタニカ**を現出
ロンドン**万国博覧会**（19C 半）…「**世界の工場**」の技術力を誇示

□**2.** 解答 ✕ 19世紀後半の二大政党政治で，選挙法改正など改革進展。
保守**党**…**トーリ党**から発展，首相ディズレーリが**帝国主義政策**
自由**党**…**ホイッグ党**から発展，首相グラッドストンが**自由主義改革**

□**3.** 解答 ✕ 第2回選挙法改正では，都市労働者に選挙権が与えられた。
第2回選挙法改正（1860s）…**都市労働者**に選挙権付与
第3回選挙法改正（1880s）…**農業労働者**に選挙権付与
(➡P.233) イギリスでは，第4回選挙法改正（1910s）で男性普通選挙実現

□**4.** 解答 ○ 年代 19世紀後半のグラッドストン内閣が，労働組合法制定。
グラッドストン**自由党内閣**の改革（19C 後半）…**労働組合法**制定，**第3回選挙法改正**，**アイルランド自治法案**提出➡否決

□**5.** 解答 ✕ アイルランドの独立は，19世紀には実現せず。
アイルランド…**イギリスが併合**（**大ブリテン = アイルランド連合王国**成立）（19C 初），**ジャガイモ飢饉**発生（19C 半），**アイルランド自治法案**不成立
(➡P.233) 第一次世界大戦後に自治領アイルランド自由国が成立

□**6.** 解答 ○ ナポレオン3世は，クリミア戦争などの多くの対外戦争に参加。
第二帝政（1850s〜70）…大統領**ルイ = ナポレオン**が国民投票で皇帝ナポレオン3世として即位し成立，**クリミア戦争・アロー戦争・イタリア統一戦争・インドシナ出兵・メキシコ遠征・プロイセン = フランス（普仏）戦争**に関与

□**7.** 解答 ✕ フランスは，プロイセン = フランス戦争に敗北した。
ナポレオン3世がプロイセン = フランス**戦争**に敗北➡第二帝政崩壊➡**臨時政府**がドイツと講和し**アルザス・ロレーヌ割譲**

☐**8.** 屈辱的な対独講和に憤激したパリ民衆は，パリ＝コミューンの樹立を宣言した。

☐**9.** イタリア統一は，「青年イタリア」によって達せられた。

☐**10.** スペイン王位の継承問題から，イタリア統一戦争が起こった。

☐**11.** マッツィーニは，千人隊（赤シャツ隊）を率いて，シチリアに遠征した。

☐**12.** イタリア王国が1861年に成立したとき，その首都はローマであった。

☐**13.** イタリア王国は，オーストリア領であったヴェネツィアを併合した。

☐**14.** 19世紀のイタリア王国は，プロイセン＝フランス（普仏）戦争に際して，トリエステを併合した。

☐**15.** イタリアでは，ユンカーと呼ばれる地主貴族が，政治・軍事を担った。

☐**16.** スウェーデンはプロイセン・オーストリアに敗れ，シュレスヴィヒ・ホルシュタインを奪われた。

□**8.** 解答 ○ 臨時政府の講和に反対して，パリ＝コミューンが成立した。
ドイツとの講和に反発したパリ民衆が自治政権パリ＝コミューン樹立（1870s）➡臨時政府の弾圧で崩壊➡**第三共和国憲法**の制定で第三共和政の基礎確立

□**9.** 解答 ✕ イタリア統一は，サルデーニャ王国によって実現した。
サルデーニャ王国…国王ヴィットーリオ＝エマヌエーレ２世と首相カヴールがイタリア統一を主導（19C 後半）
(➡P.169)「青年イタリア」のマッツィーニは，イタリア統一をめざしたが挫折

□**10.** 解答 ✕ スペイン王位継承問題は，プロイセン＝フランス戦争の背景。
サルデーニャ王国…フランスの**ナポレオン３世**の協力を得てオーストリアと**イタリア統一戦争**開戦➡ロンバルディア獲得

□**11.** 解答 ✕ ガリバルディが，千人隊(赤シャツ隊)を率いてシチリアを占領。
サルデーニャ王国…中部イタリア**併合**➡フランスにサヴォイア・ニース割譲
ガリバルディ…**千人隊**を率いて両シチリア**王国**征服➡サルデーニャ国王に献上

□**12.** 解答 ✕ ローマを含む教皇領は，イタリア王国成立時の領土に含まれず。
イタリア王国…サルデーニャ王国を中心に**ヴェネツィア・ローマ教皇領**以外のイタリアの大部分の地域で成立（1860s）

□**13.** 解答 ○ プロイセン＝オーストリア戦争を機に，ヴェネツィアを併合した。
プロイセン＝オーストリア戦争を機にヴェネツィア**併合**
プロイセン＝フランス戦争を機にローマ教皇領**占領**➡教皇と対立

□**14.** 解答 ✕ イタリア王国は，19世紀中にトリエステを回収できず。
「未回収のイタリア」…イタリア半島統一後も**オーストリア領**に残った地域，イタリア系住民の多い**トリエステ・南チロル**など
(➡P.225)イタリアによるトリエステ・南チロル回復は，第一次世界大戦後

□**15.** 解答 ✕ ユンカーは，プロイセンの高級官僚・軍人を独占した地主貴族。
プロイセン…国王ヴィルヘルム１世と首相ビスマルク（**ユンカー**出身）がドイツ統一を主導（19C 後半），**鉄血政策**（軍備拡張政策）による統一を推進

□**16.** 解答 ✕ シュレスヴィヒ・ホルシュタインを奪われたのは，デンマーク。
デンマーク戦争（1860s）…プロイセン・オーストリアがデンマークを破る➡シュレスヴィヒ・ホルシュタインを獲得

☐**17.** ビスマルクは，プロイセン＝オーストリア（普墺）戦争でオーストリアに敗れ，統一ドイツへのオーストリア編入を断念した。

☐**18.** ドイツでは，プロイセン中心の統一に反対する勢力が，北ドイツ連邦を結成した。

☐**19.** オーストリア＝ハンガリー帝国は，プロイセン＝オーストリア（普墺）戦争でオーストリアがハンガリーを征服したことによって成立した。

☐**20.** ビスマルクは，プロイセン＝フランス（普仏）戦争でフランスを破った。

☐**21.** プロイセン＝フランス（普仏）戦争を戦ったヴィルヘルム１世は，ヴェルサイユ宮殿でドイツ皇帝としての即位式を行った。

☐**22.** アルザス地方は，プロイセン＝フランス（普仏）戦争後，ドイツに併合された。

☐**23.** ドイツでは，皇帝ヴィルヘルム１世の治世下で，男性普通選挙が実施された。

☐**24.** ビスマルク時代のドイツでは，社会主義者鎮圧法の制定や社会福祉政策の切り捨てによって，労働者の社会環境が著しく悪化した。

☐**25.** クリミア戦争に敗北したロシアでは，農奴解放が行われた。

☐**26.** 1860年代のポーランドでは，フランスの支配からの独立をめざす反乱が起こった。

□**17.** 解答 ✕ ビスマルクは，プロイセン = オーストリア戦争に勝利した。
プロイセン = オーストリア（**普墺**）**戦争**（1860s）…**シュレスヴィ
ヒ・ホルシュタイン**の帰属をめぐり開戦➡プロイセンが勝利しオ
ーストリアを統一から排除

□**18.** 解答 ✕ 北ドイツ連邦は，プロイセン中心に結成された。
北ドイツ連邦…**プロイセン = オーストリア戦争**に勝利した**プロイセ
ン**がドイツ連邦を解体し**プロイセン**中心に結成

□**19.** 解答 ✕ ハンガリーの自治を認め，オーストリア = ハンガリー帝国成立。
オーストリア = ハンガリー帝国…**プロイセン = オーストリア戦争**に
敗北したオーストリアが領内のハンガリーに自治を与え成立

□**20.** 解答 ○ プロイセンは，プロイセン = フランス戦争に勝利した。
プロイセン = フランス（**普仏，ドイツ = フランス**）**戦争**（1870s）
…**スペイン王位継承問題**を背景に勃発，プロイセンがフランス
の**ナポレオン 3 世**を破る

□**21.** 解答 ○ プロイセン = フランス戦争の勝利で，ドイツ統一を達成。
ドイツ帝国…**プロイセン = フランス戦争**でフランス敗北➡**ヴィルヘ
ルム 1 世**が**ドイツ皇帝**に即位して成立（1870s），**保護関税法**で
ユンカーと資本家の支持獲得

□**22.** 解答 ○ ドイツはプロイセン=フランス戦争でアルザス・ロレーヌ獲得。
アルザス・ロレーヌ…**プロイセン = フランス戦争**でドイツが獲得➡
鉱物資源豊富でドイツの重工業化促進

□**23.** 解答 ○ ドイツの帝国議会の議員は，男性普通選挙で選出された。
帝国議会…男性普通選挙制で選出（議会の権限は弱体）
少数派を抑圧…**カトリック**との**文化闘争**や社会主義者の弾圧

□**24.** 解答 ✕ ビスマルクは，社会政策で労働者を保護し国民統合をはかる。
社会主義者鎮圧法の制定➡**ドイツ社会主義労働者党**を非合法化
ビスマルクの社会政策➡労働者を社会主義運動から切り離す

□**25.** 解答 ○ ロシアは，クリミア戦争敗北後，農奴解放などの近代化改革実施。
農奴解放令（1860s）…**クリミア戦争敗北後アレクサンドル 2 世**が
発布，土地分与は**有償**で土地は農村共同体**ミール**に帰属，自由
な労働力創出➡工業化の契機

□**26.** 解答 ✕ 1860年代にポーランドは，ロシア支配から独立をめざし反乱。
ポーランドの反乱（1860s）…**ロシア**の支配に対して反乱➡鎮圧
後，アレクサンドル 2 世は反動化

☐**27.** ロシアには，ジェントリと呼ばれる社会層が存在した。

☐**28.** 19世紀後半に，ロシアのデカブリストは，農民の共同体を基礎にして，社会主義を実現しようとした。

☐**29.** アレクサンドル2世が，ボリシェヴィキによって暗殺された。

6　東方問題

☐**1.** 19世紀前半に，ロシアからのギリシアの独立運動を，西ヨーロッパ諸国が支援した。

☐**2.** オスマン帝国統治下のエジプトでは，ムハンマド゠アリーの指導する民族反乱が頑強に続けられた。

☐**3.** クリミア戦争で，ロシアはオスマン帝国内のユダヤ教徒の保護を開戦の口実とした。

☐**4.** クリミア戦争のパリ条約によって，ロシアは黒海の支配権を獲得した。

☐**5.** 19世紀のロシア帝国は，ロシア゠トルコ（露土）戦争に敗北した。

□**27.** 解答 ✕　ジェントリは，イギリスの地方地主層。

インテリゲンツィア…自由主義貴族など**ロシア**の知識人層，市民
階級が未成長のロシアで社会改革運動を牽引

□**28.** 解答 ✕　ロシアで農村基盤の社会主義実現を掲げたのは，ナロードニキ。

ナロードニキ（人民主義者）…**インテリゲンツィア**中心に**ミール**を
基盤にロシア独自の社会主義提唱（1870s），標語「**ヴ = ナロー
ド（人民のなかへ）**」➡失敗

→P.167 デカブリストは，ウィーン体制下で反乱を起こしたロシアの青年貴族将校

□**29.** 解答 ✕　ロシアのアレクサンドル 2 世は，テロリズムの犠牲になった。

ナロードニキ運動の失敗で失望した知識人の一部が**テロリズム
（暴力主義）**などに走る➡**アレクサンドル 2 世を暗殺**（1880s）

→P.187, P.227 ボリシェヴィキはロシア社会民主労働党の分派で，十一月革命を主導

📷 解答・ポイント

□**1.** 解答 ✕　19 世紀前半にギリシアは，オスマン帝国からの独立をはかった。

東方問題…オスマン帝国領内の民族運動に列強が介入，**南下政策**
をとるロシアとインド航路確保をはかるイギリスの対立が軸
ギリシア独立戦争（1820s）…イギリス・フランス・ロシアがギリシ
ア独立支援➡**オスマン帝国**からの独立を承認（**ロンドン会議**）

□**2.** 解答 ◯　エジプトのムハンマド = アリーは，オスマン帝国と戦った。

エジプト = トルコ戦争（1830s ～40）…ムハンマド = アリーがオス
マン帝国と開戦➡ロシアがオスマン帝国を支援しダーダネルス
海峡・ボスフォラス海峡の通行権獲得➡イギリスの反対でロシ
アは両海峡の通行権放棄➡**南下政策失敗**

□**3.** 解答 ✕　ロシアは，ギリシア正教徒保護を口実にクリミア戦争開戦。

クリミア戦争（1850s）…ロシアの**ニコライ 1 世**が**ギリシア正教徒
の保護**を口実に開戦，イギリス・フランス・サルデーニャ王国
がオスマン帝国支援

□**4.** 解答 ✕　パリ条約で，ロシアは黒海の中立化を認めた。

ロシアが**セヴァストーポリ要塞**陥落などでクリミア戦争に**敗北**➡**パ
リ条約で黒海の中立化**を規定➡ロシアの**南下政策失敗**

→区別 七年戦争と並行したフレンチ = インディアン戦争のパリ条約，アメリ
カ独立戦争のパリ条約

□**5.** 解答 ✕　19 世紀後半にロシアは，ロシア = トルコ戦争に勝利した。

ロシア = トルコ（露土）戦争（1870s）…**パン = スラヴ主義**を背景にロ
シアがオスマン帝国内のスラヴ人保護を口実に開戦➡**ロシア勝利**

☐ **6.** ロシア = トルコ（露土）戦争後に結ばれたサン = ステファノ条約で，セルビア・ルーマニアの独立が承認された。

☐ **7.** ロシア = トルコ（露土）戦争で勝利したロシアを牽制するために，ベルリン条約が結ばれた。

☐ **8.** イギリスは，19世紀後半のベルリン会議で，キプロスの統治権を獲得した。

7　19世紀の南北アメリカ

☐ **1.** ヨーロッパ諸国のなかには，19世紀に，奴隷貿易を禁止する動きがあった。

☐ **2.** イベリア半島生まれの白人は，クリオーリョと呼ばれた。

☐ **3.** シモン = ボリバルは，ラテンアメリカの独立運動を指導した。

☐ **4.** 19世紀前半，ブラジルはスペインから独立した。

☐ **5.** アメリカ合衆国大統領モンローは，ヨーロッパとの連帯を主張してラテンアメリカ諸国の独立に反対した。

☐ **6.** **解答** ○ サン＝ステファノ条約で，セルビア・ルーマニアなどが独立。
サン＝ステファノ条約…**ロシア＝トルコ戦争**の講和，ルーマニア・
セルビア・モンテネグロ独立，**ブルガリア**をロシア保護下の自
治国➡ロシアの南下成功

☐ **7.** **解答** ○ イギリス・オーストリアの反発で，ベルリン会議開催。
ベルリン会議…サン＝ステファノ条約にイギリス・オーストリアが
反発➡ドイツのビスマルクが開催，サン＝ステファノ条約破棄➡
ベルリン条約締結

☐ **8.** **解答** ○ 年代19世紀後半に，イギリスはキプロスの統治権獲得。
ベルリン会議（1870s）…ルーマニア・セルビア・モンテネグロ独
立，**ブルガリア**をオスマン帝国の自治国化➡ロシアの**南下政策
失敗**，イギリスが**キプロス島**の統治権獲得，オーストリアが**ボ
スニア・ヘルツェゴヴィナ**の統治権獲得

🔍 解答・ポイント

☐ **1.** **解答** ○ 年代19世紀前半に，イギリスなどで奴隷貿易禁止が実現。
イギリス…**奴隷貿易禁止**（19C 初）➡**奴隷制廃止**（1830s）
ハイチ…トゥサン＝ルヴェルチュールの指導で黒人奴隷を中心に**フ
ランス**から独立（19C 初）＝**ハイチ革命**，世界初の黒人共和国

☐ **2.** **解答** ✕ クリオーリョは，ラテンアメリカ生まれの白人で独立運動主導。
ラテンアメリカ諸国の独立…ハイチが最初，その後**クリオーリョ**主体
ラテンアメリカ社会…**クリオーリョ**（植民地生まれの白人），**イン
ディオ**（先住民），**メスティーソ**（白人と先住民の混血）など

☐ **3.** **解答** ○ シモン＝ボリバルは，ラテンアメリカの独立を指導した。
シモン＝ボリバル・サン＝マルティン・イダルゴ…**クリオーリョ**，
スペインからの独立運動指導（19C 前半）

☐ **4.** **解答** ✕ ブラジルは，19世紀前半にポルトガルから独立した。
ブラジル…**ポルトガル**から独立（19C 前半）
　区別 19C 前半のラテンアメリカ独立は，ハイチ・ブラジル以外はスペインから

☐ **5.** **解答** ✕ アメリカ大統領のモンローは，ラテンアメリカ独立を支持。
アメリカ…大統領**モンロー**が**モンロー教書**でヨーロッパとアメリカ
大陸の相互不干渉表明（1820s）➡ヨーロッパの干渉を排除し
ラテンアメリカ**独立支持**

☐**6.** 19世紀前半にイギリス植民地相ジョゼフ＝チェンバレンは，ラテンアメリカ諸国の独立運動を弾圧した。

☐**7.** ラテンアメリカ諸国の多くは，19世紀初頭の独立の際に，植民地時代からの大土地所有制を廃止した。

☐**8.** 19世紀後半のフランスは，メキシコに出兵したが，失敗に終わった。

☐**9.** メキシコ革命の結果，サパタの独裁政権が打倒された。

☐**10.** アメリカ合衆国は，スペインから広大なルイジアナを購入して，西部への膨張の基礎を固めた。

☐**11.** アメリカ＝イギリス（米英）戦争で貿易が途絶えたことは，以後アメリカ合衆国の経済が農業中心に発展する原因となった。

☐**12.** ジャクソン大統領は，女性参政権を確立した。

☐**13.**「ジャクソンの民主主義」のもとで，先住民の権利も尊重されるようになった。

☐**14.** アメリカ合衆国では，西部開拓を進める際に，「マニフェスト＝デスティニー（明白な天命）」が主張された。

☐**15.** テキサスは，アメリカ＝メキシコ戦争の結果，アメリカ領となった。

□ **6.** 解答 ✕ イギリスのカニングは，ラテンアメリカ独立を支持。
イギリス…**カニング**がイギリスによるラテンアメリカ市場化を期待し独立支持
(→P.185) ジョゼフ＝チェンバレンは，南アフリカ戦争勃発時のイギリス植民地相

□ **7.** 解答 ✕ ラテンアメリカ諸国では，独立後も大土地所有制が残存した。
独立後のラテンアメリカ諸国…クリオーリョ主体の独立➡クリオーリョの政治独占と大土地所有制の残存➡政治的経済的不安定

□ **8.** 解答 ○ 年代 19世紀後半にナポレオン3世は，メキシコ出兵に失敗。
メキシコ出兵（1860s）…メキシコ内乱に乗じ**ナポレオン3世**が出兵➡メキシコ民衆の抵抗とアメリカの抗議で撤退

□ **9.** 解答 ✕ メキシコ革命では，ディアスの独裁政権が打倒された。
メキシコ革命（1910s）…マデロがディアス独裁政権を打倒，サパタ・ビリャらが農民運動を指導

□ **10.** 解答 ✕ アメリカがルイジアナを購入したのは，フランスから。
ルイジアナ買収（1800s）…アメリカ大統領**トマス＝ジェファソン**が**フランス**のナポレオンからミシシッピ川以西のルイジアナを購入

□ **11.** 解答 ✕ アメリカ＝イギリス戦争は，アメリカの工業化の契機。
アメリカ＝イギリス（米英）戦争（1810s）…ナポレオン戦争中イギリスの通商妨害が原因で開戦➡イギリス製品の流入が途絶え**アメリカ経済自立**の契機

□ **12.** 解答 ✕ ジャクソン大統領は，白人男性の普通選挙制度の普及に努めた。
ジャクソン…初の西部出身のアメリカ大統領，白人男性の普通選挙制度普及など民主化進展➡ジャクソニアン＝デモクラシー
(→P.237) アメリカで女性参政権が実現するのは，第一次世界大戦後

□ **13.** 解答 ✕ ジャクソンは，先住民の権利を無視し強制移住法を制定した。
先住民（インディアン）強制移住法（1830）…**ジャクソン**が制定，**先住民インディアンをミシシッピ川以西の保留地に追放➡「涙の旅路」**など多くの犠牲

□ **14.** 解答 ○ 西部開拓は，明白な天命（てんめい）として正当化された。
西漸（せいぜん）運動（西部開拓）…先住民を犠牲にした開拓を**明白な天命（マニフェスト＝デスティニー）**として正当化

□ **15.** 解答 ✕ アメリカ＝メキシコ戦争では，カリフォルニアがアメリカ領。
テキサスをアメリカが併合➡**アメリカ＝メキシコ戦争**勃発（1840s）➡アメリカが勝利し**メキシコからカリフォルニア**獲得

□**16.** アメリカ合衆国の西部で金鉱が発見され, ゴールドラッシュが起こった。

□**17.** アメリカ合衆国のストウは, 『コモン＝センス』を著して奴隷解放を訴えた。

□**18.** アメリカ合衆国では, 1850年代に, 奴隷制反対を唱える民主党が結成された。

□**19.** 南北戦争時, 北部諸州がアメリカ連合国を結成した。

□**20.** 南北戦争前のアメリカ合衆国では、ホームステッド法（自営農地法）が制定された。

□**21.** 南北戦争終結後, リンカン大統領が奴隷解放宣言を出した。

□**22.** 南北戦争で, 南軍は, ゲティスバーグの戦いに勝利した。

□**23.** 南北戦争の終結後に, 解放された黒人の多くが自作農となった。

□**24.** アメリカ合衆国の大陸横断鉄道は, 南北戦争後に開通した。

□**25.** 19世紀末のアメリカ合衆国は, イギリスを抜いて, 世界一の工業国になった。

□**16.** 解答 ○ カリフォルニアで金鉱が発見され，ゴールドラッシュ。
ゴールドラッシュ…メキシコから得た**カリフォルニア**で金鉱発見
北部と**南部**の対立…西部で成立した新州の奴隷制の可否をめぐり

□**17.** 解答 ✕ ストウは，『アンクル＝トムの小屋』で奴隷制を批判した。
ストウ…『**アンクル＝トムの小屋**』で黒人奴隷制を批判
奴隷制をめぐる**ミズーリ協定**や**カンザス・ネブラスカ法**➡南北対
立激化
→P.157 『コモン＝センス』は，アメリカ独立戦争時にトマス＝ペインが刊行

□**18.** 解答 ✕ 奴隷制反対を唱えて結成されたのは，共和党。
北部…**商工業**発達，**奴隷制反対**，保護関税政策，**共和党**
南部…綿花プランテーション発達，奴隷制維持，自由貿易，**民主党**

□**19.** 解答 ✕ アメリカ連合国を結成したのは，南部諸州。
共和党の**リンカン**が大統領当選➡**南部**諸州が**アメリカ連合国**を結
成し合衆国を離脱➡**南北戦争**（1860s）勃発

□**20.** 解答 ✕ ホームステッド法の制定は，南北戦争中。
ホームステッド法（1860s）…**南北戦争中**に制定，西部の公有地
を無償で与える➡西部農民の北部への支持と西部開拓促進

□**21.** 解答 ✕ リンカンの奴隷解放宣言は，南北戦争中。
奴隷解放宣言（1860s）…**南北戦争中**に**リンカン**が発表➡北部が
内外世論の支持獲得

□**22.** 解答 ✕ 南北戦争のゲティスバーグの戦いで勝利したのは，北軍。
ゲティスバーグの戦い（1860s）…**北軍の勝利**➡「**人民の，人民
による，人民のための政治**」（リンカンの演説）

□**23.** 解答 ✕ 解放された黒人の多くは，シェアクロッパーという小作人に。
南北戦争で北部勝利➡戦後は奴隷制廃止➡解放黒人の多くは貧し
い小作人（**シェアクロッパー**）となり**クー＝クラックス＝クラン**
（**KKK**）による迫害も

□**24.** 解答 ○ アメリカの大陸横断鉄道は，南北戦争後に開通。
大陸横断鉄道…**南北戦争後に開通**➡西部開拓促進
移民…大陸横断鉄道の建設や工場労働者として工業化に貢献

□**25.** 解答 ○ 年代 アメリカは，19世紀末に世界一の工業国となった。
南北戦争後にアメリカ産業革命本格化➡19C末に世界一の工業国

8 帝国主義時代のヨーロッパ・アメリカ

☐ **1.** 第2次産業革命の結果，イギリスが「世界の工場」として圧倒的な経済力をもつようになった。

☐ **2.** 重化学工業などを中心に，トラストやコンツェルンが形成された。

☐ **3.** 19世紀末から20世紀初頭にかけての時期，列強はさらなる植民地獲得や帝国主義的な勢力圏の形成に向かった。

☐ **4.** 19世紀に，カナダがイギリス連邦の一員となった。

☐ **5.** ディズレーリ内閣のとき，イギリスはスエズ運河会社の株式を大量に買収した。

☐ **6.** イギリスでは20世紀初頭に社会民主党が結成され，さまざまな社会政策の実現をめざした。

☐ **7.** イギリスでは，議会法により，上院優位の原則が確立した。

☐ **8.** シン＝フェイン党によって，アイルランドの独立運動が弾圧された。

☐ **9.** フランスでは，ドレフュス事件が起こって，第二帝政は大きく揺さぶられた。

☐ **1.** 解答 ✕ イギリスは第2次産業革命に出遅れ，「世界の工場」から転落。
第2次産業**革命**（1870s～）…電力・石油が動力源，重化学**工業**中心，**アメリカ・ドイツ**で進展➡イギリスは「世界の工場」から転落

☐ **2.** 解答 ○ 大況と資本の巨額化を背景に，企業の集中・独占が進展。
1870年代以降の世界的不況（大不況） と重化学工業による資本の巨額化➡企業の集中・独占（**カルテル・トラスト・コンツェルン**）

☐ **3.** 解答 ○ 年代 19世紀末～20世紀末初，列強は植民地獲得競争展開。
欧米列強は資本輸出（国外投資）などのため**植民地の獲得**競争を展開（イギリスは「**世界の銀行**」へ）➡帝国**主義**時代

☐ **4.** 解答 ✕ 年代 イギリス連邦の発足は，20世紀前半。
自治領…自治権を与えられたイギリス植民地，**カナダ連邦**（1860s成立），**オーストラリア連邦・ニュージーランド**・南アフリカ連邦（20C前半成立）
(➡P.251) イギリス連邦の発足

☐ **5.** 解答 ○ 保守党の首相ディズレーリは，帝国主義的政策を開始した。
ディズレーリ…**保守党**，首相としてスエズ運河会社株**買収**など
ジョゼフ＝チェンバレン…植民地相として南アフリカ**戦争**開始

☐ **6.** 解答 ✕ 社会民主党は，ドイツの社会主義政党。
イギリスの社会主義運動…**フェビアン協会**などを含め**労働代表委員会**が成立➡労働**党**と改称（20C初）

☐ **7.** 解答 ✕ 年代 イギリスの議会法で，下院優先が確立。
イギリスの1910sの自由党政権…**議会法**（下院の優位を確立）・**アイルランド自治法**を成立させる

☐ **8.** 解答 ✕ シン＝フェイン党は，アイルランドの完全独立を求める政党。
イギリスのアイルランド問題…**シン＝フェイン党**結成（20C初）➡**アイルランド自治法**の実施延期に抗議しイースター蜂起（第一次世界大戦中）

☐ **9.** 解答 ✕ フランスでドレフュス事件が起こったのは，第三共和政時代。
第三共和政（1870s成立）…**ブーランジェ事件**（クーデタ未遂事件）や**ドレフュス事件**（**反ユダヤ主義**を背景とした冤罪事件）など政治不安定➡ドレフュス事件後に政教分離**法**制定（20C初）
(➡P.171) フランスの第二帝政は，ナポレオン3世の治世（1850s～1870）

□**10.** フランスでは，社会党（統一社会党）がパリ＝コミューンを組織した。

□**11.** ドイツ皇帝ヴィルヘルム1世は，即位後にビスマルクと対立し，これを退任させた。

□**12.** ヴィルヘルム2世によって，社会主義者鎮圧法が制定された。

□**13.** 20世紀前半に，シベリア鉄道の建設が始まった。

□**14.** ロシアでは，レーニンがメンシェヴィキを指導した。

□**15.** 社会革命党は，農民的なナロードニキの流れをくむものである。

□**16.** 血の日曜日事件をきっかけに，第1次ロシア革命が起こった。

□**17.** 第1次ロシア革命をきっかけに，国会（ドゥーマ）が閉鎖された。

□**18.** ロシアで，ストルイピンがミール（農村共同体）を保護しようとした。

□**19.** 共和党のセオドア＝ローズヴェルトは，革新主義という一連の社会改革政策を打ち出した。

□**10.** 解答 ✕ パリ＝コミューンは1870年代。フランス社会党は20世紀結成。
フランスの社会主義運動…**サンディカリズム**（議会主義否定）の高
揚，政党として**フランス社会党**（**統一社会党**）成立（20C 初）

□**11.** 解答 ✕ 即位後にビスマルクと対立したのは，ヴィルヘルム2世。
ヴィルヘルム**2世**…即位後にビスマルクと対立➡ビスマルク**辞職**
（19C 末），「世界政策」を掲げて**海軍を大拡張**➡**イギリスと対立**
→P.173 ヴィルヘルム1世は，ビスマルクを起用したプロイセン国王・ドイツ皇帝

□**12.** 解答 ✕ ドイツのヴィルヘルム2世は，社会主義者鎮圧法を廃止した。
社会主義者鎮圧**法**…**ヴィルヘルム2世**が**廃止**➡ドイツ社会主義労
働者党が**ドイツ社会民主党**と改称➡**修正主義**（議会主義路線）
→P.175 社会主義者鎮圧法を制定したのは，ビスマルク

□**13.** 解答 ✕ 年代 ロシアでシベリア鉄道建設が開始されたのは19世紀末。
露仏同盟成立（1890s）➡**フランス資本**導入でシベリア**鉄道**建設
開始➡ロシア産業革命本格化➡労働者による社会主義運動高揚

□**14.** 解答 ✕ ロシアのレーニンは，ボリシェヴィキを指導した。
ロシア社会民主労働**党**…ロシアのマルクス主義政党➡ボリシェヴ
ィキ（レーニンの指導）と**メンシェヴィキ**に分裂（20C 初）

□**15.** 解答 ○ 社会革命党は，ナロードニキの流れをくみ，農民を基盤とした。
社会革命**党**（20C 初成立）…ナロードニキの流れをくむロシアの
革命政党，**農民**基盤

□**16.** 解答 ○ 血の日曜日事件を機に，第1次ロシア革命が勃発。
日露戦争中に血の日曜日**事件**（デモに軍が発砲）➡第1次ロシア革
命（1905）➡立憲運動高揚と労働者の**ソヴィエト**（**評議会**）成立

□**17.** 解答 ✕ 第1次ロシア革命を機に，国会（ドゥーマ）が開設された。
十月宣言…自由主義者**ウィッテ**の意見でニコライ2世がドゥーマ
（国会）開設と憲法制定を約束➡自由主義者は**立憲民主党**結成

□**18.** 解答 ✕ ストルイピンは，ミールを解体し，自作農創設をめざした。
ストルイピン…第1次ロシア革命の鎮静化後に首相となり反動政
治を展開，**ミールを解体**して自作農の創設をめざす➡社会混乱

□**19.** 解答 ○ 独占の形成などに対し，革新主義や反トラスト法が成立。
アメリカの独占…19C 後半〜**トラスト**形成で格差拡大➡**反トラスト
法**の制定やセオドア＝ローズヴェルト大統領（**共和党**）の革新**主義**

□**20.** アメリカ合衆国では，20世紀前半にフロンティアが消滅した。

□**21.** 19世紀に，アメリカ合衆国の勢力拡大を牽制するために，パン＝アメリカ会議が開催された。

□**22.** アメリカ＝スペイン（米西）戦争の結果，プエルトリコがスペイン領となった。

□**23.** キューバは，独立後にイギリスの事実上の保護国となった。

□**24.** スペイン領であったハワイは，アメリカ合衆国に併合された。

□**25.** ジョン＝ヘイは，中国市場における門戸開放と機会均等に一貫して反対した。

□**26.** マッキンリーは，カリブ海地域の支配をめざし，棍棒外交を展開した。

□**27.** 19世紀末のパナマ運河の開通は，太平洋と大西洋の距離を短縮しただけではなく，軍事的にも大きな役割を果たした。

□**28.** ドイツは，露仏同盟に対抗して，三帝同盟を結んだ。

□**20.** 解答 ✕ 　年代 アメリカのフロンティアの消滅は，19世紀末。
フロンティア…開拓と未開拓地の境界，西部開拓で西に移動➡
19C 末に**フロンティアの消滅**宣言➡アメリカの対外進出開始

□**21.** 解答 ✕ 　アメリカはパン＝アメリカ会議でラテンアメリカへの影響強化。
パン＝アメリカ会議…アメリカの主導(19C 末最初の開催)➡ラテンアメリカを政治的経済的影響下に置く➡**カリブ海政策**の推進

□**22.** 解答 ✕ 　スペイン領であったプエルトリコを，アメリカが獲得した。
アメリカ＝スペイン（米西）**戦争**（19C 末）…スペインに対する**キューバ**の独立運動に乗じアメリカ大統領マッキンリー（**共和党**）が開戦➡勝利したアメリカがスペインから**プエルトリコ**・グアム・フィリピンを獲得

□**23.** 解答 ✕ 　キューバは，アメリカの事実上の保護国となった。
キューバ…アメリカ＝スペイン戦争でスペインから独立➡アメリカが事実上キューバ**を保護国化**（20C 初）

□**24.** 解答 ✕ 　ハワイは，スペイン領ではない。
ハワイ…**リリウオカラニ**の退位で王国滅亡➡共和国成立➡アメリカが併合（19C 末）

□**25.** 解答 ✕ 　アメリカのジョン＝ヘイは，中国市場の門戸開放を提唱した。
門戸開放**宣言**（19C 末）…マッキンリー政権の国務長官ジョン＝ヘイが中国市場の門戸開放・機会均等・領土保全を提唱

□**26.** 解答 ✕ 　棍棒外交を展開した大統領は，セオドア＝ローズヴェルト。
棍棒**外交**…セオドア＝ローズヴェルトの軍事力を背景とした**カリブ海政策**

□**27.** 解答 ✕ 　年代 パナマ運河の開通は，20世紀前半。
パナマ**運河**…セオドア＝ローズヴェルトが**パナマ**を独立させ，**運河**の建設開始（20C 初）➡開通（1910s）

□**28.** 解答 ✕ 　三帝同盟の崩壊後，露仏同盟が成立した。
ビスマルク体制…三帝同盟（ドイツ・オーストリア・ロシア）やその崩壊後の再保障条約（ドイツ・ロシア）でフランスの孤立化
➡**ヴィルヘルム 2 世**が再保障条約を更新せず➡フランスがロシアに接近し露仏**同盟**成立（1890s）

□**29.** 19世紀に，ドイツは，オーストリア・イタリアと三国同盟を結んだ。

□**30.** イギリスは，バグダード鉄道の建設を推進し，ドイツとの対立を深めた。

□**31.** イギリスは，極東におけるロシアの勢力拡大に対抗するため，日英同盟を結んだ。

□**32.** モロッコ事件のあと，英仏協商が結ばれた。

□**33.** 日露戦争後に，英露協商が結ばれた。

9　19世紀のヨーロッパ・アメリカの文化

□**1.** 18世紀末から19世紀前半には，個性や感情の優位，歴史や民族文化の伝統を尊ぶ古典主義が盛んになった。

□**2.** 19世紀後半になると，市民社会の成熟，科学技術の急速な発展を背景として，ロマン主義が台頭してきた。

□**3.** ドイツの古典主義の作家ハイネは，『ファウスト』を著した。

□**4.** バイロンは，イギリスのロマン主義を代表する詩人である。

□ **29.** 解答 ○ 　年代 19世紀後半に, 三国同盟が成立した。
　　　　　三国**同盟**…**ビスマルク**がフランス孤立化をはかり**ドイツ・オースト
　　　　　リア・イタリアで結成（1880s）➡「**未回収のイタリア**」でイタ
　　　　　リア・オーストリア対立

□ **30.** 解答 × 　バグダード鉄道建設を推進しイギリスと対立したのは, ドイツ。
　　　　　3C政策…**イギリス**がカイロ・ケープタウン・カルカッタを結ぶ
　　　　　3B政策…**ドイツ**がベルリン・ビザンティウム（イスタンブル）・
　　　　　バグダードを結ぶ➡バグダード鉄道建設推進

□ **31.** 解答 ○ 　イギリスは, 極東（きょくとう）でのロシアの脅威に備えて日英同盟を締結。
　　　　　日英**同盟**（1900s 成立）…極東におけるロシアの脅威➡イギリスが
　　　　　「**光栄ある孤立**」を放棄して日本と同盟

□ **32.** 解答 × 　英仏協商に反発したドイツが, モロッコ事件を起こした。
　　　　　英仏**協商**（1900s 成立）…**イギリスのエジプト**での, **フランスのモ
　　　　　ロッコ**での優位を相互承認しドイツに対抗➡ドイツが**モロッコ事
　　　　　件**を起こす

□ **33.** 解答 ○ 　英露協商は, 日露戦争後に成立した。
　　　　　日露戦争敗北でロシアの脅威後退➡英露**協商**成立（1900s）➡露
　　　　　仏同盟・英仏協商とあわせ三国**協商**（イギリス・フランス・ロ
　　　　　シア）➡三国同盟と対立

🔍 解答・ポイント

□ **1.** 解答 × 　文化 個人の感情や歴史・民族の文化を尊ぶのは, ロマン主義。
　　　　　古典主義（18C 〜19C 初）…ギリシア・ローマ文化・均整美重視
　　　　　ロマン主義（18C 末〜19C 前半）…感情や歴史・民族文化重視

□ **2.** 解答 × 　文化 19世紀後半に台頭してきたのは, 写実主義や自然主義。
　　　　　写実主義（**リアリズム**）（19C 半）…現実をありのままに描写
　　　　　自然主義（19C 後半）…写実主義を受け社会の矛盾を科学的分析

□ **3.** 解答 × 　文化 ハイネは, ドイツのロマン派詩人。
　　　　　ドイツ…ゲーテ（代表作『**ファウスト**』）が古典主義を完成

□ **4.** 解答 ○ 　文化 バイロンは, イギリスのロマン派詩人。
　　　　　ロマン主義文学…ドイツの**グリム兄弟**, ドイツのハイネ『**歌の本**』,
　　　　　フランスの**ヴィクトル゠ユゴー**『**レ゠ミゼラブル**』, イギリスの**バ
　　　　　イロン**（**ギリシア独立戦争**参加）

☐**5.** スタンダールは，ギリシア・ローマ文化を理想とみなす古典主義を代表する
文学者である。

☐**6.** ドストエフスキーは，『戦争と平和』を著した。

☐**7.** 19世紀後半に，科学的観察を重んじる，ゾラなどの自然主義文学が台頭し
た。

☐**8.** フランスの自然主義の画家ルノワールは，「落穂拾い」など農村の生活を描
いた。

☐**9.** ショパンは，ロマン主義の代表的な作曲家である。

☐**10.** カントは，経験論と合理論を総合し，ドイツ観念論の基礎を築いた。

☐**11.** マルクスは，史的唯物論（唯物史観）を唱えた。

☐**12.** ベンサムは，「最大多数の最大幸福」を主張する功利主義の思想を創始した。

☐**13.** コントが，実証主義を唱えた。

□**5.** 解答 ✕ 文化 スタンダールは，フランスの写実主義の作家。
　　　　写実主義文学…フランスのスタンダール『**赤と黒**』，フランスの**バ
　　　　ルザック**，イギリスの**ディケンズ**

□**6.** 解答 ✕ 文化 『戦争と平和』を著したのは，ロシアのトルストイ。
　　　　写実主義文学…ロシアのドストエフスキー『**罪と罰**』，ロシアの**ト
　　　　ルストイ**『**戦争と平和**』 ◆区別 17C グロティウスの『戦争と平和の法』

□**7.** 解答 ○ 年代▶文化 ゾラは，19世紀後半に活躍した自然主義の作家。
　　　　自然主義文学…**フランスのゾラ**（**ドレフュス事件**でドレフュスの無
　　　　　　　罪を弁護）『**居酒屋**』，フランスの**モーパッサン**，ノルウェーの
　　　　　　　イプセン『**人形の家**』
　　　　自然主義文学への反発…フランスの**ボードレール**

□**8.** 解答 ✕ 文化 ルノワールは，フランスの印象派の画家。
　　　　古典主義絵画…**ダヴィド**　　　　ロマン主義絵画…**ドラクロワ**
　　　　自然主義絵画…ミレー　　　　　　写実主義絵画…**クールベ**
　　　　印象**派**…**モネ**・**ルノワール**
　　　　後期（ポスト）印象派…**セザンヌ**・ゴッホ
　　　　彫刻…**ロダン**　　　　　　　　　　　（いずれもフランスの芸術家）

□**9.** 解答 ○ 文化 ショパンは，ポーランドのロマン主義の作曲家。
　　　　ロマン主義音楽…オーストリアの**シューベルト**，ポーランドの**ショ
　　　　パン**，ドイツの**ヴァーグナー**（ワグナー）

□**10.** 解答 ○ 文化 カントは，ドイツ観念論を創始した。
　　　　ドイツ観念論…カントが経験論と合理論を批判的に総合して創始
　　　　（主著『**純粋理性批判**』）➡ヘーゲルが大成し弁証法哲学提唱

□**11.** 解答 ○ 文化 ドイツのマルクスは，史的唯物論を唱えた。
　　　　マルクス…史的唯物論を確立し歴史の発展法則究明➡社会主義の
　　　　必然性提唱➡『**共産党宣言**』（**エンゲルス**と共著）・『**資本論**』

□**12.** 解答 ○ 文化 イギリスのベンサムは，功利主義哲学を創始した。
　　　　功利主義哲学…イギリスのベンサムが創始，「**最大多数の最大幸
　　　　福**」，イギリスの**ジョン＝スチュアート＝ミル**が発展させる

□**13.** 解答 ○ 文化 フランスのコントは，実証主義を確立。
　　　　実証主義哲学…フランスのコントが体系化
　　　　実存哲学…人間を非合理な存在とする，ドイツの**ニーチェ**が先駆

☐**14.** リカードは，各国の資本主義の発展段階に応じて保護貿易が必要だと主張した。

☐**15.** ランケが，厳密な史料批判に基礎を置く近代歴史学を確立した。

☐**16.** ロバート＝オーウェンは，機械の登場によって失業した労働者のために，ラダイト運動（機械打ちこわし運動）を指導した。

☐**17.** マルクスは，未来社会の構造を詳細に描くことによって，いわゆる空想的社会主義の創始者となった。

☐**18.** イギリスのファラデーは，エネルギー保存の法則を発見した。

☐**19.** フランスのキュリー夫妻は，X線を発見した。

☐**20.** 19世紀後半に，イギリスのダーウィンは，進化論を唱え，『種の起源』を著した。

☐**21.** ドイツのコッホは，細菌学の研究を行った。

☐**22.** 19世紀後半，アメリカ合衆国のエディソンがダイナマイトを発明した。

☐**23.** モールスが，電話機を発明した。

☐**14.** 解答 ✕ 　文化 リカードは，自由な経済活動を主張。
古典派経済学…イギリスのマルサス・リカード，自由貿易主義
ドイツのリスト…**ドイツ関税同盟**提唱，保護貿易主義

☐**15.** 解答 ◯ 　文化 ドイツのランケは，近代歴史学の基礎を確立した。
近代歴史学…厳密な史料批判を提唱，ドイツのランケが確立

☐**16.** 解答 ✕ 　文化 ロバート゠オーウェンは，工場法の制定に尽力した。
ロバート゠オーウェン…イギリスの社会主義者，労働組合・**協同組合**の結成や工場**法**の制定に尽力

☐**17.** 解答 ✕ 　文化 マルクスの社会主義は，科学的社会主義。
空想的社会主義…イギリスのオーウェン，フランスのサン゠シモン，フランスのフーリエ，フランスの**プルードン**（無政府主義[**アナーキズム**]）
科学的社会主義…マルクス・エンゲルスら，科学的分析に基づく

☐**18.** 解答 ✕ 　文化 イギリスのファラデーは，電磁気学の基礎を築いた。
ファラデー（イギリス）…**電磁気学**の基礎
マイヤー・ヘルムホルツ（ドイツ）…**エネルギー保存の法則**

☐**19.** 解答 ✕ 　文化 X線を発見したのは，ドイツのレントゲン。
レントゲン（ドイツ）…**X線の発見**
キュリー夫妻（フランス）…**ラジウムの発見**

☐**20.** 解答 ◯ 　年代▶文化 19世紀後半に，ダーウィンは『種の起源』を著した。
ダーウィン（イギリス）…進化論を提唱，『種の起源』（19C後半）

☐**21.** 解答 ◯ 　文化 ドイツのコッホは，細菌学の基礎を確立。
パストゥール（フランス）…細菌学の研究に業績
コッホ（ドイツ）…**細菌学**の基礎を確立

☐**22.** 解答 ✕ 　文化 ダイナマイトを発明したのは，スウェーデンのノーベル。
ノーベル（スウェーデン）…**ダイナマイト**の発明（19C後半）
エディソン（アメリカ）…電灯の発明（19C後半）

☐**23.** 解答 ✕ 　文化 モールスが発明したのは，電信機。
モールス（モース）（アメリカ）…**電信機**の発明（19C前半）
ベル（アメリカ）…**電話機**の発明（19C後半）

☐**24.** 18世紀の探検家クックは，北極点に到達した。

☐**25.** 1889年に，ドイツで国際労働者大会が開かれ，第2インターナショナルが結成された。

☐**26.** クリミア戦争で傷病兵看護に従事したナイティンゲールの活動に刺激され，国際赤十字社が結成された。

□**24.** 解答 ✕ 　文化 クックは，オセアニアを探検した。
極地探検(20C)…**ピアリ**(北極点初到達)，**アムンゼン**(南極点初到達)
→P.221 クックは，イギリスの探検家（18C）

□**25.** 解答 ✕ 　文化 第2インターナショナルは，パリで結成。
第1インターナショナル…**ロンドンで**結成(1860s)，マルクス創設
第2インターナショナル…**パリで**結成（1880s），ドイツ社会民主党中心

□**26.** 解答 ○ 　文化 ナイティンゲールの活動が，国際赤十字社の結成に影響。
国際赤十字社…**クリミア戦争**での**ナイティンゲール**（イギリス）の活動に影響を受けた**デュナン**（スイス）が創設

4
ヨーロッパ・アメリカ

3
近代のヨーロッパ・アメリカ

第5章 近代のアジア・アフリカ・オセアニア

1 ヨーロッパのアジア進出

1 東アジア

□**1.** 18世紀末に勃発した白蓮教徒の反乱は，清の財政を圧迫した。

□**2.** 18世紀末以降のイギリスとの貿易で，中国は，貿易港を泉州のみに限り，貿易業務も同地の特許商人に独占させた。

□**3.** イギリスは，マカートニーを派遣して清に自由貿易を認めさせた。

□**4.** イギリス・インド・中国を結ぶ三角貿易において，アヘンは，中国からインドへと輸出された。

□**5.** イギリスは，左宗棠のアヘン取締りを契機に開戦した。

□**6.** 中国は，1842年の南京条約で，イギリスにマカオを割譲した。

□**7.** 清は，南京条約などにより，開港や領事裁判権をイギリスに認めた。

□**8.** アメリカは，中国と黄埔条約を結び，イギリスと同様な権利を得た。

解答・ポイント

□ 1. **解答** ○ 　年代18世紀末に，清で白蓮教徒の乱が起こった。
> 白蓮教徒の乱（18C末〜19C初）…乾隆帝退位直後に勃発，反乱鎮圧による清の財政圧迫と正規軍（八旗・緑営）の無力➡清の弱体化露呈

□ 2. **解答** ✕ 　中国は，ヨーロッパとの貿易港を広州1港に限定した。
> 清の貿易統制（18C半〜）…乾隆帝がヨーロッパとの貿易港を広州1港に限定，公行（特権商人団体）が独占

□ 3. **解答** ✕ 　清は，イギリスのマカートニーらの自由貿易要求を拒否した。
> 産業革命の進展したイギリスはマカートニーらを派遣して自由貿易を要求➡清は自由貿易を拒否

□ 4. **解答** ✕ 　三角貿易で，アヘンはインドから中国に密輸された。
> 三角貿易…イギリスは茶の需要増大で清との貿易が輸入超過➡インド産のアヘンを清に密輸し三角貿易開始➡東インド会社の中国貿易独占権廃止（1830s）後にアヘン密貿易急増➡清からアヘンの対価として銀が流出し民衆の貧困化

□ 5. **解答** ✕ 　左宗棠は，1860年代以降に洋務運動を推進した漢人官僚。
> アヘン戦争（1840s）…アヘンの害毒蔓延や銀の流出による民衆の困窮➡林則徐のアヘン没収・廃棄➡イギリスが開戦➡清の敗北

□ 6. **解答** ✕ 　南京条約でイギリスに割譲したのは，香港。
> 南京条約（清とイギリス）…アヘン戦争の講和条約，イギリスに香港島割譲，5港開港（上海・寧波・福州・厦門・広州），公行の廃止，賠償金の支払い
> （➡P.123）マカオは，16C以降ポルトガルの拠点

□ 7. **解答** ○ 　清は，南京条約以外にも，さまざまな不平等条約を締結した。
> イギリスとの不平等条約（虎門寨追加条約など）締結➡領事裁判権（治外法権）・関税自主権の喪失・最恵国待遇を承認

□ 8. **解答** ✕ 　アメリカが清と結んだのは，望厦条約。
> 望厦条約…アヘン戦争後にアメリカが清と締結した不平等条約
> 黄埔条約…アヘン戦争後にフランスが清と締結した不平等条約

☐**9.** イギリスは，フランスを誘ってアロー戦争を引き起こした。

☐**10.** 清は，イギリス・フランスとの北京条約（1860年）でキリスト教布教の自由を認めた。

☐**11.** 南京条約により，総理各国事務衙門（総理衙門）が設けられた。

☐**12.** 19世紀に，ムラヴィヨフが東シベリア総督となった。

☐**13.** 黒竜江（アムール川）が，アイグン条約により清とロシアの国境に定められた。

☐**14.** 清は，北京条約によって沿海州をロシアに割譲した。

☐**15.** 19世紀に，イギリスが清とイリ条約を結んだ。

☐**16.** 上帝会は，北京条約による開港の影響を受けて困窮した農民を組織して，挙兵した。

☐**17.** 太平天国は，「扶清滅洋」をスローガンにしていた。

□ **9.** 解答 ○　イギリスとフランスは，清にアロー戦争を起こした。
　　　　　　　アロー戦争（第2次アヘン戦争）（1850s～60）…イギリス・フランスがアロー号**事件**などを口実に清と開戦➡**天津条約**後に戦争再開➡イギリス・フランスが**円明園破壊**➡清が敗北し**北京条約**

□ **10.** 解答 ○　清は，北京条約でキリスト教布教の自由などを認めた。
　　　　　　　北京条約（清と**イギリス・フランス**）…**アロー戦争**の講和条約，外国公使の**北京駐在**，開港場の**増加**（天津・南京など），**外国人の内地旅行の自由**，キリスト教布教の**自由**，イギリスへの九竜半島南部**割譲**，同時期に**アヘン**貿易公認
　　　　　　　● 区別 アヘン戦争の南京条約

□ **11.** 解答 ×　総理各国事務衙門は，北京条約の条項に基づいて設置された。
　　　　　　　総理各国事務衙門（総理衙門）…**北京条約**の**外国公使の北京駐在**の条項に基づいて設置➡清が対等な外交を受け入れ

□ **12.** 解答 ○　年代 ムラヴィヨフは，19世紀に東シベリア総督として活躍。
　　　　　　　ムラヴィヨフ…**ロシア**の東シベリア**総督**，アロー戦争や太平天国の乱の混乱に乗じ**アイグン条約・北京条約**で領土拡大

□ **13.** 解答 ○　アイグン条約で，清とロシアの国境を黒竜江に定めた。
　　　　　　　アイグン条約（清と**ロシア**）…アロー戦争の混乱に乗じ締結，**黒竜江**（アムール川）を国境と規定＝黒竜江以北をロシアが獲得

□ **14.** 解答 ○　ロシアは，北京条約によって沿海州を獲得した。
　　　　　　　北京条約（清と**ロシア**）…ロシアが**アロー戦争の講和調停の代償**として締結，ロシアが**沿海州**（ウスリー川以東）を獲得➡軍港**ウラジヴォストーク**建設
　　　　　　　● 区別 清とイギリス・フランスがアロー戦争の講和として締結した北京条約

□ **15.** 解答 ×　イリ条約は，清とロシアが結んだ条約。
　　　　　　　イリ条約（清と**ロシア**）（1880s）…**イリ事件**（イリ地方で清とロシアが対立）ののちに中央アジアの国境画定

□ **16.** 解答 ×　上帝会の洪秀全の挙兵は，アロー戦争や北京条約より前。
　　　　　　　太平天国の乱（1850s～60s）…**南京条約**後の民衆の困窮を背景に洪秀全が組織した上帝**会**（拝上帝**会**）（キリスト教的結社）が挙兵

□ **17.** 解答 ×　「扶清滅洋」は，義和団のスローガン。
　　　　　　　太平天国…洪秀全率いる反乱軍が建国，「**滅満興漢**」をスローガンに清朝打倒をめざす，南京占領➡**天京**と改称し首都とする

☐**18.** 太平天国が，纏足を強制する政策を打ち出した。

☐**19.** 太平天国の乱では，郷勇と呼ばれる義勇軍が鎮圧にあたった。

☐**20.** 外国人が指揮する常勝軍は，太平天国と戦った。

☐**21.** 曾国藩らによる洋務運動は，ヨーロッパ流の法や制度を取り入れて富国強兵をはかるものであった。

☐**22.** 洋務運動は，太平天国が鎮圧されたあとの「開元の治」と呼ばれた時期に発展した。

☐**23.** 清は，日本と戦って敗れ，台湾を割譲した。

☐**24.** ドイツは，フランス・イギリスとともに，日本に対して三国干渉を行った。

☐**25.** イタリアは，東清鉄道の敷設権を得た。

☐**26.** 19世紀にイギリスは，威海衛を租借した。

☐**27.** 19世紀後半に，ロシアが大連の租借権を獲得した。

□**18.** 解答 ✕ 太平天国は，纏足や辮髪を廃止した。
太平天国の政策…纏足**廃止**，清が強制する**辮髪を廃止**
天朝田畝制度で土地を男女平等に均等に分配➡実施されず

□**19.** 解答 ○ 太平天国の乱鎮圧に，湘軍や淮軍などの郷勇が活躍した。
郷勇…弱体化した清の八旗・緑営に代わり反乱鎮圧に活躍した地
方有力者の義勇軍，曾国藩の**湘軍**や李鴻章の**淮軍**など

□**20.** 解答 ○ 太平天国の乱鎮圧に，外国人指揮の常勝軍も活躍した。
常勝**軍**…反乱鎮圧のため**ウォード**(アメリカ人)が創設した欧米人
指揮の義勇軍，ウォード戦死後はゴードン(イギリス人)が指揮

□**21.** 解答 ✕ 洋務運動は，政治体制の改革ではなく技術の西洋化改革。
洋務**運動**…曾国藩・李鴻章・**左宗棠**ら**漢人官僚**主導，「**中体西
用**」による西洋技術の導入➡**清仏戦争・日清戦争**敗北で限界

□**22.** 解答 ✕ 洋務運動が推進されたのは，同治の中興と呼ばれる時期。
同治**の中興**(1860s ～70s)…**同治帝**の治世の安定期，洋務運動に
よる近代化推進

□**23.** 解答 ○ 日清戦争で敗北した清は，日本に遼東半島・台湾などを割譲。
日清**戦争**(1890s)…朝鮮支配をめぐる清と日本の戦争➡日本勝利
下関条約…**日清戦争**の講和条約，遼東半島・台湾・澎湖諸島を
割譲，清は開港場での**企業設立**と朝鮮**の独立**を認める

□**24.** 解答 ✕ 三国干渉は，ロシア・ドイツ・フランスが行った。
三国干渉…日本に対し**ロシア**が**ドイツ・フランス**を誘って遼東半島
の返還を迫る➡日本は遼東**半島**を清に返還しロシアと対立

□**25.** 解答 ✕ 清から東清鉄道の敷設権を得たのは，ロシア。
東清**鉄道**…**ロシア**が**三国干渉の代償**として清から敷設権獲得➡ロ
シア領内の**シベリア鉄道**と接続

□**26.** 解答 ○ 年代 19世紀末にイギリスは，威海衛を租借した。
中国分割…列強が鉄道敷設**権・鉱山採掘権**や租借地を獲得し**勢
力範囲(勢力圏)**を設定して清の領土を分割，日清戦争後に激化
イギリス…**長江流域**を勢力圏，威海衛・**九竜半島**（新界）租借

□**27.** 解答 ○ 年代 19世紀末にロシアは，旅順・大連を租借した。
ロシア…**中国東北地方**を勢力圏，**遼東半島南部**(旅順・大連)租借
日本…台湾の対岸にあたる**福建省**を勢力圏

☐**28.** フランスは，中国に進出して膠州湾を租借した。

☐**29.** ジョン = ヘイは，中国の門戸開放を主張した。

☐**30.** 康有為は，日本にならって立憲君主政を導入することなどを内容とした変法運動を推し進めた。

☐**31.** 康有為による改革運動は，光緒帝と結んだ保守派の弾圧により失敗した。

☐**32.** 中国では，義和団が「滅満興漢」を唱えた。

☐**33.** 義和団の鎮圧のため，西太后は8か国共同出兵を要請した。

☐**34.** 北京議定書により，外国軍隊の上海駐留が認められた。

☐**35.** アメリカ合衆国の東アジア進出に対抗して，日英同盟が結ばれた。

☐**36.** 日露戦争は，血の日曜日事件をきっかけに起こった。

☐**37.** 日露戦争は，海外膨張政策をとっていたイギリスの調停によって決着した。

□**28.** 解答 ✕　19世紀末にフランスは、広州湾を租借した。
　　　　ドイツ…**山東省**を勢力圏、膠州**湾租借**
　　　　フランス…**華南**を勢力圏、広州**湾租借**

□**29.** 解答 ◯　アメリカの国務長官ジョン＝ヘイは、門戸開放宣言を出した。
　　　　門戸開放宣言（19C末）…ジョン＝ヘイが門戸開放・機会均
　　　　等・領土保全を提唱➡アメリカの中国市場参入をはかる

□**30.** 解答 ◯　康有為は、立憲君主政の樹立をめざす変法運動を行った。
　　　　変法運動（19C末）…日清戦争敗北後に光緒帝のもとで康有為・
　　　　梁啓超らが日本の明治維新を模範に**立憲君主政**の樹立をめざ
　　　　した改革＝**戊戌の変法**

□**31.** 解答 ✕　光緒帝は、康有為らを登用して変法運動を開始した皇帝。
　　　　戊戌の政変（19C末）…保守派が西太后と結びクーデタで変法
　　　　運動（戊戌の変法）を弾圧➡変法運動は挫折

□**32.** 解答 ✕　「滅満興漢」は太平天国のスローガン。義和団は「扶清滅洋」。
　　　　義和団…列強の進出で仇教運動（キリスト教排斥）が高揚するな
　　　　か成立した宗教的武術集団➡「**扶清滅洋**」を掲げ列強に対抗

□**33.** 解答 ✕　西太后ら清朝政府は列強に宣戦し、8か国共同出兵を招いた。
　　　　義和団事件…義和団が蜂起し北京入城➡清も列強に宣戦➡8か
　　　　国共同出兵（**日本・ロシア**中心）により義和団・清が敗北

□**34.** 解答 ✕　北京議定書では、外国軍隊の北京駐留が認められた。
　　　　北京議定書（**辛丑和約**）（1900s）…義和団事件の講和条約、
　　　　巨額の賠償金と**外国軍の北京駐屯権**➡清の半植民地化

□**35.** 解答 ✕　ロシアの極東進出に対して、日英同盟が成立した。
　　　　義和団事件後も**ロシアは満州占領（東方地方駐留）**➡ロシアの
　　　　南下政策に対して**日英同盟**成立（1900s初）

□**36.** 解答 ✕　血の日曜日事件は、日露戦争中にロシアで起こった。
　　　　日露戦争（1900s初）…朝鮮・中国東北地方をめぐり開戦、日
　　　　本海**海戦**で日本勝利、ロシアは**血の日曜日事件**を機に第1次ロ
　　　　シア**革命**勃発で戦争継続困難

□**37.** 解答 ✕　日露戦争のポーツマス条約を調停したのは、アメリカ。
　　　　ポーツマス条約…日露戦争の講和、**アメリカのセオドア＝ローズ
　　　　ヴェルト**大統領仲介、日本は韓国の**指導・監督権**と遼東半島南
　　　　部・南満州**鉄道**・南樺太獲得

□**38.** 日露戦争後の日露協約では，両国の勢力範囲が取り決められた。

□**39.** 義和団事件後，清は改革を進め，憲法大綱を発表した。

□**40.** 重慶において，中国同盟会が結成された。

□**41.** 孫文は三民主義を提唱し，土地私有の廃止を主張した。

□**42.** 清末に，鉄道の国有化に反対して四川で暴動が起こった。

□**43.** 清の滅亡によって四川や武昌で暴動や蜂起が頻発し，辛亥革命が起こった。

□**44.** 北京で孫文を臨時大総統として，中華民国の成立が宣言された。

□**45.** 袁世凱は，興中会を弾圧し，独裁体制を強化した。

□**46.** 袁世凱は，帝政復活を試みた。

□**47.** 大院君は，開化政策をとろうとしたが，鎖国攘夷策によって失脚させられた。

□**38.** 解答 ○ 日露戦争後に，英露協商や日露協約が成立した。
日露戦争の敗北でロシアの脅威後退➡**英露協商**や**日露協約**の成立
（1900s），極東での日本の台頭➡日米関係悪化

□**39.** 解答 ○ 義和団事件後，清は立憲君主政をめざす改革を行った。
光緒新政（**新政**）…義和団事件後の清朝の立憲化改革，科挙の
廃止・憲法大綱発表・国会開設**公約**・**新軍**の編制

□**40.** 解答 × 中国同盟会は，東京で結成された。
中国同盟**会**…**興中会**（孫文がハワイで結成）など清朝打倒の革命
諸団体を孫文が**東京**で結集（1900s），華僑や留学生の支援

□**41.** 解答 × 孫文の三民主義に，土地私有の廃止は含まれない。
三民主義…**孫文**が提唱した中国革命の理念，民族の**独立**（清朝
打倒と漢民族の独立）・民権の**伸張**（共和国の建設）・民生の
安定（経済格差の是正）

□**42.** 解答 ○ 清の幹線鉄道国有化に反発して，四川暴動が起こった。
民族資本による**利権回収運動**（列強から利権を回収する運動）➡
民営化された幹線鉄道の**国有化**を清が宣言➡四川暴動勃発

□**43.** 解答 × 清が滅亡するのは，辛亥革命勃発後。
辛亥革命（1910s）…新軍が**武昌**（湖北省）で**蜂起** = 辛亥革命
の勃発➡**中華民国建国**➡宣統帝（溥儀）退位で**清朝滅亡**

□**44.** 解答 × 中華民国の成立宣言時，北京にはまだ清が存続している。
孫文を臨時大総統に首都南京で中華民国**建国**を宣言➡**北洋軍**の
袁世凱が宣統帝を退位させ清滅亡➡**袁世凱**が中華民国の臨時
大総統に

□**45.** 解答 × 興中会は，19世紀末に孫文がハワイで結成した革命団体。
袁世凱が**国民党**（中国同盟会を中心に結成）を弾圧➡**第二革命**
勃発➡袁世凱が鎮圧し独裁強化➡孫文らは**中華革命党**結成

□**46.** 解答 ○ 袁世凱は帝政復活を試みたが，失敗した。
袁世凱の帝政復活宣言➡内外の反発で帝政取り消し➡袁世凱の死
で各地に軍閥が割拠

□**47.** 解答 × 大院君は鎖国攘夷策をとったが，閔氏が実権を奪った。
大院君…朝鮮王朝の**高宗**の父，清を宗主国として**鎖国攘夷策**
閔氏…高宗の妃の閔妃の一族，大院君から実権を奪い政権樹立

☐**48.** アメリカは，江華島事件の結果，条約を結んで朝鮮を開国させた。

☐**49.** 金玉均らは，清と結んで甲申政変を起こした。

☐**50.** 朝鮮では，キリスト教と民間信仰や儒教とを結びつけ，積極的な西欧化をめざす東学が創始された。

☐**51.** 19世紀に，韓国（大韓帝国）は，日本と日韓協約を締結した。

☐**52.** 日本による保護国化に反対して，壬午軍乱が起こった。

☐**53.** 日本統治下の朝鮮では，朝鮮総督府が置かれ，初代総督として伊藤博文が赴任した。

☐**54.** 19世紀後半のフランスは，アメリカやイギリスに先駆けて，日本と和親条約を締結した。

☐**55.** 1870年代に，琉球は沖縄県として日本に編入された。

☐**48.** 解答 ✕ 　江華島事件後に朝鮮を開国させたのは，日本。

　　　　　　　日朝修好条規（江華条約）(1870s)…江華島事件を機に**日本**が朝
　　　　　　　鮮と結んだ不平等条約で３港の**開港**➡反発した清が日本と対立

☐**49.** 解答 ✕ 　金玉均らは，日本と結び清からの独立と近代化をはかった。

　　　　　　　壬午軍乱(1880s)…**大院君**派の反乱➡閔氏は鎮圧した清に接近
　　　　　　　甲申政変（1880s）…日本の支援で金玉均らが閔氏に反乱➡清が
　　　　　　　鎮圧➡日本と清は朝鮮から撤兵

☐**50.** 解答 ✕ 　東学は，崔済愚がキリスト教に対抗して創始した新宗教。

　　　　　　　東学…崔済愚が儒・仏・道教に民間信仰を加え創始
　　　　　　　甲午農民戦争（東学の乱）…東学の全琫準蜂起➡日本・清の出
　　　　　　　兵で日清戦争

☐**51.** 解答 ✕ 　年代 日韓協約の締結は，20世紀初。

　　　　　　　下関条約で清が朝鮮の宗主権放棄➡朝鮮は国号を**大韓帝国**と改
　　　　　　　称➡日本はポーツマス条約で**韓国の指導・監督権**獲得➡日韓協
　　　　　　　約で**韓国の保護国化**

☐**52.** 解答 ✕ 　壬午軍乱は，1880年代に大院君派が閔氏政権に起こした反乱。

　　　　　　　韓国保護国化に反発➡義兵闘争（反日武装闘争）が高揚
　　　　　　　ハーグ密使事件…高宗の密使が日本支配の無効を訴え失敗

☐**53.** 解答 ✕ 　伊藤博文は初代統監。暗殺後の韓国併合で朝鮮総督府設置。

　　　　　　　初代**統監**（韓国保護国化で設置）の伊藤博文が安重根により暗殺➡
　　　　　　　韓国併合(1910)➡朝鮮総督府による**武断政治**

☐**54.** 解答 ✕ 　日本と最初に和親条約を締結したのは，アメリカ。

　　　　　　　日米和親条約(1850s)…ペリー来航の翌年江戸幕府が締結➡開国
　　　　　　　日米修好通商条約（1850s）…江戸幕府が締結した不平等条約

☐**55.** 解答 ◯ 　年代 1870年代に，沖縄県を設置して琉球を日本に編入。

　　　　　　　1870s の明治政府の対外関係…**日清修好条規，沖縄県**を設置し
　　　　　　　琉球を日本に編入，台湾出兵，樺太・千島交換条約，江華島
　　　　　　　事件を機に日朝修好条規

2 南アジア・東南アジア

□**1.** イギリスは，プラッシーの戦いでポルトガルを中心とする勢力を破り，インドにおける覇権を確立した。

□**2.** オランダは，ベンガル地方の徴税権を獲得した。

□**3.** イギリスは，マイソール戦争によって，南インドに勢力圏を拡大した。

□**4.** イギリス支配下のエジプトで，ライヤットワーリー制が導入された。

□**5.** 東インド会社のインド貿易独占権が廃止されると，イギリスからインドへの綿布輸出が急増した。

□**6.** イギリスは対中国貿易の赤字を解消するために，インドの農民にアヘンを強制的に栽培させた。

□**7.** イギリスの支配下でも，インドの自給自足的村落社会は変化を被ることがなかった。

□**8.** シパーヒーの反乱において，インド人傭兵はデリーを占領し，ムガル皇帝をインドの支配者に推戴した。

□**9.** 1857〜1859年のインドでの大反乱を機に，イギリスは，東インド会社によるインド支配を強化した。

□**10.** 1930年代のインドでは，インド帝国が成立した。

解答・ポイント

□ **1.** 解答 ✕ イギリスは，フランスとベンガル太守（たいしゅ）に勝利。
プラッシーの戦い（18C半）…七年戦争と連動してインドでイギリスがフランス・ベンガル太守と抗争➡クライヴ率いるイギリス東インド会社勝利

□ **2.** 解答 ✕ ベンガルの徴税権（ちょうぜい）を獲得したのは，イギリス。
イギリス（東インド会社）…プラッシーの戦いに勝利しベンガル制圧➡ベンガルなどの徴税権（ディーワーニー）を獲得

□ **3.** 解答 ○ イギリスは，マイソール戦争などでインドの領域支配を推進。
イギリス（東インド会社）の戦争…マイソール戦争➡南インド征服，マラーター戦争➡デカン高原征服，シク戦争➡パンジャーブ制圧

□ **4.** 解答 ✕ ライヤットワーリー制は，イギリス支配下のインドで導入。
ザミンダーリー制…北インド中心，領主層を納入者とする地税制度
ライヤットワーリー制…南インド中心，農民を納入者とする地税制度

□ **5.** 解答 ○ イギリス製綿布の大量流入で，インドの伝統的綿工業は大打撃。
イギリス東インド会社のインド貿易独占権廃止（1810s）➡イギリス製機械織り綿布が大量流入➡インドの伝統的織物業者没落

□ **6.** 解答 ○ イギリスは，インドで綿花・アヘンなど商品作物を栽培させた。
インドの伝統的綿工業大打撃➡イギリスはインドで綿花やアヘン（三角貿易で中国に密輸）など輸出用商品作物の栽培強制

□ **7.** 解答 ✕ イギリス支配下で，インドの自給自足的村落社会は崩壊した。
近代的地税制度（ザミンダーリー制など）の導入やイギリスの原料供給地・製品市場化でインドの自給自足的村落社会崩壊

□ **8.** 解答 ○ 反乱軍は，デリー城を占拠しムガル皇帝を擁立した。
シパーヒーの反乱（インド大反乱）（1850s）…東インド会社のインド人傭兵（ようへい）シパーヒーの蜂起が北インドに拡大➡反乱軍はデリー城を占拠しムガル皇帝を擁立➡イギリスにより鎮圧

□ **9.** 解答 ✕ インド大反乱中に，東インド会社は解散した。
インド大反乱中にムガル帝国滅亡・イギリス東インド会社解散➡インドはイギリス本国政府の直接統治となる

□ **10.** 解答 ✕ 年代 インド帝国の成立は，1870年代。
インド帝国…ヴィクトリア女王をインド皇帝として成立，イギリスは直轄領（ちょっかつりょう）と藩王国（はんおうこく）（自治権を与え間接統治）に分けて分割統治

☐**11.** 19世紀に，インド国民会議が結成された。

☐**12.** イギリスは，インドにおける民族解放の運動が高まるにつれ，ヒンドゥー教徒とイスラーム教徒との対立をあおった。

☐**13.** カルカッタで開催された大会で，国民会議派はスワデーシ（国産品愛用）などの方針を採択した。

☐**14.** 1930年代のカルカッタで結成された全インド=ムスリム連盟は，インド国民会議派と手を結んで，急進的な反英独立運動を展開した。

☐**15.** ポルトガルは，ジャワで実施した強制栽培制度によって莫大な利益を得た。

☐**16.** 海峡植民地では，イギリスからの独立をめざすサレカット=イスラーム（イスラーム同盟）が結成された。

☐**17.** スペインは，海峡植民地を成立させた。

☐**18.** マレー半島では，マレー連合州が結成された。

☐**19.** 19世紀後半にイギリスは，ビルマ戦争でトゥングー朝を滅ぼし，ビルマをインド帝国に併合した。

☐**20.** ベトナムでは，イギリスの植民地支配に反対する黒旗軍の反乱が起こった。

☐ **11.** 解答 ○ 年代 19世紀後半に，インド国民会議が結成された。
　　インドで知識人・民族資本成長➡イギリスは親英的なインド国民会議を組織（政治結社としては**国民会議派**）

☐ **12.** 解答 ○ イギリスは，ベンガル分割令で民族運動の分断をはかった。
　　ベンガル分割**令**（20C 初）…ベンガルを**ヒンドゥー教徒**とイスラーム**教徒**の居住区に分割し反英運動の分断をはかる➡国民会議が急進化➡のち**分割令撤回**

☐ **13.** 解答 ○ 国民会議はカルカッタ大会で，スワデーシなど4綱領を採択。
　　インド国民会議カルカッタ大会（1900s）…**ティラク**中心，英貨排斥・スワデーシ（**国産品愛用**）・スワラージ（**自治獲得**）・民族教育の**4綱領**採択

☐ **14.** 解答 × 全インド＝ムスリム連盟は20C 初結成。国民会議と対立。
　　全インド＝ムスリム**連盟**…イギリスが**イスラーム教徒**に**対英協調的**な政治団体として結成させる（1900s）➡国民会議に対抗

☐ **15.** 解答 × ジャワで強制栽培制度を実施したのは，オランダ。
　　強制栽培**制度**（1830s ～）…**ジャワ戦争**鎮圧で財政難となった**オランダ**がジャワ島で実施，コーヒーなどを強制的に栽培させる

☐ **16.** 解答 × サレカット＝イスラームは，インドネシアの民族運動。
　　サレカット＝イスラーム（イスラーム同盟）…**インドネシア（オランダ領東インド）**の民族運動主導（1910s），**オランダ**に自治要求

☐ **17.** 解答 × 海峡植民地は，イギリスがマレー半島に建設した植民地。
　　海峡植民地…イギリスが**ペナン**・マラッカ・シンガポールで形成（1820s）

☐ **18.** 解答 ○ イギリスは，マレー半島にマレー連合州を形成した。
　　マレー連合州…マレー半島に**イギリス**が形成（19C 末），**ゴムのプランテーション**や**錫開発**の労働力に**印僑**（インド系移民）・**華僑**（中国系移民）流入

☐ **19.** 解答 × イギリスがビルマ戦争で滅ぼしたのは，コンバウン朝。
　　ビルマ**戦争**…イギリスがビルマの**コンバウン**（アラウンパヤー）**朝**を滅ぼす➡**インド帝国にビルマを併合**（1880s）
　　→ P.43 トゥングー（タウングー）朝は，16～18C のビルマの王朝

☐ **20.** 解答 × 黒旗軍は，フランスのベトナム植民地化に抵抗した。
　　フランスによるベトナム（阮朝［国号は越南］）植民地化の進展➡**劉 永福**率いる**黒旗軍**がフランス軍に抵抗戦争展開

□**21.** ベトナムの帰属をめぐって，清仏戦争が起こった。

□**22.** 19世紀後半にフランスは，保護国としていたベトナムとカンボジアをあわせ，フランス領インドシナ連邦を成立させた。

□**23.** ファン＝ボイ＝チャウは，フランスへの留学運動を進めた。

□**24.** タイは，フランスの植民地であった。

□**25.** ホセ＝リサールが，フィリピンの民族運動を指導した。

□**26.** ドイツは，19世紀末までフィリピンを植民地として領有した。

3 西アジア・中央アジア

□**1.** 19世紀にオスマン帝国では，タンジマートが実施された。

□**2.** オスマン帝国のミドハト憲法は，日本の大日本帝国憲法を模範にして制定された。

□**3.** オスマン帝国では，青年トルコ革命が起こって，ミドハト憲法が停止された。

□**4.** ムハンマド＝アリーは，エジプトの近代化へ向けた改革を推進した。

□**21.** 解答 ○ フランスのベトナム保護国化に清が反発し，清仏戦争が勃発。
　　　清仏**戦争**（1880s）…フランスの**ベトナム保護国化**に対して清が宗
　　　主権を主張し開戦➡敗北した清が天津**条約**で宗主権放棄

□**22.** 解答 ○ 年代 19世紀後半に，フランス領インドシナ連邦が成立。
　　　フランス領インドシナ**連邦**…フランスが**カンボジア**（1860s に保護
　　　国化）・**ベトナム**をあわせて形成（1880s）➡のちラオス**も編入**

□**23.** 解答 × ファン＝ボイ＝チャウは，日本への留学運動を進めた。
　　　ドンズー（東遊）運動…**フランス**のベトナム支配に対抗する日本留
　　　学運動，**日露戦争**後にファン＝ボイ＝チャウの**維新会**が指導

□**24.** 解答 × ラタナコーシン朝のタイは，東南アジアで唯一独立を維持。
　　　ラタナコーシン（チャクリ）**朝**（18C ～）…イギリスとフランスの緩
　　　衝地帯化や**ラーマ5世（チュラロンコン）**の近代化で独立維持

□**25.** 解答 ○ ホセ＝リサールは，スペインに対するフィリピン民族運動指導。
　　　フィリピン民族運動…**スペイン**支配に対し**ホセ＝リサール**の民族運
　　　動，**フィリピン革命**勃発➡アギナルドがフィリピン**共和国**を樹立

□**26.** 解答 × フィリピンは，19世紀末にスペイン領からアメリカ領へ。
　　　フィリピンはアメリカ＝スペイン戦争後**アメリカ**領に➡アギナルド
　　　が**フィリピン＝アメリカ戦争**で抵抗➡アメリカが勝利

🔍 解答・ポイント

□**1.** 解答 ○ 年代 19世紀のオスマン帝国では，タンジマートが行われた。
　　　オスマン帝国の近代化…イェニチェリ軍団の解体（1820s），タン
　　　ジマート（アブデュルメジト1世が1830s に**ギュルハネ勅令**で
　　　開始した西欧化改革）

□**2.** 解答 × 大日本帝国憲法の発布は1880年代で，ミドハト憲法よりあと。
　　　ミドハト憲法…クリミア**戦争**後に**ミドハト＝パシャ**が制定（1870s）
　　　➡ロシア＝トルコ戦争時に**アブデュルハミト2世**が憲法停止

□**3.** 解答 × 20世紀初めの青年トルコ革命で，ミドハト憲法が復活した。
　　　青年トルコ**革命**（1900s）…「青年トルコ人」が専制打倒➡**ミドハ
　　　ト憲法を復活**し立憲君主政樹立（**アブデュルハミト2世**退位）

□**4.** 解答 ○ ムハンマド＝アリーは，エジプトの近代化を推進した。
　　　ムハンマド＝アリー（19C 前半）…ナポレオンの**エジプト占領**を
　　　機に台頭➡総督となり**マムルーク**一掃など富国強兵を進める

☐ **5.** 20世紀に，エジプト = トルコ戦争が起こった。

☐ **6.** 19世紀前半にスエズ運河が開通した結果，ヨーロッパ・アジア間の航海日数が短縮された。

☐ **7.** 19世紀にイギリスは，ウラービー（オラービー）運動を制圧した。

☐ **8.** ロシアは，カージャール朝イランに対して，治外法権を含む不平等条約を受け入れさせた。

☐ **9.** 19世紀にイランで，バーブ教徒の反乱が起こった。

☐ **10.** イランで，ドイツ人にタバコ利権が譲渡されると，タバコ = ボイコット運動が起こった。

☐ **11.** イラン立憲革命は，イギリスとフランスの干渉によって挫折した。

☐ **12.** ロシアの南下政策に対抗して，フランスはアフガニスタンを保護国とした。

☐ **13.** ブハラ（ボハラ） = ハン国は，19世紀にロシアの支配下に入った。

□ **5.** 解答 × ｜年代｜エジプト゠トルコ戦争が起こったのは，19世紀前半。
エジプト゠トルコ**戦争**（1830s〜40）…ムハンマド゠アリーがオスマン帝国と開戦➡**ロンドン会議**でエジプト世襲権

□ **6.** 解答 × ｜年代｜スエズ運河の開通は，19世紀後半。
スエズ**運河**…地中海と紅海を結ぶ運河，フランスの**レセップス**が建設（19C後半），**イギリス**がスエズ運河会社株を**買収**

□ **7.** 解答 ○ ｜年代｜19世紀後半にイギリスは，ウラービー運動を鎮圧した。
ウラービー（オラービー）**運動**（1880s）…イギリスの内政干渉に「**エジプト人のためのエジプト**」を唱え反乱➡鎮圧した**イギリス**がエジプト保護国化

□ **8.** 解答 ○ ロシアは，イランのカージャール朝に不平等条約を締結させた。
トルコマンチャーイ条約（1820s）…ロシアが**カージャール朝**と結んだ不平等条約，**アルメニア**割譲（かつじょう）や領事裁判権を認めさせる

□ **9.** 解答 ○ ｜年代｜19世紀半ばにイランで，バーブ教徒の乱が起こった。
バーブ教徒の乱（19C半）…ロシア・イギリスの圧力などに対し**カージャール朝**の**イラン**で新宗教バーブ教の信徒を中心に反乱

□ **10.** 解答 × タバコ゠ボイコット運動は，イギリス人への利権譲渡（じょうと）に反発。
タバコ゠ボイコット**運動**（1890s）…**カージャール朝**の専制と**イギリス**人へのタバコ利権の譲渡に反発，**アフガーニー**のパン゠イスラーム**主義**の影響

□ **11.** 解答 × イラン立憲革命に干渉したのは，イギリスとロシア。
イラン立憲**革命**（20C初）…**カージャール朝**専制と**イギリス・ロシア**の侵略に対する立憲改革，**イギリス・ロシア**の干渉で挫折（ざせつ）

□ **12.** 解答 × アフガニスタンを保護国化したのは，イギリス。
イギリスはロシアの南下政策に対しインド防衛の必要➡アフガン**戦争**を経てアフガニスタン**を保護国化**（1880s）

□ **13.** 解答 ○ ｜年代｜ブハラ゠ハン国は，19世紀後半にロシアの支配下に。
ティムール朝を滅ぼしたトルコ系**ウズベク人**が中央アジアに**ブハラ゠ハン国・ヒヴァ゠ハン国・コーカンド゠ハン国**建設➡19C後半**ロシア**の支配下に

1 アフリカ

☐**1.** 19世紀，リヴィングストンはアフリカ内陸部の探検を行った。

☐**2.** ドイツのベルリンで，列強のアフリカ分割をめぐる会議が開かれた。

☐**3.** 外国の支配下にあったエジプトは，ウラービー（オラービー）運動の成功によって独立した。

☐**4.** スーダンでは，ドイツに対して抵抗するマフディー運動が起こった。

☐**5.** ケープ植民地は，イギリスがフランスから獲得した。

☐**6.** アメリカ合衆国は，植民地獲得のため，セシル゠ローズをアフリカへ派遣した。

☐**7.** ドイツは南アフリカの利権をめぐって，イギリスとの間に南アフリカ戦争（ブール戦争）を起こした。

☐**8.** 19世紀にイギリスは，南アフリカ連邦を成立させた。

☐**9.** マダガスカルは，フランスの支配を受けた。

解答・ポイント

☐ **1. 解答 ○** 年代 19世紀に，リヴィングストンはアフリカ内陸部を探検。
リヴィングストン（イギリス）やスタンリー（アメリカ）がアフリカ
内陸部探検（19C）➡列強によるアフリカ分割の契機となる

☐ **2. 解答 ○** ビスマルクが，アフリカ分割に関するベルリン会議開催。
ベルリン**会議**（1880s）…コンゴ領有問題➡ベルギー王の**コンゴ**
自由国を承認，アフリカ分割の原則確立

☐ **3. 解答 ×** ウラービー運動を鎮圧したイギリスが，エジプトを保護国化。
ウラービー運動（1880s）…外国の干渉に対し蜂起➡単独で鎮圧
した**イギリスがエジプトを保護国化**➡アフリカ縦断政策の拠点

☐ **4. 解答 ×** イギリスの進出に対して，マフディー運動が起こった。
マフディー運動（1880s〜90s）…**スーダン**で**マフディー**（救世
主）を称する指導者が率いた反英闘争➡イギリスが鎮圧

☐ **5. 解答 ×** ケープ植民地は，イギリスがウィーン会議でオランダから獲得。
イギリスが**オランダ**からケープ植民地獲得➡ケープ植民地のブー
ル人（**アフリカーナー**）（オランダ系移民の子孫）が北上してト
ランスヴァール共和**国**・オレンジ自由**国**建設

☐ **6. 解答 ×** セシル＝ローズは，南アフリカでイギリスの帝国主義推進。
セシル＝ローズ…**ケープ植民地**首相，**イギリス**の帝国主義推進
アフリカ縦断**政策**…**エジプト**とケープ植民地（中心ケープタウン）
を結ぶ

☐ **7. 解答 ×** 南アフリカ戦争は，イギリスとブール人の戦争。
南アフリカ**戦争**（19C末〜20C初）…トランスヴァール・オレン
ジ両国で金・ダイヤモンド発見➡**イギリス**と**ブール人**が開戦➡
イギリスが勝利し両国征服

☐ **8. 解答 ×** 年代 南アフリカ連邦の成立は，20世紀。
南アフリカ連邦…ケープ植民地・トランスヴァール・オレンジなど
から構成されるイギリスの**自治領**（1910成立）

☐ **9. 解答 ○** マダガスカルは，フランスが植民地化した。
フランス…チュニジア保護国化，**サハラ砂漠**進出，ジブチ・マダ
ガスカル領有
アフリカ横断**政策**…**サハラ砂漠**と**ジブチ**を結ぶ

□**10.** 19世紀に，フランスのアフリカ横断政策とイギリスの縦断政策が衝突し，ファショダ事件が起こった。

□**11.** フランスは，英仏協商を結び，エジプトの保護国化を進めた。

□**12.** ドイツが領有していたモロッコでの優越権をめぐって，ドイツとフランスの間でモロッコ事件が起こった。

□**13.** 19世紀にイタリアは，カメルーンを占領し，植民地とした。

□**14.** イタリア＝トルコ戦争によって，オスマン帝国はアルジェリアを失った。

□**15.** 19世紀にエチオピアは，侵入してきたイギリス軍を破って独立を維持した。

□**16.** オランダは，20世紀初頭にリベリアを植民地とした。

2 オセアニア

□**1.** 17世紀にクックが，オセアニアを探検した。

□**2.** イギリス領となったオーストラリアでは，先住民マオリ人が土地を奪われた。

□**3.** フランスは，ニューギニア東部などを植民地とした。

□**4.** 19世紀末に，ポルトガルはスペインからマリアナ諸島を買収した。

□ **10.** 解答 ○ 　年代 19世紀末に，ファショダ事件が起こった。
ファショダ**事件**（19C 末）…**イギリスの縦断政策**と**フランスの横断政策**が**スーダン**で衝突➡フランスが譲歩➡**英仏協商**成立

□ **11.** 解答 ✕ 　英仏協商で，エジプトでの優越を認められたのはイギリス。
英仏**協商**（1900s）…**イギリスのエジプト**での，**フランスのモロッコ**での優位を相互承認➡モロッコ領有を狙う**ドイツ**の反発

□ **12.** 解答 ✕ 　ドイツは，モロッコを領有していない。
モロッコ**事件**（**タンジール・アガディール**で勃発）…フランス・ドイツがモロッコの領有を争う➡**フランスがモロッコ保護国化**（1910s）

□ **13.** 解答 ✕ 　年代 19世紀にカメルーンを植民地化したのは，ドイツ。
ドイツ…**カメルーン**を植民地化

□ **14.** 解答 ✕ 　イタリア＝トルコ戦争で，オスマン帝国はリビアを失った。
イタリア…**ソマリランド・エリトリア**領有，**イタリア＝トルコ戦争**で**トリポリ・キレナイカ**をオスマン帝国から獲得➡**リビア**と改称
➡P.167 アルジェリアは，シャルル10世の出兵以降フランスが植民地化

□ **15.** 解答 ✕ 　19世紀末にエチオピアが破ったのは，イタリア。
エチオピア帝国…**イタリア**が侵入したが撃退（19C 末）独立維持

□ **16.** 解答 ✕ 　リベリアは，植民地化されず独立を維持。
リベリア共和国…アメリカの解放奴隷が建国➡第一次世界大戦勃発時のアフリカの独立国は**エチオピア**と**リベリア**のみ

解答・ポイント

□ **1.** 解答 ✕ 　年代 イギリスのクックがオセアニアを探検したのは，18世紀。
クック（18C）…**イギリス**の探検家，**オーストラリア**を探検しイギリスの領有を宣言，ハワイに到達

□ **2.** 解答 ✕ 　オーストラリアの先住民は，アボリジニー。
オーストラリア連邦…先住民アボリジニー，イギリスの**自治領**
ニュージーランド…先住民マオリ人，イギリスの**自治領**

□ **3.** 解答 ✕ 　フランスは，ニューギニア東部を植民地化していない。
ニューギニア**東部**…イギリスとドイツが分割（19C 後半）

□ **4.** 解答 ✕ 　マリアナ諸島は，19世紀末にドイツ領となった。
ミクロネシアの**マリアナ諸島**（グアムを除く）…ドイツが領有（19C 末）

第6章　二度の世界大戦

---

1 ｜ 第一次世界大戦とロシア革命

1 第一次世界大戦

□**1.** オーストリア＝ハンガリー帝国は，パン＝スラヴ主義を唱えて，バルカン半島への進出をはかった。

□**2.** ボスニア・ヘルツェゴヴィナは，青年トルコ革命をきっかけに独立した。

□**3.** セルビアなど4国は，フランスの支援を受けて，バルカン同盟を結成した。

□**4.** バルカン同盟諸国は，クリミア戦争に乗じてオスマン帝国と戦った。

□**5.** 第2次バルカン戦争で敗北したブルガリアは，三国協商側に接近した。

□**6.** サライェヴォ事件をきっかけに，第一次世界大戦が勃発した。

□**7.** 第一次世界大戦の開戦直後，各国の社会主義政党はいっせいに反戦運動を展開した。

□**8.** 第一次世界大戦では，ブルガリアはドイツ側に立って参戦した。

解答・ポイント

☐ **1.** (解答) ✕ オーストリアは，パン=ゲルマン主義を唱えてロシアと対立。
パン=スラヴ主義…**ロシア**が唱えてバルカン進出
パン=ゲルマン主義…**ドイツ・オーストリア**が唱えてバルカン進出
➡バルカン半島は「ヨーロッパの火薬庫」

☐ **2.** (解答) ✕ 青年トルコ革命に乗じて独立したのは，ブルガリア。
オスマン帝国で**青年トルコ革命**（1900s）➡**ブルガリア独立**，**オーストリア**がボスニア・ヘルツェゴヴィナ**併合**➡オーストリアとセルビアとの対立激化

☐ **3.** (解答) ✕ バルカン同盟は，ロシアの支援下に結成された。
バルカン同盟（1910s）…**ロシア**の支援下に**セルビア・ブルガリア・モンテネグロ・ギリシア**が結成した反オーストリア同盟

☐ **4.** (解答) ✕ イタリア=トルコ戦争に乗じて，第1次バルカン戦争が勃発。
第1次バルカン戦争（1910s）…**イタリア=トルコ戦争**に乗じバルカン同盟が**オスマン帝国**と開戦➡**敗北したオスマン帝国は三国同盟**に接近
(➡P.177) クリミア戦争は，ロシアがオスマン帝国に敗れた戦争（1850s）

☐ **5.** (解答) ✕ 第2次バルカン戦争に敗れたブルガリアは，三国同盟側に接近。
第2次バルカン戦争（1910s）…ブルガリアと他のバルカン同盟が開戦➡**敗北したブルガリアは三国同盟**に接近

☐ **6.** (解答) ◯ サライェヴォ事件が，第一次世界大戦勃発の契機となった。
第一次世界大戦（1914〜18）…**サライェヴォ事件**（セルビア人がオーストリア帝位継承者夫妻暗殺）を受け**オーストリアの対セルビア宣戦**で勃発

☐ **7.** (解答) ✕ 参戦国の社会主義政党の多くは，自国政府の戦争を支持した。
第2インターナショナル…第一次世界大戦前は戦争反対を決議➡大戦勃発後は各国社会主義政党が自国政府の戦争支持で崩壊

☐ **8.** (解答) ◯ ブルガリアは，ドイツと同じ同盟国側で参戦した。
連合国（協商国）…三国協商・日本・イタリア・アメリカなど
同盟国…ドイツ・オーストリア・オスマン帝国・ブルガリア

□**9.** 第一次世界大戦で，北フランスに侵入したドイツ軍は，マルヌの戦いに勝利して，パリを占領した。

□**10.** 日本は日英同盟に基づいて第一次世界大戦に参戦し，中国にあったフランスの租借地を攻撃した。

□**11.** 第一次世界大戦では，戦車や毒ガスなどが使用された。

□**12.** イタリアは，「未回収のイタリア」を求めて，ドイツ側に立って第一次世界大戦に参戦した。

□**13.** 第一次世界大戦中，イギリスは，バルフォア宣言によってアラブ人に独立を約束した。

□**14.** インドはフランスの植民地であったため，多くの兵士をヨーロッパの戦場へ派遣しなくてはならなかった。

□**15.** 第一次世界大戦では，軍需工場で女性が武器の生産に従事する国もあった。

□**16.** 第一次世界大戦の勃発と同時に，アメリカは連合国（協商国）の側に立って参戦した。

□**17.** 第一次世界大戦では，国民の間に厭戦気分が広がり，革命に発展する国があった。

□**18.** キール軍港の水兵反乱をきっかけに，ドイツ革命が起こり，帝政が終わった。

□9. 解答 ✕　ドイツは, マルヌの戦いでフランスに進撃を阻止された。
西部戦線…ドイツがベルギーの中立侵犯➡マルヌの戦いでフランスが進撃阻止➡戦線膠着

□10. 解答 ✕　連合国側で参戦した日本は, 敵対するドイツの租借地を攻撃。
日本が日英同盟を口実に連合国側で参戦➡ドイツ領南洋諸島や中国の青島を占領➡二十一カ条の要求でドイツ権益継承

□11. 解答 ○　第一次世界大戦では, 戦車や毒ガスなどの新兵器使用。
新技術・兵器の登場…航空機(飛行機は20C初にライト兄弟が初飛行), 毒ガス, 戦車, 機関銃(塹壕戦などで使用), 潜水艦

□12. 解答 ✕　イタリアは, イギリス・フランスなど連合国側で参戦した。
イタリア…開戦当初中立➡イギリスなどがオーストリア領の「未回収のイタリア」割譲を約束➡連合国側で参戦

□13. 解答 ✕　アラブ人の独立を約束したのは, フセイン・マクマホン協定。
イギリスの矛盾外交…フセイン・マクマホン協定(アラブ人独立), サイクス・ピコ協定(連合国による中東分割), バルフォア宣言(ユダヤ人国家建設)

□14. 解答 ✕　インドはイギリスの植民地で, 派兵など連合国側に協力した。
イギリスは戦争協力を得るため植民地インドに戦後の自治を約束➡戦後の自治は限定的で反英運動高揚

□15. 解答 ○　第一次世界大戦は総力戦で, 女性も軍需工場に動員された。
総力戦…戦争遂行のため国家の総力を結集, 徴兵制による兵力の徴発, 女性の軍需産業従事, 植民地の動員➡戦後の男女普通選挙や植民地自治の要求

□16. 解答 ✕　アメリカは, 第一次世界大戦末期に連合国側で参戦。
ドイツが無制限潜水艦作戦開始➡連合国側でアメリカ参戦

□17. 解答 ○　第一次世界大戦では, ロシアやドイツで革命が起こった。
ロシア…東部戦線緒戦のタンネンベルクの戦いで敗北後も敗戦が続き厭戦気分拡大➡ロシア革命勃発で帝政崩壊➡ソヴィエト政権が単独講和により戦線離脱

□18. 解答 ○　ドイツでは, ドイツ革命により帝政が崩壊し共和国成立。
同盟国…ブルガリア・オスマン帝国・オーストリア降伏➡ドイツはキール軍港の水兵反乱を機に帝政崩壊(ドイツ革命)➡ドイツ共和国が休戦協定調印➡第一次世界大戦終結

2 ロシア革命

☐ **1.** ロシアでは，1917年11月（ロシア暦10月）に革命が勃発して，帝政が打倒された。

☐ **2.** ロシア革命の時期，立憲民主党は，ボリシェヴィキと連携して臨時政府に反対した。

☐ **3.** レーニンは，祖国防衛のため，戦争継続を訴えた。

☐ **4.** 臨時政府は，無併合・無賠償の即時講和を実現した。

☐ **5.** 十一月革命（ロシア暦十月革命）で，ボリシェヴィキはストルイピン政権を打倒した。

☐ **6.** ソヴィエト政権は，「土地に関する布告」を発し，地主の土地の没収を宣言した。

☐ **7.** ソヴィエト政権は，十四カ条を発表して，即時停戦を呼びかけた。

☐ **8.** ボリシェヴィキは，十一月革命直後の憲法制定議会で第一党となった。

☐ **9.** ロシアでは，成立当初のソヴィエト政権が，ドイツとの単独講和を拒絶した。

解答・ポイント

☐ **1.** **解答** ✕ ロシアで帝政が打倒されたのは，三月革命。
三月革命（ロシア暦二月革命）…**第一次世界大戦中**に首都ペトログラードで**蜂起**➡ソヴィエト結成➡ニコライ2世退位, **ロマノフ朝**滅亡

☐ **2.** **解答** ✕ 立憲民主党は，臨時政府の中心。
三月革命後に，臨時政府（**立憲民主党**中心）とソヴィエト（**社会革命党・メンシェヴィキ・ボリシェヴィキ**）が併存

☐ **3.** **解答** ✕ レーニンは，四月テーゼで即時停戦を主張した。
四月テーゼ…ボリシェヴィキのレーニンが発表，戦争継続を主張する臨時政府を支持せず➡ボリシェヴィキの支持拡大

☐ **4.** **解答** ✕ 臨時政府は，戦争継続を主張した。
臨時政府…ケレンスキー（社会革命党）が首相となり**戦争継続**を主張➡即時停戦を主張するボリシェヴィキと対立

☐ **5.** **解答** ✕ 十一月革命でボリシェヴィキは，ケレンスキー政権を打倒。
十一月革命（ロシア暦十月革命）…ボリシェヴィキ**武装蜂起**で臨時政府（ケレンスキー政権）打倒➡ソヴィエト政権樹立
(➡P.187) ストルイピンは，第1次ロシア革命鎮静化後の首相

☐ **6.** **解答** ◯ ソヴィエト政権は十一月革命直後「土地に関する布告」発表。
十一月革命直後に**全ロシア＝ソヴィエト会議**➡「**平和に関する布告**」・「**土地に関する布告**」（地主の土地没収）を発表

☐ **7.** **解答** ✕ ソヴィエト政権が発表したのは，「平和に関する布告」。
「**平和に関する布告**」…無併合・無償金・民族自決による即時停戦を主張
(➡P.231) 十四カ条は，アメリカ大統領のウィルソンが発表した講和原則

☐ **8.** **解答** ✕ 憲法制定議会で第一党となったのは，社会革命党。
憲法制定議会で**社会革命党**が第一党➡ボリシェヴィキは議会を解散し一党支配を確立➡ロシア共産党と改称し**モスクワ**に遷都

☐ **9.** **解答** ✕ ソヴィエト政権は，ドイツなどと単独講和し大戦から離脱。
ブレスト＝リトフスク条約…ソヴィエト政権がドイツなど同盟国と結んだ講和条約➡ロシアは第一次世界大戦から単独で離脱

☐**10.** 日本は，シベリア出兵（対ソ干渉戦争）に参加した。

☐**11.** ポーランドは，ロシア革命のあと，独立を回復した。

☐**12.** 世界各地の共産主義革命運動を支援するため，コミンテルン（第3インターナショナル）が設立された。

☐**13.** ソヴィエト政権の戦時共産主義のもとでは，農民から穀物の徴発が行われた。

☐**14.** ソヴィエト政権の新経済政策のもとでは，中小企業を含めいっさいの私企業が禁止された。

☐**15.** バルト3国は，ソ連の結成に加わった。

☐**16.** 1920年代にイタリアは，ラパロ条約を結んでソ連を承認した。

□**10.** 解答 ○ ロシア革命に対して，内戦や対ソ干渉戦争が起こった。
革命政権打倒のため**内戦**（国内の**反革命軍**［**白軍**］との戦争）や
対ソ干渉**戦争**（連合国の干渉戦争，日本・アメリカは**シベリア
出兵**）が勃発➡ソヴィエト政権は赤軍強化や**チェカ**（**非常委員
会**）による反革命運動弾圧で対抗

□**11.** 解答 ○ ポーランドは，ロシア革命後に独立を回復した。
ポーランド…ピウスツキが独立宣言➡ロシアに侵入し**ポーランド＝
ソヴィエト戦争**で領土獲得

□**12.** 解答 ○ 世界革命推進のため，コミンテルンが設立された。
コミンテルン（共産主義**インターナショナル**，第3**インターナショ
ナル**）…ロシアの革命政権維持のため**世界革命**の推進をめざす

□**13.** 解答 ○ 戦時共産主義では，穀物の強制徴発などを行った。
戦時共産主義…内戦や干渉戦争に対処するため**穀物の強制徴発**や
全工業の国有化➡生産停滞

□**14.** 解答 ✕ いっさいの私企業が禁止されたのは，戦時共産主義。
新経済政策（ネップ）…経済回復のため穀物の強制徴発**廃止**や**中
小企業の私営許可**など一部資本主義の導入

□**15.** 解答 ✕ ソ連の結成に，バルト3国は参加していない。
ソヴィエト社会主義共和国連邦（ソ連）**結成**…ロシア・ウクライ
ナ・ベラルーシ（**白ロシア**）・**ザカフカース**で結成（1920s）➡
ソヴィエト社会主義共和国連邦憲法公布
（➡P.257）ソ連のバルト3国併合は，第二次世界大戦時

□**16.** 解答 ✕ ドイツが，ラパロ条約でソヴィエト政権を承認した。
ソ連（ソヴィエト政権）の承認…ドイツは1920s（**ラパロ条約によ
る**），アメリカは**1930s**（世界恐慌発生後）

1 ヴェルサイユ体制

☐**1.** 第一次世界大戦後のパリ講和会議でアメリカ合衆国を代表したのは，セオド
ア＝ローズヴェルト大統領であった。

☐**2.** アメリカのウィルソン大統領が戦後処理の原則として提案した十四カ条は，
第一次世界大戦の講和会議においていずれも実現しなかった。

☐**3.** 第一次世界大戦の講和条約によって，ドイツの軍備が制限された。

☐**4.** ドイツは，パリ講和会議後も植民地の一部を保持した。

☐**5.** パリ講和会議によって，オーストリア＝ハンガリー帝国の存続が決定され
た。

☐**6.** ブルガリアは，連合国との間にトリアノン条約を締結した。

☐**7.** 第一次世界大戦直後，中東諸国がいっせいに独立した。

☐**8.** 国際連盟に，国際労働機関（ILO）が付置された。

☐**9.** 国際連盟は，アメリカ・ソ連・イギリス・日本の4国を常任理事国として発
足した。

解答・ポイント

☐ **1.** **解答** ✕　パリ講和会議のアメリカ代表は，ウィルソン大統領。

パリ講和**会議**…**第一次世界大戦**の講和会議，**ウィルソン**（アメリカ）・**ロイド＝ジョージ**（イギリス）・**クレマンソー**（フランス）が中心　(→P.187, P.189, P.205) セオドア＝ローズヴェルトは，1900s のアメリカ大統領

☐ **2.** **解答** ✕　国際連盟の設立や東ヨーロッパでの民族自決は実現した。

十四カ条…ウィルソンが提唱した大戦の講和原則，秘密外交の**廃止**・**海洋の自由**・**関税障壁**の撤廃・**軍備縮小**・**民族自決**・植民地問題の公正な解決・国際平和機構の設立など➡イギリス・フランスの反対で多くは実現せず

☐ **3.** **解答** ◯　ヴェルサイユ条約で，ドイツは軍備制限を課された。

ヴェルサイユ**条約**…**ドイツ**との講和条約，植民地放棄，**フランス**にアルザス・ロレーヌ割譲，ラインラント**非武装**，軍備制限，賠償など

☐ **4.** **解答** ✕　ドイツは，すべての海外植民地を放棄させられた。

委任統治…敗戦国のドイツやオスマン帝国に放棄させた地域について国際連盟が戦勝国に統治を委任，事実上の植民地再分割

☐ **5.** **解答** ✕　パリ講和会議で，オーストリア＝ハンガリー帝国解体が決定。

サン＝ジェルマン条約…**オーストリア**との講和条約，**オーストリア＝ハンガリー帝国の解体**➡民族自決で複数の独立国成立

☐ **6.** **解答** ✕　ブルガリアと連合国の講和条約は，ヌイイ条約。

ヌイイ条約…**ブルガリア**との講和条約
トリアノン条約…**ハンガリー**との講和条約

☐ **7.** **解答** ✕　中東に民族自決は適用されず，イギリス・フランスが委任統治。

セーヴル条約…**オスマン帝国**との講和条約，中東放棄➡**イギリス**がイラク・トランスヨルダン・パレスチナを，**フランス**がシリア・レバノンを**委任統治**

☐ **8.** **解答** ◯　国際連盟の付属機関として，国際労働機関が設置された。

国際連盟…国際平和機構，**連盟事務局**は**ジュネーヴ**，**総会**・**理事会**が中心，**国際労働機関（ILO）**・**常設国際司法裁判所**が付属

☐ **9.** **解答** ✕　国際連盟にアメリカは不参加。当初はドイツ・ソ連を排除。

問題点…総会は全会一致，経済制裁のみ，終始アメリカ**は不参加**，**当初はドイツ・ソ連を排除**

☐**10.** パリ講和会議によって成立した国際秩序は，ヴェルサイユ体制と呼ばれている。

☐**11.** ワシントン会議では，中国の主権と独立の尊重を決めた九カ国条約が結ばれた。

☐**12.** 1920年代に国際協調主義が強まり，日英同盟が強化された。

☐**13.** ワシントン会議で，海軍の軍縮が決められた。

☐**14.** イギリスでは，第1回選挙法改正により，女性に選挙権が認められた。

☐**15.** イギリスでは，第一次世界大戦後，最初の労働党政権が成立した。

☐**16.** イギリス政府は，第一次世界大戦後もアイルランドの自治を認めなかった。

☐**17.** ローザ=ルクセンブルクが，スパルタクス団の指導者として活躍した。

☐**18.** ヴァイマル共和国の初代大統領は，ヒンデンブルクであった。

□**10.** 解答 ○ パリ講和会議で，ヴェルサイユ体制と呼ばれる国際秩序成立。
ヴェルサイユ**体制**…**第一次世界大戦後の国際秩序**，ヨーロッパ中
心・植民地体制維持・敗戦国への過酷な制裁など問題点➡第
二次世界大戦を抑止できず

□**11.** 解答 ○ ワシントン会議で，中国に関する九カ国条約が締結された。
ワシントン**体制**…**ワシントン会議**（1920s）で成立した**アメリカ主
導**のアジア・太平洋の国際秩序➡**四カ国条約・九カ国条約・軍
縮条約**で**日本を牽制**

けんせい

□**12.** 解答 × ワシントン会議で成立した四カ国条約により，日英同盟解消。
四カ国**条約**…**太平洋の現状維持**を規定➡**日英同盟解消**
九カ国**条約**…**中国**の主権尊重・領土保全・門戸開放など確認

もんこ

□**13.** 解答 ○ ワシントン海軍軍備制限条約で，主力艦の保有比率を規定。
ワシントン海軍軍備制限**条約**…**主力艦**制限
ロンドン軍縮会議（1930）…**補助艦**制限

□**14.** 解答 × 年代 第4回選挙法改正で女性参政権が実現。
第4回選挙法改正（1918）…第一次世界大戦末期，男性普通選
挙（21歳〜）と**女性参政権**（30歳〜）
第5回選挙法改正（1920s）…男女平等普通選挙（ともに21歳〜）
→P.167 第1回選挙法改正では，産業資本家が選挙権獲得

□**15.** 解答 ○ 第一次世界大戦後に，マクドナルドの労働党内閣が成立。
第1次マクドナルド内閣…選挙法改正による選挙権拡大➡労働党
躍進➡マクドナルドを首相とする労働**党内閣**成立

□**16.** 解答 × 第一次世界大戦後に，自治領のアイルランド自由国が成立。
アイルランド**自由国**…イギリスが**自治領**の**アイルランド自由国**を承
認（1920s）➡エールと改称し完全独立宣言（1930s）

□**17.** 解答 ○ ローザ゠ルクセンブルクは，スパルタクス団を指導した。
ドイツ**革命**…**レーテ**（**評議会**）の成立やスパルタクス団（**ローザ
゠ルクセンブルク・カール゠リープクネヒト**指導）の蜂起➡鎮圧

ほうき

□**18.** 解答 × ヴァイマル共和国の初代大統領は，エーベルト。
ヴァイマル**共和国**…ドイツ共和国の通称，初代大統領は**エーベル
ト**（**ドイツ社会民主党**）
→P.253 ヒンデンブルクは，ヒトラーに組閣させたヴァイマル共和国大統領

そかく

二度の世界大戦

2

戦間期の世界

233

□19. ヴァイマル憲法は，労働者の団結権や男女平等の普通選挙などを規定した民主的な憲法であった。

□20. 1920年代にフランスは，ドイツの復興を支援するため，ドイツに対する賠償請求権を放棄した。

□21. 1920年代のドイツでは，シュトレーゼマン内閣のもとで通貨改革が行われた結果，インフレーションが収まった。

□22. 1920年代のドイツは，戦後の賠償金支払いに苦しみ，マーシャル゠プランによって経済の再建をはかった。

□23. 1920年代のドイツは，ローザンヌ条約が締結された結果，国際連盟への加盟が認められた。

□24. アメリカ合衆国は，孤立主義のため，フランスのブリアンが提案した不戦条約に調印しなかった。

□25. 第一次世界大戦での敗戦が，イタリアにおけるファシズム台頭の要因となった。

□26. ムッソリーニのファシスト党は，「ローマ進軍」を行い，政権を獲得した。

□27. ラテラノ（ラテラン）条約で，ヴァチカン市国の存在が否定された。

□28. スターリンは，世界革命論を主張した人物である。

□**19.** 解答 ○ ドイツのヴァイマル憲法は，当時最も民主的な憲法とされた。
ヴァイマル**憲法**…**ヴァイマル国民議会**で制定，男女普通選挙・労働者の団結権などの社会権を規定

□**20.** 解答 × フランスは，ドイツの賠償支払い不履行(ふりこう)を口実にルールを占領。
ルール**占領**…ドイツの賠償支払い遅延➡フランス・ベルギーがドイツの工業地帯ルールを占領➡ドイツでインフレーション発生

□**21.** 解答 ○ 年代1920年代にシュトレーゼマンは，インフレーション収拾(しゅうしゅう)。
シュトレーゼマン…**ドイツ**首相となり新紙幣**レンテンマルク**発行でインフレーション収拾➡外相として**国際協調**に貢献（1920s）

□**22.** 解答 × ドイツは，ドーズ案でアメリカ資本を導入し経済再建。
ドーズ**案**（1924）…賠償支払方法緩和と**アメリカ資本**導入で経済復興➡フランス（**左派連合政権**）がルール撤兵
ヤング案…賠償総額減額
(→P.265) マーシャル＝プランは第二次世界大戦後のヨーロッパの復興援助計画

□**23.** 解答 × 1920年代のロカルノ条約締結で，ドイツは国際連盟加盟。
ロカルノ**条約**（1925）…ドイツの経済復興や協調外交が背景➡ラインラントの非武装再確認➡ドイツの**国際連盟加盟**が実現
(→P.245) ローザンヌ条約は，トルコ新政権が連合国と結んだ講和条約

□**24.** 解答 × アメリカは，不戦条約締結の中心的役割を果たした。
不戦**条約**（ケロッグ・ブリアン**協定**）（1920s）…アメリカ国務長官**ケロッグ**とフランス外相**ブリアン**が提唱，国際紛争解決の手段として戦争放棄

□**25.** 解答 × イタリアは，第一次世界大戦の戦勝国。
イタリア…戦勝国だが領土要求満たされず経済も混乱(北イタリアのストライキなど)➡ヴェルサイユ体制に不満➡ファシズム台頭

□**26.** 解答 ○ ムッソリーニのファシスト党は，「ローマ進軍」で政権獲得。
ファシスト**党**…ムッソリーニが「**ローマ進軍**」で政権獲得➡一党独裁**体制**（1920s），フィウメ**併合・アルバニア保護国化**

□**27.** 解答 × ラテラノ条約で，ムッソリーニ政権はヴァチカン市国を承認。
ラテラノ（ラテラン）**条約**…教皇領占領以来の教皇庁とイタリア政府の対立解消，ムッソリーニ政権は**ヴァチカン市国**の独立承認

□**28.** 解答 × スターリンは一国社会主義論を主張。トロツキーが世界革命論。
レーニンの死（1920s）➡トロツキー（**世界革命論**）とスターリン（**一国社会主義論**）の対立➡勝利した**スターリン**が独裁体制構築

□**29.** ソ連の第1次五カ年計画のもとで，集団農場であるソフホーズが全面的に組織された。

□**30.** アメリカ合衆国は，債務国から債権国となり，ニューヨークは世界金融の中心の一つとなった。

□**31.** 1920年代にアメリカ合衆国で政権を担当し，実業界を重視する政策を実施したのは，共和党であった。

□**32.** アメリカ合衆国のフォードは，自動車の大量生産方式を生み出した。

□**33.** 1920年代には，移民法によって移民の流入が大幅に制限された。

2 戦間期の東アジア

□**1.** 袁世凱は，ロシアの二十一カ条要求を受諾した。

□**2.** 雑誌『新青年』では，儒教を軸とする民族主義の高揚がはかられた。

□**3.** 胡適らは，白話（口語）による文学を提唱した。

□**4.** 五・四運動は，上海での学生デモから始まった。

□**29.** 解答 ✕　ソフホーズは国営農場。集団農場はコルホーズ。
　　　　　第１次五カ年**計画**（1920s 〜30s）…スターリン指導の社会主義
　　　　　計画経済，重工業中心，農業集団化（**集団農場コルホーズ・
　　　　　国営農場ソフホーズ**の建設）

□**30.** 解答 ◯　アメリカは，第一次世界大戦で債務国から債権国になった。
　　　　　1920s のアメリカ…**債権国**となり世界経済の中心，女性参政権実
　　　　　現，共和**党**政権下で孤立**主義**に回帰➡国際連盟**不参加**

□**31.** 解答 ◯　年代1920年代のアメリカは，共和党政権下で経済的に繁栄。
　　　　　共和党政権下で大量生産・大量消費**社会**の出現，**現代大衆文化**
　　　　　（**ラジオ・映画**など）の普及

□**32.** 解答 ◯　フォードは，自動車の大量生産と大衆化を実現した。
　　　　　自動車の大衆化（**フォード**の「組み立てライン」方式で大量生産）
　　　　　や家電製品普及➡大量生産・大量消費**社会**出現

□**33.** 解答 ◯　年代1920年代の移民法で，移民が大幅に制限された。
　　　　　社会の保守化…**ワスプ**（**WASP**）（白人中産階級）中心の価値観
　　　　　普及，禁酒**法**制定，移民**法**（1924）で移民制限（アジア系移
　　　　　民禁止），**クー＝クラックス＝クラン**（**KKK**）復活，**サッコ・ヴ
　　　　　ァンゼッティ事件**（イタリア系移民の冤罪事件）

🔍 解答・ポイント

□**1.**　解答 ✕　二十一カ条の要求は，日本が袁世凱政権に受諾させた。
　　　　　二十一カ条**の要求**…**第一次世界大戦中**に日本が山東半島のドイツ
　　　　　権益継承などを要求➡袁世凱政権の受諾➡排日感情高揚

□**2.**　解答 ✕　『新青年』では，儒教道徳を批判し，西欧文明を紹介。
　　　　　新文化運動（1910s）…北京**大学**を中心に文学革命による啓蒙運
　　　　　動，陳独秀が雑誌『**新青年**』創刊➡儒教道徳を批判

□**3.**　解答 ◯　胡適は，白話（口語）文学を提唱し文学革命の推進をめざした。
　　　　　白話**文学**…胡適が提唱➡魯迅が『狂人日記』『阿Ｑ正伝』で実践
　　　　　マルクス主義…ロシア革命後に李大釗が紹介

□**4.**　解答 ✕　五・四運動は，北京の学生デモから始まり全国に波及。
　　　　　五・四運動（1919）…パリ講和会議で二十一カ条要求の廃棄が
　　　　　拒否➡北京の学生デモ➡全国的な**反帝国主義運動**➡中国政府
　　　　　はヴェルサイユ条約調印拒否

☐ **5.** コミンフォルム（共産党情報局）の指導のもと，中国共産党が結成された。

☐ **6.** 1930年代に，第1次国共合作が実現した。

☐ **7.** 広州に五・三〇事件が起きると，全国的な反帝国主義運動が高揚した。

☐ **8.** 蔣介石は，国民革命軍を指揮して北伐を行った。

☐ **9.** 孫文は，共産党員を国民党から追放した。

☐ **10.** 蔣介石は，北京に国民政府を樹立した。

☐ **11.** 北伐に際して，日本は山東に出兵した。

☐ **12.** ソ連軍は，北伐軍に追われて東北地方に撤退しようとした張作霖を暗殺した。

☐ **13.** 周恩来は，中華ソヴィエト共和国臨時政府の主席であった。

☐ **14.** 日中間の全面戦争以前に，日本はすでに「満州国」を作り上げていた。

☐ **5.** 解答 ✕ コミンテルンの指導下に，中国共産党が結成された。
中国国民**党**…五・四運動後に孫文が**中華革命党**を改称
中国共産**党**…コミンテルンの指導下に陳独秀を初代委員長に成立
→P.265 コミンフォルムは，第二次世界大戦後成立の共産党の情報交換機関

☐ **6.** 解答 ✕ 年代 第1次国共合作は1920年代。第2次が1930年代に成立。
第1次国共合作（1920s）…「連ソ・容共・扶助工農」➡国民
党と共産党の協力体制成立➡軍閥打倒と中国統一をめざす

☐ **7.** 解答 ✕ 五・三〇事件は上海で起こり，全国的な反帝国主義運動に。
五・三〇運動…孫文の死の直後に**上海**で起こった反帝国主義運動
➡全国的な反帝国主義運動に発展

☐ **8.** 解答 ◯ 蔣介石が国民革命軍を指揮して，北伐を開始した。
北伐（1920s）…中国統一のため北部の軍閥との戦争，**広州国**
民政府樹立➡蔣介石が国民革命**軍**を指揮して**広州**から北伐開始

☐ **9.** 解答 ✕ 上海クーデタで共産党員を国民党から追放したのは，蔣介石。
上海クーデタ…**北伐中の蔣介石**が浙江**財閥**や列強の要求に応じ上
海で共産党員を弾圧➡第1次国共合作崩壊（国共分裂）

☐ **10.** 解答 ✕ 上海クーデタ後に，蔣介石は南京に国民政府を樹立した。
南京国民**政府**…上海クーデタ後に蔣介石が樹立➡**国民党左派**（蔣
介石と対立していた）も合流➡北伐再開

☐ **11.** 解答 ◯ 日本は山東出兵で，北伐による中国統一を妨害しようとした。
日本の**山東出兵**による北伐妨害➡北伐軍は張作霖を破り北京占領
➡**北伐完成**

☐ **12.** 解答 ✕ 東北地方の奉天に撤退した張作霖を暗殺したのは，日本。
張作霖爆殺**事件**（奉天事件）…北伐軍に敗れ奉天に撤退する**張**
作霖を日本の**関東軍**が爆殺➡息子**張学良**が国民政府に帰順➡
東北地方が国民政府の支配下に

☐ **13.** 解答 ✕ 中華ソヴィエト共和国臨時政府の主席は，毛沢東。
国共分裂後の共産党は**紅軍**が農村で活動➡**瑞金**に中華ソヴィエト
共和国臨時**政府**を樹立（主席は毛沢東）
→P.287 周恩来は，第二次世界大戦後成立の中華人民共和国初代首相

☐ **14.** 解答 ◯ 日中戦争より前に，日本は満州事変を起こし満州国建設。
満州事変（1930s）…**柳条湖事件**を機に**関東軍**が東北地方占
領，同時期に**上海事変**も勃発，溥儀（清朝最後の皇帝宣統帝）
を執政に満州**国**建設

□**15.** 国際連盟は，リットン調査団を派遣し，満州国を承認した。

□**16.** 1930年代に国民党に根拠地を包囲された共産党勢力は，瑞金から重慶へと長征を行った。

□**17.** 張学良の主張に影響を与えた八・一宣言は，中国国民党が発した。

□**18.** 第2次国共合作の成立は，西安事件によって促進された。

□**19.** 日中戦争のきっかけは，盧溝橋事件であった。

□**20.** 日中戦争中に，汪兆銘政権が樹立された。

□**21.** 三・一独立運動を契機に，朝鮮では武断政治が開始された。

□**22.** 日本支配下の朝鮮では，朝鮮人の姓名を日本風に改める「創氏改名」が行われた。

□**23.** 20世紀後半に，モンゴル人民共和国が成立した。

□**24.** 日本では，日露戦争に反対して高揚した国内の反戦運動を抑えるために，治安維持法が制定された。

□ **15.** 解答 ✕ 　国際連盟は，満州国を承認しなかった。
　　　　　リットン調査団派遣➡国際連盟は満州事変を侵略とし満州国不承
　　　　　認➡日本は国際連盟**脱退**で国際的孤立➡**日独伊三国防共協定**

□ **16.** 解答 ✕ 　共産党は，瑞金から長征を開始し延安に至った。
　　　　　　　　　ずいきん　　ちょうせい　　　　えんあん
　　　　　長征…満州事変後も国民党の蔣介石は日本との対決よりも共産党
　　　　　　　　　　　　　　　　しょうかいせき
　　　　　攻撃を優先➡攻撃を受けた共産党の紅軍が瑞金から延安に移動
　　　　　　　　　　　　　　　　　こうぐん
　　　　　幣制改革…国民政府が法幣に通貨統一➡権力強化
　　　　　へいせい　　　　　　　ほうへい

□ **17.** 解答 ✕ 　八・一宣言は，共産党が発表。
　　　　　はち　いち
　　　　　八・一宣言…**共産党**が**内戦停止**と抗日民族統一戦線の結成を提
　　　　　　　　　　　　　　　　　　　　ちょうがくりょう
　　　　　唱➡国民党の蔣介石は無視，張学良は八・一宣言に共鳴

□ **18.** 解答 ○ 　西安事件で内戦停止ののち，第2次国共合作成立。
　　　　　せいあん
　　　　　西安事件…張学良が蔣介石を西安で監禁して内戦停止と抗日民族
　　　　　統一戦線結成を要求➡蔣介石が応じ内戦停止➡**日中戦争**勃発
　　　　　を機に第2次国共合作成立

□ **19.** 解答 ○ 　盧溝橋事件を機に，日中戦争が勃発した。
　　　　　ろこうきょう
　　　　　日中戦争（1937〜45）…盧溝橋事件を機に勃発，南京占領（南
　　　　　　　　　　　　　　　　　　　　　　　　　　ナンキン
　　　　　京事件発生）➡国民政府は重慶に遷り徹底抗戦

□ **20.** 解答 ○ 　日本は，南京に汪兆銘の親日政権を樹立した。
　　　　　　　　　　　　　おうちょうめい
　　　　　汪兆銘政権…重慶の国民政府に対抗して日本が**南京**に樹立した親
　　　　　日政権➡中国民衆の支持得られず

□ **21.** 解答 ✕ 　三・一独立運動を機に，日本は武断政治から「文化政治」へ。
　　　　　さん　いち　　　　　　　　　　　　ぶだん　　　　ぶんか
　　　　　三・一独立運動（1919）…朝鮮独立を要求➡**朝鮮総督府**は**武断**
　　　　　　　　　　　　　　ちょうせん　　　　　　　　　　そうとくふ
　　　　　政治を改め「**文化政治**」へ，上海で**大韓民国臨時政府**成立
　　　　　　　　　　　　　　　シャンハイ

□ **22.** 解答 ○ 　日中戦争勃発後に，創氏改名などの同化政策が強化された。
　　　　　　　　　　　　　そうしかいめい
　　　　　日中戦争勃発後に朝鮮での皇民化政策（創氏改名などの同化政
　　　　　　　　　　　　　　こうみんか
　　　　　策）強化や労働力として朝鮮人の強制連行が行われる

□ **23.** 解答 ✕ 　年代 モンゴル人民共和国の成立は，20世紀前半。
　　　　　しんがい
　　　　　辛亥革命の際に外モンゴルが独立宣言➡チョイバルサンらがモン
　　　　　ゴル人民共和国建国（1920s）＝ソ連に次ぐ2番目の社会主義国

□ **24.** 解答 ✕ 　治安維持法は，第一次世界大戦後に制定された。
　　　　　ちあんいじほう
　　　　　日本…第一次世界大戦中の米騒動など労働運動や普通選挙運動
　　　　　　　　　　　　　　　　こめそうどう
　　　　　高揚（大正デモクラシー）➡大戦後に男性普通選挙法成立と同
　　　　　時に治安維持法制定（1920s）

3 戦間期の南アジア・東南アジア

☐ **1.** インドは独立を達成するために，第一次世界大戦でドイツに協力した。

☐ **2.** イギリスは，ローラット法を定めてインドに自治を認めた。

☐ **3.** ガンディーは，非暴力の思想を説いた。

☐ **4.** ネルーは，全インド゠ムスリム連盟を指導した。

☐ **5.** インドでは，ガンディーが「塩の行進」と呼ばれる運動を進めた。

☐ **6.** インド国民会議派は，英印円卓会議を提唱したが，イギリス側は拒否した。

☐ **7.** 1935年のインド統治法により，完全自治が保証されることになった。

☐ **8.** 1940年代の全インド゠ムスリム連盟は，イスラーム教徒による国家の建設を目標に掲げた。

☐ **9.** スカルノは，インドネシア国民党を結成した。

☐ **10.** ベトナム独立同盟会を母体にして，インドシナ共産党が生まれた。

🔍 解答・ポイント

☐ **1.** 解答 ✕ インドは，第一次世界大戦でイギリスに協力した。
　　　イギリスは第一次世界大戦で植民地インドの協力を条件に戦後自
　　　治を**約束**➡インドは派兵など積極的に協力➡戦後自治は限定的

☐ **2.** 解答 ✕ ローラット法は，反英運動を弾圧する法。
　　　インド統治**法**（1919）…大戦中約束した戦後自治とは程遠い内容
　　　ローラット**法**…反英運動弾圧の法

☐ **3.** 解答 ◯ 国民会議派のガンディーは，非暴力・不服従運動を指導。
　　　非暴力・不服従（**サティヤーグラハ**）…国民会議**派**のガンディー
　　　指導，**全インド＝ムスリム連盟**とも一時共闘（のち対立激化）

☐ **4.** 解答 ✕ 全インド＝ムスリム連盟の指導者は，ジンナー。
　　　ネルー…国民会議**派**を指導，**プールナ＝スワラージ**（完全独立）
　　　を決議（1929）

☐ **5.** 解答 ◯ ガンディーは，イギリス支配に対し「塩の行進」で抗議した。
　　　「塩の行進」（1930）…**ガンディー**がイギリスによる塩の専売に
　　　反発し非暴力・**不服従**運動の一環として主導

☐ **6.** 解答 ✕ 英印円卓会議は，イギリス側が提唱した。
　　　英印円卓会議…インドの民族運動を懐柔するためイギリスが提唱
　　　して開催➡成果なし

☐ **7.** 解答 ✕ 1935年の新インド統治法は，部分的な自治を認めた。
　　　新インド統治**法**（1935）…連邦制・**州自治**を承認，中央の財政・
　　　外交などはイギリスが掌握➡完全独立を要求する運動高揚

☐ **8.** 解答 ◯ 年代 1940年代のムスリム連盟は，ムスリムの分離独立を主張。
　　　全インド＝ムスリム連盟…ジンナーが指導，国民会議派と対立➡
　　　ムスリム国家パキスタンの建設を主張

☐ **9.** 解答 ◯ スカルノは，インドネシア国民党を結成した。
　　　インドネシア独立運動…オランダ支配に対抗，インドネシア共産**党**
　　　（アジア初の共産党）やインドネシア国民**党**（スカルノ結成）が成立

☐ **10.** 解答 ✕ インドシナ共産党を母体に，ベトナム独立同盟会が成立。
　　　インドシナ民族運動…フランス支配に対抗，ホー＝チ＝ミンが**ベ
　　　トナム青年革命同志会**結成➡**インドシナ共産党**成立➡**ベトナム独
　　　立同盟会（ベトミン）**成立

☐**11.** ビルマ（ミャンマー）では，シン＝フェイン党が，民族運動を進めた。

☐**12.** フィリピンは，ドイツの植民地とされた。

☐**13.** タイは東南アジアの中では唯一植民地支配を免れ，独立を保った。

4 戦間期の西アジア・アフリカ

☐**1.** 今日のトルコの国境は，第一次世界大戦後のセーヴル条約によって定められた。

☐**2.** 20世紀前半にトルコでは，ウラービー（オラービー）がスルタン制を廃止した。

☐**3.** アンカラは，トルコ共和国の首都となった。

☐**4.** ムスタファ＝ケマルは，トルコ語のアラビア文字表記を採用した。

☐**5.** エジプトでは，第一次世界大戦後，ワフド党が反英民族運動を展開した。

☐**6.** アフガニスタンは，19世紀にロシアの保護国となった。

☐**11.** 解答 ✕　ビルマでは, タキン党が独立運動を推進した。
　　　ビルマ（ミャンマー）独立運動…**イギリス**支配に対抗, **アウン = サ**
　　　ン指導の**タキン党**が独立運動推進
　　　→P.185 シン = フェイン党は, アイルランド完全独立を求める民族主義政党

☐**12.** 解答 ✕　フィリピンは, 19世紀末にスペイン領からアメリカ領に移行。
　　　フィリピン…**アメリカが独立を約束**（1930s）**➡フィリピン独立法**
　　　に基づき自治政府の**フィリピン独立準備政府**発足

☐**13.** 解答 ◯　タイは, ラタナコーシン朝のもと東南アジアで唯一独立を維持。
　　　タイ（ラタナコーシン朝［チャクリ朝］）…**独立維持**, タイ立憲**革**
　　　命で専制政治打倒（1930s）

🔍 解答・ポイント

☐**1.** 解答 ✕　セーヴル条約で失った領土の一部は, ローザンヌ条約で回復。
　　　オスマン帝国…第一次世界大戦敗北**➡セーヴル条約**（領土割譲・
　　　治外法権など）や**侵入ギリシア軍との戦い➡ムスタファ = ケマル**
　　　指導の**トルコ革命**勃発

☐**2.** 解答 ✕　トルコでスルタン制を廃止したのは, ムスタファ = ケマル。
　　　ムスタファ = ケマル…トルコ大国民議会開催, スルタン**制廃止➡**
　　　オスマン帝国滅亡, 連合国と**ローザンヌ条約**締結（セーヴル条
　　　約破棄）**➡イズミル回復**・独立回復
　　　→P.217,P.219 ウラービーは, エジプトでイギリス支配に対し反乱（19C後半）

☐**3.** 解答 ◯　トルコ共和国は, アンカラを首都として成立。
　　　トルコ共和国…アンカラを首都に成立（1920s）, 初代大統領は**ム**
　　　スタファ = ケマル➡議会が**アタテュルク**（「トルコの父」）の尊称

☐**4.** 解答 ✕　トルコ共和国では, アラビア文字を廃止してローマ字採用。
　　　トルコの近代化改革…カリフ制廃止**➡政教分離**, 女性解放（一夫
　　　一婦制・女性参政権など）, 文字**改革**（ローマ字採用）

☐**5.** 解答 ◯　エジプトではワフド党の民族運動が高揚し, エジプト王国独立。
　　　エジプト…第一次世界大戦後**ワフド党**の独立運動**➡エジプト王国**
　　　独立, イギリスはスエズ運河地帯駐屯権保持

☐**6.** 解答 ✕　アフガニスタンは, 19世紀にイギリスの保護国となった。
　　　アフガニスタン…**イギリス**による保護国化（19C後半）, 第一次世
　　　界大戦後にイギリスから独立

□**7.** 20世紀にレザー＝ハーンが，パフレヴィー朝を開いた。

□**8.** ムハンマド＝アリーが，サウジアラビアを建国した。

□**9.** イラクは，フランスの委任統治から独立した。

□**10.** イギリスの外相バルフォアがアラブ人の協力を得るため，バルフォア宣言を発した。

☐ **7.** 解答 ○　年代 20世紀前半に, レザー＝ハーンがパフレヴィー朝を樹立。

　　　　イラン…第一次世界大戦後イギリスの影響力増大➡レザー＝ハー
　　　　ンがカージャール**朝**を打倒しパフレヴィー**朝**樹立（1920s）, 国
　　　　号を**イラン**に改称

☐ **8.** 解答 ✕　サウジアラビア王国を建てたのは, イブン＝サウード。

　　　　アラビア半島…ワッハーブ**派**（**イブン＝アブドゥル＝ワッハーブ**創
　　　　始）と**サウード家**が協力しワッハーブ**王国**成立➡滅亡（19C）,
　　　　第一次世界大戦後サウード家の**イブン＝サウード**がサウジアラ
　　　　ビア**王国**建国（1930s）

　　　　→P.215,P.217 ムハンマド＝アリーは, 19C 前半のエジプト総督

☐ **9.** 解答 ✕　イラクは, イギリスの委任統治から独立。

　　　　イギリスの委任統治から独立…イラク**王国**・ヨルダン**王国**
　　　　フランスの委任統治から独立…**レバノン・シリア**

☐ **10.** 解答 ✕　バルフォア宣言は, ユダヤ人の戦争協力が目的。

　　　　フセイン・マクマホン**協定**…イギリスが**アラブ人**の独立支援
　　　　バルフォア**宣言**…イギリスが**ユダヤ人**国家建設（**シオニズム**）支援
　　　　➡パレスチナをめぐるアラブ人とユダヤ人の対立➡**パレスチナ問題**

1 世界恐慌

☐ **1.** ニューヨークで株価が暴落し，世界恐慌のきっかけとなった。

☐ **2.** 共和党のフランクリン＝ローズヴェルト大統領在任中に，世界恐慌が発生し，「繁栄の20年代」は終焉を迎えた。

☐ **3.** ニューディールは，フランクリン＝ローズヴェルトによって推進された。

☐ **4.** アメリカ合衆国では，農業調整法（AAA）によって，農産物価格の引き下げが行われた。

☐ **5.** ニューディールでは，全国産業復興法（NIRA）が制定された。

☐ **6.** 1930年代にアメリカ合衆国では，テネシー川流域開発公社（TVA）の設立のような，政府主導による経済政策がとられた。

☐ **7.** アメリカ合衆国では，ワグナー法によって労働者の団結権が確定した。

☐ **8.** 1920年代にアメリカ合衆国は，ソ連を承認した。

☐ **9.** 1920年代のアメリカは，善隣外交によってラテンアメリカとの関係改善をはかった。

🔍 解答・ポイント

☐ **1.** 解答 ○ ニューヨークの株価暴落が世界に波及し，世界恐慌となった。
ウォール街のニューヨーク**株式市場**で株価大暴落＝「暗黒の木曜
日」（1929）➡アメリカの経済恐慌が世界に波及し世界恐慌に

☐ **2.** 解答 ✕ 世界恐慌発生時のアメリカ大統領は，共和党のフーヴァー。
フーヴァー…**世界恐慌発生時**のアメリカ大統領（**共和党**）➡フー
ヴァー＝モラトリアム（戦債・賠償の猶予）➡効果なし

☐ **3.** 解答 ○ フランクリン＝ローズヴェルトが，ニューディール推進。
フランクリン＝ローズヴェルト…恐慌対策として1930s にニューデ
ィールや善隣外交などを推進したアメリカ大統領（**民主党**）

☐ **4.** 解答 ✕ 農業調整法は，農産物価格の引き上げをはかった。
農業調整**法**（AAA）…**ニューディール**の一環，農業生産の制限
と農産物の価格引き上げ

☐ **5.** 解答 ○ 全国産業復興法で，製品の生産制限と労働者の権利保障。
全国産業復興**法**（NIRA）…**ニューディール**の一環，工業製品の
生産制限と労働者の権利（団結権など）を保障

☐ **6.** 解答 ○ 年代 1930年代に，テネシー川流域開発公社が設立された。
テネシー川流域開発**公社**（TVA）…**ニューディール**の一環，公共
事業による失業者の吸収をはかる

☐ **7.** 解答 ○ ワグナー法で，労働者の団結権などが保障された。
ワグナー**法**…全国産業復興法の労働者の権利関係の部分を再立
法化

☐ **8.** 解答 ✕ 年代 アメリカのソ連承認は，世界恐慌発生後の1930年代。
アメリカによる**ソ連の承認**（1930s）…世界恐慌発生後のソ連の市
場としての期待や全体主義の台頭が背景➡ソ連**の国際連盟加盟**

☐ **9.** 解答 ✕ 年代 ラテンアメリカに対する善隣外交は，1930年代。
善隣**外交**…ラテンアメリカとの通商拡大をはかるため従来の高圧
的なカリブ海政策を転換➡キューバ**独立の承認**（1930s）

☐**10.** 第2次マクドナルド内閣は，世界恐慌に際して，失業保険金の増額を打ち出した。

☐**11.** 世界恐慌が起こると，イギリスは金本位制に復帰した。

☐**12.** 20世紀に，ウェストミンスター憲章で，イギリス本国と自治領は対等になった。

☐**13.** イギリスは，オタワで開かれたイギリス連邦会議で自由貿易体制の堅持を確認した。

☐**14.** 1930年代に，フランスがフラン＝ブロックを形成した。

☐**15.** ソ連は，世界恐慌による混乱を避けるために，資本主義的な経営の復活を一時認めた。

☐**16.** スターリン時代のソ連では，大規模な粛清など，反対派への厳しい弾圧が行われた。

２ ファシズムの拡大

☐**1.** 政権獲得直後にヒトラーは，国際連盟に加入して，ドイツの国際的地位を回復した。

□**10.** 解答 ✕　第２次マクドナルド内閣は，失業保険の削減をはかった。
　　第２次マクドナルド**内閣**…**世界恐慌発生時**のイギリスの内閣（**労働党**内閣）➡**首相マクドナルド**が失業保険の**削減**を提案して労働党除名➡内閣崩壊

□**11.** 解答 ✕　世界恐慌が起こると，イギリスは金本位制を停止した。
　　マクドナルド挙国一致**内閣**…マクドナルドが保守党・自由党と組閣，恐慌対策として1930sに金本位制**停止**や**ブロック経済**採用

□**12.** 解答 〇　年代 20世紀前半に，イギリス本国と自治領は対等になった。
　　ウェストミンスター**憲章**でイギリス本国と自治領の対等を法制化（1930s）➡イギリス**連邦**が正式に発足

□**13.** 解答 ✕　イギリスは，ブロック経済の採用で自由貿易体制を放棄した。
　　オタワ連邦**会議**（イギリス連邦経済**会議**）（1930s）…イギリス連邦内で**ブロック経済**（保護関税による排他的経済圏の形成）採用➡**スターリング＝ブロック**（ポンド＝ブロック）の成立

□**14.** 解答 〇　年代 世界恐慌対策として，1930年代にフラン＝ブロック成立。
　　フラン＝ブロック…**フランス**を中心とするブロック経済
　　ドル＝ブロック…**アメリカ**を中心とするブロック経済

□**15.** 解答 ✕　ソ連は世界恐慌の影響を受けず，社会主義計画経済を続けた。
　　第１次五カ年**計画**（1920s～30s）…世界恐慌の影響を受けず
　　第２次五カ年**計画**（1930s）…軽工業の発展もめざす
　　(→P.229) 一部資本主義を導入して経済の回復をはかったのは，新経済政策（ネップ）

□**16.** 解答 〇　スターリンの独裁体制下で，大規模な粛清が行われた。
　　スターリン体制…スターリンが確立した独裁体制，民主的な**スターリン憲法**制定（1930s）の一方で大規模な**粛清**など反対派を弾圧

📖 解答・ポイント

□**1.** 解答 ✕　ヒトラーは，政権獲得後に国際連盟を脱退した。
　　ナチス（国民［国家］社会主義ドイツ労働者**党**，ナチ**党**）…党首ヒトラーがユダヤ人**排斥**・ヴェルサイユ体制打破など主張➡ミュンヘン一揆失敗で合法的政権獲得路線へ
　　(→P.235) ドイツの国際連盟加入は，ヒトラーの政権獲得より前の1920s

☐**2.** イタリアでは，世界恐慌に対処するために，ファシスト政権が成立した。

☐**3.** 1920年代のドイツでは，国会議事堂放火事件を口実に，共産党が弾圧された。

☐**4.** ドイツで，ナチスの一党独裁の結果，全権委任法が成立した。

☐**5.** ヒンデンブルク大統領の死後，ヒトラーは総統と称した。

☐**6.** ゲシュタポは，イタリアのファシズム体制の秘密警察である。

☐**7.** ドイツで捕らえられたユダヤ人は，オランダのアウシュヴィッツ収容所に連行された。

☐**8.** ナチス政権は，アウトバーンの建設など，大規模な土木事業を行った。

☐**9.** 1930年代にドイツは，住民投票によって，ザール地方を編入した。

☐**10.** ナチス＝ドイツは，国際連盟を脱退し，再軍備を宣言した。

☐**11.** 1930年代にイギリスが，ドイツと海軍協定を結んだ。

□ **2.** 解答 ✕ 世界恐慌後にファシズムが台頭し政権を獲得したのは, ドイツ。
ナチスが**中産層（中産階級）**中心に世界恐慌後に支持拡大➡
1932年選挙で第一党➡**ヒンデンブルク**大統領がヒトラーを首相
に任命 = **ヒトラー内閣**成立
→P.235 イタリアでは, 世界恐慌より前にファシスト政権成立

□ **3.** 解答 ✕ 年代 ナチスが政権を獲得し共産党を弾圧したのは, 1930年代。
世界恐慌発生後にナチスと共産党が勢力拡大➡ナチス政権は国会
議事堂放火**事件**を口実に共産**党弾圧**➡**全権委任法**を成立させる

□ **4.** 解答 ✕ 全権委任法成立後, ナチスの一党独裁実現。
全権委任法（議会の立法権を政府に移す）成立 = 議会制民主主
義の否定➡ナチス以外の政党を解散させ**一党独裁**体制確立

□ **5.** 解答 ○ ヒンデンブルクの死後, ヒトラーは総統（フューラー）と称した。
ヒンデンブルク大統領の死➡ヒトラーは大統領と首相の権限を兼
ねる地位として**総統（フューラー）**を称する

□ **6.** 解答 ✕ ゲシュタポは, ナチス時代のドイツの秘密警察。
親衛隊（SS）・秘密警察（ゲシュタポ）などが反対派を弾圧
➡思想・言論の統制などに反発し**トマス = マン**などが亡命

□ **7.** 解答 ✕ アウシュヴィッツは, ポーランドの強制収容所。
ナチスのユダヤ人**排斥**…ユダヤ系の**アインシュタイン**の亡命, **ポー
ランド**のアウシュヴィッツなどの強制収容所で**ホロコースト**と呼
ばれるユダヤ人虐殺

□ **8.** 解答 ○ ナチス政権は, アウトバーン建設などの公共事業で失業者吸収。
アウトバーン（高速道路）建設などの公共事業➡失業者を吸収し
世界恐慌を克服➡ナチスへの国民の支持拡大

□ **9.** 解答 ○ 年代 1930年代にナチス政権は, 住民投票でザール地方を編入。
ザール編入（1935）…ザールのドイツ帰属が住民投票で決定

□ **10.** 解答 ○ ドイツは国際連盟を脱退し, 再軍備を宣言して徴兵制を復活。
ドイツの国際連盟**脱退**（日本の脱退に次ぐ）（1933）➡**再軍備宣
言**と徴兵制**復活**（ヴェルサイユ条約の軍備制限破棄）（1935）

□ **11.** 解答 ○ 年代 1930年代にイギリスは, 英独海軍協定を締結。
英独海軍協定（1935）…イギリスはドイツの再軍備を事実上容認

☐**12.** ドイツは，ロカルノ条約を破棄して，ラインラントに進駐した。

☐**13.** ムッソリーニは，エチオピアを侵略し，併合した。

☐**14.** フランスで，ド＝ゴールを首相とする人民戦線内閣が成立した。

☐**15.** イギリスとフランスは，スペイン内戦において人民戦線政府を援助する政策をとった。

☐**16.** スペイン内戦では，フランコ政権をソ連と国際義勇軍が支援した。

☐**17.** ピカソは，ドイツ軍による無差別爆撃を受けたフランスの小都市ゲルニカの悲劇を描いた。

☐**18.** 第二次世界大戦勃発に先立って，日本・ドイツ・イタリアは防共協定を締結した。

☐**19.** オーストリアは，ソ連に併合された。

☐**20.** ヒトラーは，ポーランドのズデーテン地方を併合した。

☐**21.** チェコスロヴァキアは，ミュンヘン会談を経て解体された。

□**12.** 解答 ○　ドイツは, ラインラント非武装化を定めたロカルノ条約を破棄。
　　　　　ドイツが**ロカルノ条約を破棄**し**ラインラント進駐**（1936）＝ヴェ
　　　　　ルサイユ体制の崩壊

□**13.** 解答 ○　ムッソリーニのイタリアは, エチオピアに侵攻し併合した。
　　　　　イタリア…世界恐慌発生後にムッソリーニ政権が**エチオピア侵
　　　　　攻・併合**（1935〜36）➡国際連盟は経済制裁のみで効力なし

□**14.** 解答 ✕　フランスでは, ブルムを首相とする人民戦線内閣が成立した。
　　　　　コミンテルン第7回大会で反ファシズムの人民戦線形成を提唱
　　　　　フランス…**ブルム**人民戦線**内閣**（社会党・共産党などが連合）成立
　　　　　→P.257 ド＝ゴールは第二次世界大戦でナチスに対するレジスタンス展開

□**15.** 解答 ✕　スペイン内戦において, イギリスとフランスは不干渉政策。
　　　　　スペイン**内戦**（1936〜39）…**スペイン**で成立した人民戦線**内閣**
　　　　　にフランコが反乱➡**イギリス・フランスは不干渉政策**

□**16.** 解答 ✕　スペイン内戦でソ連と国際義勇軍は, 人民戦線内閣を支援。
　　　　　人民戦線内閣支援…ソ連・国際義勇軍（ヘミングウェーなど）
　　　　　フランコ支援…ドイツ・イタリア➡**ベルリン＝ローマ枢軸**の結成

□**17.** 解答 ✕　ドイツの爆撃を受けたゲルニカは, スペインの都市。
　　　　　スペイン内戦でゲルニカをドイツが無差別爆撃➡ピカソ「**ゲルニ
　　　　　カ**」で抗議
　　　　　スペイン内戦はフランコ側勝利➡フランコ独裁体制成立

□**18.** 解答 ○　国際的に孤立した日本・ドイツ・イタリアは, 防共協定締結。
　　　　　三国防共協定…日本・ドイツ・イタリア（エチオピア侵攻で孤立）
　　　　　が参加➡**イタリア**が国際連盟脱退

□**19.** 解答 ✕　1930年代にオーストリアを併合したのは, ドイツ。
　　　　　オーストリア…**ドイツ**が併合（1938）

□**20.** 解答 ✕　ズデーテン地方は, チェコスロヴァキアの領土。
　　　　　ミュンヘン会談（1938）…ネヴィル＝チェンバレン（イギリス）の宥
　　　　　和政策➡**チェコスロヴァキアのズデーテン地方**をドイツに割譲

□**21.** 解答 ○　ミュンヘン会談後に, ドイツはチェコスロヴァキアを解体。
　　　　　ミュンヘン会談後のドイツ…**チェコスロヴァキア解体**➡スロヴァキ
　　　　　ア保護国化, **ポーランド**に**ダンツィヒ割譲**と**ポーランド回廊**通行
　　　　　権などを要求➡拒否

6

二度の世界大戦

3

世界恐慌と第二次世界大戦

3 第二次世界大戦

☐**1.** ドイツは独ソ不可侵条約を破棄して，ポーランドに侵攻した。

☐**2.** バルト3国は，第二次世界大戦が始まると，ソ連によって併合された。

☐**3.** 第二次世界大戦中に，フィンランドが独立した。

☐**4.** 第二次世界大戦中に，ソ連は，対ドイツ戦に備える名目で，中立国のデンマークとノルウェーを占領した。

☐**5.** ヴィシー政権は，イギリスに亡命して，ヒトラーに抵抗した。

☐**6.** 第二次世界大戦で，イタリアは，同盟国ドイツを側面から援助するため，オーストリアを占領した。

☐**7.** スイスで，ティトーがパルチザン運動を展開した。

☐**8.** イギリス・フランス・ソ連は，第二次世界大戦が勃発するとすぐに同盟関係を結んだ。

☐**9.** 第二次世界大戦中に，アメリカ合衆国は，ソ連に武器貸与法を適用した。

☐**10.** 真珠湾攻撃のあとに，日本軍がフランス領インドシナ連邦に進駐した。

解答・ポイント

☐ **1.** 【解答】 ✕　ドイツは独ソ不可侵条約を締結して，ポーランドに侵攻した。
ソ連がイギリス・フランスの宥和政策に不信感➡**独ソ不可侵条約**
成立➡**ドイツのポーランド侵攻**で第二次世界**大戦**勃発（**1939**）

☐ **2.** 【解答】 ○　第二次世界大戦開戦後，ソ連はバルト3国を併合。
ソ連…ポーランド**侵攻**➡ドイツ・ソ連でポーランドを分割・占領，
バルト3国（エストニア・ラトヴィア・リトアニア）**併合**

☐ **3.** 【解答】 ✕　第一次世界大戦後に独立していたフィンランドに，ソ連が侵攻。
ソ連 = フィンランド**戦争**（冬**戦争**）…第二次世界大戦中にソ連が
フィンランドに侵攻して勃発➡**国際連盟はソ連を除名**

☐ **4.** 【解答】 ✕　第二次世界大戦では，ドイツがデンマーク・ノルウェーに侵入。
ドイツ…デンマーク・ノルウェー侵入➡オランダ・ベルギー侵入➡
パリ占領 = フランス降伏（1940）➡フランス北半はドイツが占領

☐ **5.** 【解答】 ✕　イギリスに亡命してヒトラーに抵抗したのは，ド = ゴール。
ヴィシー**政府**…ペタンを首班にフランス南半を支配，ドイツに協力
自由フランス政府…ド = ゴールがロンドンに樹立した亡命政府，レ
ジスタンス（対ドイツ抵抗運動）指導

☐ **6.** 【解答】 ✕　ドイツに併合されたオーストリアは，ドイツ側で参戦。
イタリア参戦…ドイツの優勢を背景に**ドイツ側で参戦**➡日独伊三
国同盟成立

☐ **7.** 【解答】 ✕　ティトーは，ユーゴスラヴィアでパルチザンを展開した。
ドイツのバルカン制圧➡**ユーゴスラヴィアのティトーがパルチザン**
（遊撃戦）でドイツに抵抗

☐ **8.** 【解答】 ✕　ソ連とイギリスの同盟は，独ソ戦開始後。
独ソ戦…バルカンでのドイツとソ連の対立を背景に開戦（1941）
➡ドイツを共通の敵とするイギリスとソ連が提携

☐ **9.** 【解答】 ○　アメリカは，武器貸与法でソ連を支援した。
武器貸与法…フランス降伏後に**アメリカが反ファシズム諸国**（イギ
リス・ソ連など）支援

☐ **10.** 【解答】 ✕　日本のフランス領インドシナ進駐後に，真珠湾攻撃が起こった。
日本のフランス領インドシナ**進駐**➡日本包囲の「**ABCD ライン**」
➡日米交渉決裂➡日本の真珠湾（パールハーバー）**攻撃**を機に太
平洋**戦争**勃発（**1941**）➡**ドイツ・イタリアが対アメリカ宣戦**

☐**11.** 日本は，独ソ戦が始まるとシベリアに攻め込んだ。

☐**12.** 第二次世界大戦中に，日本軍がシンガポールを占領した。

☐**13.** 第二次世界大戦中に唱えられた「大東亜共栄圏」とは，日本を盟主とした環太平洋地域の経済・軍事・政治ブロックのことである。

☐**14.** フランクリン゠ローズヴェルトとチャーチルは，大西洋憲章によって戦後の民主主義と国際協調の基本構想を明らかにした。

☐**15.** ソ連軍は，スターリングラードの戦いでドイツ軍に敗れた。

☐**16.** 第二次世界大戦中に，連合軍がノルマンディーに上陸した。

☐**17.** 連合国側首脳はヤルタで会談し，ソ連の対日参戦を決定した。

☐**18.** ミッドウェー海戦では，日本軍がアメリカ軍に壊滅的な打撃を与えた。

☐**19.** カイロ会談には，ソ連からスターリンが参加した。

□**11.** 解答 ✗ 独ソ戦開始前に，日本とソ連は日ソ中立条約で不可侵を確認。
日ソ中立**条約**…ソ連は独ソ戦に備えて，日本はアメリカを牽制し
南方進出をはかるため両国で中立を確認

□**12.** 解答 ○ 日本は，第二次世界大戦中にシンガポールなどを占領した。
太平洋戦争開戦後の日本…東南アジアに進出し**マレー・フィリピ
ン・シンガポール・ジャワ・スマトラ**などを占領

□**13.** 解答 ✗ 「大東亜共栄圏」は日本盟主の中国・東南アジアの共栄圏。
「大東亜共栄圏」…日本が中国・東南アジアの白人支配からの解
放提唱➡日本の**軍政**支配に抗日運動も起こる

□**14.** 解答 ○ 大西洋憲章で，戦後の基本構想を明確化した。
大西洋憲章（1941）…フランクリン゠ローズヴェルト（アメリカ
大統領）とチャーチル（イギリス首相）が**大西洋上会談**で発表，
枢軸国（ファシズム国家）に対する連合国の戦争目的や戦後の
基本構想を明確化➡**国際連合憲章**に継承

□**15.** 解答 ✗ ソ連は，スターリングラードの戦いでドイツに勝利した。
スターリングラードの戦い（1942〜43）…ソ連がドイツに**勝利**
イタリア…連合軍の北アフリカ・シチリア島上陸➡ムッソリーニ失
脚➡**バドリオ新政府**が無条件降伏（1943）

□**16.** 解答 ○ 第二次世界大戦中，連合軍がノルマンディーに上陸。
テヘラン**会談**（1943）で**ローズヴェルト・チャーチル・スターリ
ン**が会談➡連合軍が**ノルマンディー上陸**➡パリ解放（1944）

□**17.** 解答 ○ ヤルタ会談では，ドイツの戦後処理やソ連の対日参戦を決定。
ヤルタ**会談**（1945）で**ローズヴェルト・チャーチル・スターリン**
が会談➡**ヤルタ協定**でドイツの戦後処理や**ソ連の対日参戦**など
決定➡ベルリン陥落でドイツが無条件降伏

□**18.** 解答 ✗ ミッドウェー海戦で，日本はアメリカに大敗し，後退の契機。
ミッドウェー**海戦**（1942）で日本がアメリカに**敗北**➡ガダルカナ
ル島撤退➡サイパン島陥落➡**アメリカ軍がフィリピン奪回**➡日本
本土空襲激化➡**アメリカ軍が沖縄本島上陸**（1945）

□**19.** 解答 ✗ スターリンは，カイロ会談に参加していない。
カイロ**会談**（1943）…**ローズヴェルト・チャーチル・蔣介石**が会
談，**カイロ**宣言で日本の無条件降伏や朝鮮独立・台湾返還など
対日処理方針を決定

□**20.** フランクリン＝ローズヴェルトは，連合国首脳の一人としてポツダム会談に出席した。

□**21.** ポツダム宣言では，日本とドイツに対し，降伏が求められた。

☐**20.** 解答 ✕　ポツダム会談に出席したアメリカ大統領は，トルーマン。
　　　　　ポツダム**会談**(1945)…ドイツ降伏後に**トルーマン**(アメリカ)・**チャーチル**(途中から**アトリー**)(イギリス)・**スターリン**が会談

☐**21.** 解答 ✕　ポツダム宣言の時点で，すでにドイツは降伏している。
　　　　　ポツダム**宣言**で**日本に無条件降伏勧告**➡**アメリカが**広島・長崎に原爆**投下**，ソ連が対日参戦➡**日本降伏**（1945）

6

二度の世界大戦

3

世界恐慌と第二次世界大戦

第7章　第二次世界大戦後の世界

1 ┃ 冷戦の展開

1 ┃ 冷戦の開始

☐ **1.** サンフランシスコ会議で、国際連合憲章が採択された。

☐ **2.** 国際連合は、第二次世界大戦中、日本が降伏する前に発足した。

☐ **3.** 国連安全保障理事会では、イギリス・アメリカ合衆国・ソ連・フランス・カナダの五大国に拒否権が与えられている。

☐ **4.** 自由貿易推進のため、ユネスコが設立された。

☐ **5.** 1940年代に、国際通貨基金（IMF）が設立された。

☐ **6.** 保護貿易を強化する目的で、関税と貿易に関する一般協定（GATT）が結ばれた。

☐ **7.** 第二次世界大戦後、ドイツは、アメリカ合衆国・イギリス・フランス・ソ連の4カ国によって分割占領された。

☐ **8.** 第二次世界大戦後のオーストリアは、ドイツとは異なり、分割占領されなかった。

📖 解答・ポイント

☐ **1.** 解答 ○ 国際連合憲章が採択されたのは，サンフランシスコ会議。
　　ダンバートン=オークス会議(1944)…国際連合憲章の**原案作成**
　　サンフランシスコ**会議**（1945）…国際連合憲章の**採択**

☐ **2.** 解答 ✕ 日本降伏後，第二次世界大戦後の1945年に発足。
　　国際連合（国連）…本部は**ニューヨーク**，総会（多数決制）・安全
　　保障理事**会**・経済社会理事会・国際司法裁判所中心，**世界人
　　権宣言**を採択

☐ **3.** 解答 ✕ 五大国は，アメリカ・イギリス・フランス・ソ連・中国。
　　安全保障理事**会**…**常任理事国**（**アメリカ・イギリス・フランス・
　　ソ連**［ロシア］・**中国**）に拒否**権**，軍事制裁可能

☐ **4.** 解答 ✕ ユネスコは，教育・科学・文化を通じた国際理解を推進。
　　国連の専門機関…**ユネスコ**（国際連合教育科学文化機関，
　　UNESCO），国際労働機関（**ILO**），**世界保健機関**（**WHO**），
　　国際通貨**基金**，国際復興開発**銀行**など

☐ **5.** 解答 ○ 年代 第二次世界大戦後の1940年代に，国際通貨基金設立。
　　ブレトン=ウッズ体制…金と交換可能なアメリカ=ドルを基軸とし
　　た固定相場制，国際通貨基金（**IMF**）・国際復興開発銀行（世
　　界銀行，**IBRD**）を設立

☐ **6.** 解答 ✕ GATTは，自由貿易の維持・拡大を目的とした。
　　「関税と貿易に関する一般協定」（**ガット**，**GATT**）…国際的な**自
　　由貿易**推進を目的➡世界貿易機関（**WTO**）に改編（1990s）

☐ **7.** 解答 ○ ドイツとベルリンは，4カ国に分割占領された。
　　ドイツ…アメリカ・イギリス・フランス・ソ連の**4カ国**が分割占
　　領，旧ドイツの首都ベルリンも**4カ国**が分割管理

☐ **8.** 解答 ✕ オーストリアも，4カ国に分割管理された。
　　オーストリア…アメリカ・イギリス・フランス・ソ連の**4カ国**が共
　　同管理➡**オーストリア国家条約**で主権回復
　　パリ講和条約…イタリアなど旧枢軸国5カ国と連合国の講和

7

第二次世界大戦後の世界

1

冷戦の展開

□**9.** ニュルンベルク国際軍事裁判によって，ナチス＝ドイツの指導者が裁かれた。

□**10.** ヨーロッパの東西両陣営を分ける線は，「鉄のカーテン」と呼ばれた。

□**11.** スペインの共産化を恐れたアメリカは，トルーマン＝ドクトリンを発して，対ソ封じ込め政策を開始した。

□**12.** アメリカ合衆国の発表したマーシャル＝プランに対抗して，ソ連と東欧諸国はコミンテルンを組織した。

□**13.** 第二次世界大戦後，東欧では共産党政権のもとでも，地主制などの伝統的な社会制度が維持された。

□**14.** ソ連と対立したユーゴスラヴィアは，コミンフォルムには最初から加わらなかった。

□**15.** 西ヨーロッパ連合条約（ブリュッセル条約）は，チェコスロヴァキアの政変に対抗してできたものである。

□**16.** ソ連占領下のドイツで行った通貨改革に対抗して，アメリカ合衆国・イギリス・フランス3国はベルリン封鎖を行った。

□**17.** 第二次世界大戦後のドイツでは，ソ連占領地区にドイツ連邦共和国が成立した。

□**18.** アメリカ合衆国は，経済相互援助会議（COMECON）を組織した。

□**9.** 解答 ○ 国際軍事裁判で，ドイツと日本の戦争犯罪者が裁かれた。
　　　　ドイツ…**ニュルンベルク裁判**
　　　　日本…**東京裁判**（**極東国際軍事裁判**），**日本国憲法**による民主化

□**10.** 解答 ○ ヨーロッパの東西両陣営の境界は，「鉄のカーテン」と表現。
　　　　冷戦…自由主義陣営（アメリカ中心）と社会主義陣営（ソ連中心）の対立
　　　　「鉄のカーテン」…イギリス前首相**チャーチル**がソ連の脅威を主張

□**11.** 解答 × トルーマン＝ドクトリンはギリシア・トルコの共産化阻止。
　　　　トルーマン＝ドクトリン…アメリカ大統領トルーマン（**民主党**）が
　　　　　ギリシア・トルコの共産化阻止のための軍事支援表明➡ソ連への
　　　　　「封じ込め政策」開始

□**12.** 解答 × マーシャル＝プランに対抗したのは，コミンフォルム。
　　　　アメリカ国務長官が**マーシャル＝プラン**（**ヨーロッパ経済復興援助
　　　　　計画**）提案➡ソ連は**コミンフォルム**（**共産党情報局**）結成で対抗
　　　　→P.229 コミンテルンは，第一次世界大戦後に成立し世界革命をめざした

□**13.** 解答 × 東欧諸国は社会主義を採用し，土地改革などが行われた。
　　　　大戦後の東欧…ソ連の影響下に社会主義国家となる

□**14.** 解答 × ユーゴスラヴィアは，コミンフォルムを除名された。
　　　　ユーゴスラヴィア…第二次世界大戦中に**ティトー**がドイツに対する
　　　　　パルチザンを指導➡大戦後は独自の社会主義建設➡**コミンフォ
　　　　　ルムから除名**される

□**15.** 解答 ○ チェコスロヴァキアの政変に対し,西ヨーロッパ連合条約成立。
　　　　チェコスロヴァキア＝クーデタ（共産党の独裁政権成立）➡イギ
　　　　　リス・フランス・ベネルクス３国（ベルギー・オランダ・ルクセ
　　　　　ンブルク）が**西ヨーロッパ連合条約**（ブリュッセル**条約**）を結成

□**16.** 解答 × 西側占領地区の通貨改革に対抗し,ソ連がベルリン封鎖断行。
　　　　アメリカ・イギリス・フランスが**ドイツ西側占領地区で通貨改革**➡
　　　　　ソ連が**ベルリン封鎖**（西ベルリンへの交通遮断）で対抗➡西側
　　　　　は西ベルリンへの物資の空輸で対抗

□**17.** 解答 × ソ連占領地区に成立したのは，ドイツ民主共和国。
　　　　ベルリン封鎖解除後ドイツ分断固定化➡**西側**占領地区に**ドイツ連邦
　　　　　共和国**（**西ドイツ**），東側占領地区に**ドイツ民主共和国**（**東ドイツ**）

□**18.** 解答 × 経済相互援助会議は，ソ連と東欧諸国が組織した。
　　　　経済相互援助会議（**コメコン**，**COMECON**）…ソ連・東欧諸国が
　　　　　組織した経済協力機構

□**19.** 東欧で共産党を中心とする政権があいついで誕生すると，西側諸国は，北大西洋条約機構（NATO）を結成して，共産主義勢力の拡大に対抗した。

□**20.** 西ドイツは，ワルシャワ条約機構の一員となった。

□**21.** 第二次世界大戦後，ベトナムの民族解放闘争は，インドシナ戦争へと展開していった。

□**22.** ジュネーヴ休戦協定により，北緯38度線が，暫定的軍事境界線に定められた。

□**23.** 中華人民共和国は，アメリカ合衆国と友好同盟相互援助条約を締結した。

□**24.** 朝鮮戦争では，ソ連軍を主力とする国連軍が，アメリカ軍と戦った。

□**25.** 第二次世界大戦後のサンフランシスコ平和条約により，日本は主権を回復した。

□**26.** アメリカ合衆国は，オーストラリア，ニュージーランドと太平洋安全保障条約（ANZUS）を結び，南太平洋における反共産主義の軍事同盟を結成した。

□**27.** 冷戦終結後，東南アジア条約機構（SEATO）が結成された。

□**28.** インドと中華人民共和国は，中央条約機構（CENTO）に加盟した。

□**19.** 解答 ○ 西側諸国最大の軍事同盟として，北大西洋条約機構が結成。
北大西洋条約**機構**（**NATO**）…**アメリカ**主導の**西側最大の軍事同盟**
ワルシャワ条約**機構**…**ソ連**主導の**東側最大の軍事同盟**

□**20.** 解答 ✕ 西ドイツの NATO 加盟などに対し，ワルシャワ条約機構成立。
西ドイツ…**パリ協定**で主権回復➡**再軍備**と **NATO 加盟**が実現
➡東側諸国は対抗して**ワルシャワ条約機構**結成

□**21.** 解答 ○ ベトナムとフランスとの間にインドシナ戦争勃発。
インドシナ戦争…日本降伏後に**ベトナム独立同盟会（インドシナ共
産党**中心）がベトナム民主共和国の独立宣言➡フランスが認め
ず開戦➡フランスが敗北して撤退

□**22.** 解答 ✕ ジュネーヴ休戦協定による暫定的軍事境界線は，北緯17度線。
北緯17度線…インドシナ戦争のジュネーヴ休戦**協定**による境界線
北緯38度線…**朝鮮半島**で米ソによる分割占領の境界線

□**23.** 解答 ✕ 中華人民共和国は，ソ連と友好同盟相互援助条約を締結。
中国…**国共内戦**に勝利した**中国共産党**が中華人民共和国樹立➡ア
メリカ・日本に対抗して**中ソ友好同盟相互援助条約**を締結し**東
側陣営**の立場を明確化

□**24.** 解答 ✕ 国連軍はアメリカ軍主力で，ソ連支援の北朝鮮などと戦った。
朝鮮**戦争**（1950s）…北朝鮮の韓国侵攻で勃発➡**アメリカ軍**主力
の国連**軍**が**出動**し韓国支援➡中華人民共和国**の義勇軍**が北朝
鮮支援➡休戦**協定**

□**25.** 解答 ○ サンフランシスコ平和条約で，日本は主権を回復した。
日本…**サンフランシスコ平和条約（サンフランシスコ講和会議**で締
結）で主権回復➡**日米安全保障条約**で**西側陣営**に取り込み

□**26.** 解答 ○ アメリカは，太平洋の安全保障条約として ANZUS を締結。
アジアで共産主義拡大➡アメリカ主導の反共同盟構築…**オースト
ラリア・ニュージーランド**と太平洋安全保障**条約**（ANZUS）締結

□**27.** 解答 ✕ 東南アジア条約機構は，冷戦期の反共安全保障機構。
東南アジアの反共安全保障…**東南アジア条約機構**（SEATO）

□**28.** 解答 ✕ 中央条約機構は，西アジア中心の反共安全保障機構。
西アジアの反共安全保障…**バグダード条約機構**（中東条約**機構**，
METO）➡イラクの脱退で**中央条約機構**（CENTO）に再編

□**29.** 世界最初の原子爆弾は，アメリカ合衆国によって開発・使用されたが，その後ソ連もその製造に成功した。

□**30.** 太平洋のビキニ環礁などでは，核実験がしばしば行われ，人間と自然に深刻な影響を及ぼした。

□**31.** パグウォッシュ会議で，科学者たちが核兵器の禁止を訴えた。

2 平和共存の時代

□**1.** ジュネーヴ4巨頭会談の結果，アメリカ合衆国とソ連の緊張が緩和した。

□**2.** 1980年代後半に，ソ連共産党の第20回大会が開かれ，スターリン批判が行われた。

□**3.** ソ連が平和共存路線を打ち出したことにより，ワルシャワ条約機構は解体した。

□**4.** ハンガリーのポズナニで，大規模な反ソ暴動が起こった。

□**5.** ポーランドは，ナジ政権のもとで，ソ連の軍事侵攻を受けた。

□**6.** ソ連は，アメリカ合衆国に先行して，人工衛星の打ち上げに成功した。

□**7.** 1950年代には，米ソ首脳会談の実現など「雪どけ」のムードが広がった。

□**29.** 解答 ○ アメリカに続きソ連が，原子爆弾（げんしばくだん）の開発・実験に成功。
原子爆弾（原爆）の開発国…アメリカ（第二次世界大戦で広島・長崎に**原爆投下**），**ソ連**，**イギリス**，**フランス**，**中国**，**インド**，**パキスタン**，**北朝鮮**

□**30.** 解答 ○ アメリカのビキニ水爆実験で，第五福竜丸（ふくりゅうまる）事件が起こった。
第五福竜丸事件…アメリカの**ビキニ水爆実験**で日本漁船乗組員が死傷➡世界的な原水爆禁止運動➡**原水爆禁止世界大会**の開催

□**31.** 解答 ○ パグウォッシュ会議で，世界の科学者が核兵器禁止を訴えた。
パグウォッシュ会議…科学者たちが核兵器廃絶を訴える

🔍 解答・ポイント

□**1.** 解答 ○ ジュネーヴ４巨頭会談の開催で，米ソの緊張緩和。
ジュネーヴ４巨頭会談（1950s）…アメリカ（**アイゼンハワー**）・ソ連・イギリス・フランスの首脳が会談➡緊張緩和へ

□**2.** 解答 × 年代 ソ連共産党第20回大会でのスターリン批判は，1950年代。
ソ連…**スターリンの死**➡フルシチョフ中心の集団指導体制➡**ソ連共産党第20回大会**でフルシチョフが**スターリン批判**・**平和共存政策**を発表（1950s）

□**3.** 解答 × ソ連の平和共存政策によって，コミンフォルムが解散した。
コミンフォルム解散（1950s）…平和共存政策の一環として実施
(➡P.277) ワルシャワ条約機構の解体は，冷戦終結後の1990s

□**4.** 解答 × ポズナニは，反ソ暴動が起こったポーランドの都市。
ポーランド反政府反ソ暴動（1950s）…ポーランドの**ポズナニ**で暴動➡**ゴムウカ（ゴムルカ）**が自主解決➡ソ連軍の介入を**回避**

□**5.** 解答 × ソ連の軍事侵攻を受けたのは，ハンガリー。
ハンガリー反ソ暴動（ハンガリー事件）（1950s）…首相**ナジ＝イムレ**がソ連圏から離脱を表明➡**ソ連軍の侵攻**

□**6.** 解答 ○ ソ連は，世界最初の人工衛星の打ち上げに成功した。
ソ連…世界初の**人工衛星**打ち上げ成功（1950s）

□**7.** 解答 ○ 年代 1950年代は，「雪どけ」と呼ばれる緊張緩和が生まれた。
米ソ首脳会談（1950s）…ソ連の**フルシチョフが訪米**しアイゼンハワー大統領と会談➡**「雪どけ」**（冷戦の緊張緩和）促進

□ **8.** 日ソ国交回復あと，日本は国際連合に加盟した。

□ **9.** 平和五原則は，ネルー・ティトー・ナセルの三者会談で発表された。

□ **10.** 平和十原則は，インドネシアのバンドンで開かれたアジア = アフリカ会議で宣言された。

3 多極化の時代

□ **1.** 東ドイツは，東西ベルリンの境界に壁を建設した。

□ **2.** キューバ危機の際の米ソの首脳は，ニクソンとフルシチョフであった。

□ **3.** 部分的核実験禁止条約は，地下および大気圏内における核兵器の実験を禁止している。

□ **4.** 1960年代に，中華人民共和国とソ連の間で，国境紛争が起こった。

□ **5.** ソ連は，ゴルバチョフ政権下で，チェコスロヴァキアに軍事介入した。

□8. 解答 ○ 日本は，日ソ国交回復を受けて国際連合加盟が実現した。
1950s の日本…日ソ国交回復➡日本の国際連合加盟
1960s の日本…日米安全保障条約改定，高度経済成長本格化

□9. 解答 × 平和五原則は，ネルー・周恩来会談で発表された。
ネルー・周恩来会談（1950s）…インドのネルーと中国の周恩来が
平和五原則（領土・主権の尊重や平等互恵など）を発表

□10. 解答 ○ 平和十原則は，アジア＝アフリカ会議で発表された。
アジア＝アフリカ会議（バンドン会議）（1950s）…インドネシアの
バンドンで開催，平和十原則を発表➡東西どちらの陣営にも属
さない第三勢力の台頭

解答・ポイント

□1. 解答 ○ 東ドイツは，1960年代にベルリンの壁を建設した。
ベルリンの壁…西ドイツへの亡命を防ぐために東ドイツが東西ベル
リンの境界に壁を建設（1960s）➡東西冷戦の象徴となる

□2. 解答 × キューバ危機の際の米ソ首脳は，ケネディとフルシチョフ。
キューバ危機（1960s）…キューバにソ連がミサイル基地建設➡ア
メリカのケネディが抗議し核戦争の危機➡ソ連のフルシチョフが
ミサイル撤去

□3. 解答 × 部分的核実験禁止条約は，地下実験以外の核実験を禁止。
部分的核実験停止条約…アメリカ・イギリス・ソ連が調印
（1960s），地下以外の核実験禁止➡フランス・中国は調印せず
核拡散防止条約（NPT）…アメリカ・イギリス・ソ連・フランス・
中国以外の核保有禁止

□4. 解答 ○ 年代 1960年代に，中ソ国境紛争が起こった。
中ソ対立…フルシチョフのスターリン批判に中国が反発，中ソ国
境紛争（1960s）の軍事衝突に発展

□5. 解答 × チェコスロヴァキアに軍事介入したのは，ブレジネフ政権。
チェコスロヴァキアの民主化運動（1960s）…ドプチェクの改革＝
「プラハの春」➡ソ連のブレジネフ（フルシチョフ解任で政権交
代）の軍事介入で挫折
1960s の東欧…ルーマニアの対ソ独自外交

☐**6.** 第五共和政期のフランスは，アルジェリアの独立を認めた。

☐**7.** アメリカ合衆国のケネディ大統領は，北ベトナムに対して大規模な空爆を行った。

☐**8.** 非同盟諸国首脳会議の第1回大会は，バンドン会議と呼ばれる。

☐**9.** 1970年は，「アフリカの年」と呼ばれた。

☐**10.** 1970年代に，国連貿易開発会議（UNCTAD）が設立された。

4 デタント(緊張緩和)

☐**1.** 1950年代に，中華人民共和国が，国連における代表権を獲得した。

☐**2.** ベトナム戦争を一つの契機として，アメリカ合衆国の国際収支が悪化し，金とドルの交換は停止された。

☐**3.** ジョンソン大統領の在任中に，ベトナム（パリ）和平協定が成立した。

☐**4.** 先進国は，第1次石油危機に続く経済の動揺に対処するために，先進国首脳会議（サミット）を開催するようになった。

□ **6.** 解答 ○ 第五共和政期に，ド゠ゴールがアルジェリアの独立承認。
ド゠ゴール…フランス**第五共和政**の大統領，独自外交を展開
（1960s）➡ アルジェリア**独立**承認，核**保有**，中国**承認**，
NATO 軍事機構**脱退**

□ **7.** 解答 × 北ベトナム爆撃を開始したのは，ジョンソン大統領。
アメリカのベトナム軍事介入…ジョンソン（**民主党**）の北ベトナム
爆撃で本格化（1960s）➡ 戦争の泥沼化と世界的反戦**運動**でア
メリカの威信低下

□ **8.** 解答 × バンドン会議は，1950年代開催のアジア゠アフリカ会議のこと。
第 1 回非同盟諸国首脳**会議**（1960s）…ティトーらの提唱でユー
ゴスラヴィアの首都ベオグラードで開催

□ **9.** 解答 × 年代 「アフリカの年」は，1960年。
「アフリカの年」…アフリカで多数の新興国が独立した**1960年**の
こと➡ アフリカ統一**機構**（OAU）の結成（1960s）

□ **10.** 解答 × 年代 国連貿易開発会議（UNCTAD）の設立は，1960年代。
国連貿易開発会議（UNCTAD）…**南北問題**（途上国と先進国の
経済格差などの問題）の解決をはかる

🔍 解答・ポイント

□ **1.** 解答 × 年代 中華人民共和国への国連代表権交替は，1970年代。
中国の**国連代表権交替**（1970s）…国際連合の代表権が台湾の**中
華民国から中華人民共和国**に移る

□ **2.** 解答 ○ アメリカのニクソン大統領は，金とドルの交換を停止した。
ドル゠ショック（1970s）…国際収支悪化などを背景にニクソン
（**共和党**）が**金とドルの交換停止**を発表➡ のち変動相場制へ ＝
ブレトン゠ウッズ体制崩壊

□ **3.** 解答 × ベトナム和平協定は，ニクソン大統領の在任中に成立。
ベトナム（パリ）**和平協定**（1970s）…ニクソンの時代に成立➡ ア
メリカ軍のベトナム**撤退**

□ **4.** 解答 ○ 第1次石油危機の経済混乱を背景に，先進国首脳会議が開催。
第 1 次石油危機（1970s）…第 4 次中東**戦争**のアラブ側の**石油戦
略**で経済混乱➡ 先進国首脳**会議**（サミット）開催

☐ **5.** 1970年代には，日中国交回復，米中国交正常化が行われた。

☐ **6.** 西ドイツのブラントは，東方外交を推進した。

☐ **7.** 東西間の緊張緩和とともに，米ソ間に戦略兵器制限交渉（SALT）がはじめられた。

☐ **8.** 文化大革命の終了後，中国はアジアのNIES（新興工業経済地域）の一員として急速な経済発展をとげた。

5 冷戦の終結

☐ **1.** 湾岸戦争の勃発を機に，第2次石油危機が発生した。

☐ **2.** 1979年に親ソ派のクーデタが起こると，ソ連はバングラデシュに侵攻した。

☐ **3.** アメリカ合衆国では，レーガン政権の下で，福祉予算の拡充が行われた。

☐ **4.** 1980年代後半に，ソ連では，グラスノスチ（情報公開）が進められた。

☐ **5.** チェルノブイリで，原子力発電所の事故が発生した。

☐ **5.** 解答 ○ 年代 1970年代に，日中国交回復と米中国交正常化が実現。

1970s のアメリカと中国…ニクソン**訪中**➡米中国交正常化（**カーター**政権）

1970s の日本と中国…日中国交正常化➡**日中平和友好条約**

☐ **6.** 解答 ○ 西ドイツ首相のブラントは，東方外交を推進した。

東方**外交**…西ドイツ首相ブラント（**ドイツ社会民主党**）が推進した東側諸国との関係改善➡東西ドイツ基本条約（1970s）➡東西ドイツの国連同時**加盟**

☐ **7.** 解答 ○ 1970年代に，米ソ間で戦略兵器制限交渉が調印された。

第１次戦略兵器制限交渉（**SALT Ⅰ**）…米ソの戦略核兵器の制限
第２次戦略兵器制限交渉（**SALT Ⅱ**）…アメリカが未批 准

☐ **8.** 解答 ✕ NIES に中国は含まれない。

新興工業経済**地域**（**NIES**）…1970s に急速な経済成長をとげた国・地域，アジアでは**韓国・台湾（タイワン）・香港（ホンコン）・シンガポール**など

🔍 解答・ポイント

☐ **1.** 解答 ✕ 第２次石油危機は，イラン革命を機に発生した。

第２次石油危機…イラン**革命**（1979）による混乱や革命政府の石油供給削減などで石油価格が高騰

→P.283, P.299 湾岸戦争は，冷戦終結後の1990s に起こった戦争

☐ **2.** 解答 ✕ 1970年代末にソ連が軍事侵攻したのは，アフガニスタン。

ブレジネフ時代のソ連がアフガニスタンに**軍事侵攻**（1970s）➡「第２次冷戦」（新冷戦）と呼ばれる米ソ対立

☐ **3.** 解答 ✕ レーガンは，福祉削減など新自由主義改革を唱えた。

レーガン（1980s）…**共和党**のアメリカ大統領，**新自由主義**提唱（経済活動への介入を最小限にして「**小さな政府**」を目指す），**プラザ合意**でドル高是正，日本との貿易摩擦

☐ **4.** 解答 ○ 年代 1980年代後半に，ソ連でグラスノスチなどの改革推進。

ゴルバチョフ…ソ連でペレストロイカ（**改革**）やグラスノスチ（**情報公開**），「**新思考外交**」（協調外交）を推進（1980s 後半）

☐ **5.** 解答 ○ 1980年代後半に，チェルノブイリ原子力発電所で事故。

ソ連のチェルノブイリ原子力発電所（現在はウクライナ領内）で事故（1980s 後半）➡**グラスノスチ**推進に影響

□6. ゴルバチョフは，アメリカ合衆国と中距離核戦力（INF）全廃条約を結んだ。

□7. ソ連のアフガニスタンへの軍事介入は，エリツィン大統領により中止された。

□8. ポーランドで，「連帯」の指導者コシューシコ（コシチューシコ）が，大統領に選出された。

□9. ユーゴスラヴィアでは，社会主義政権末期，チャウシェスクの独裁体制がしかれていた。

□10. 緊張緩和が進むなか，1970年代に東西ドイツが統一された。

□11. モスクワで，米ソの首脳が冷戦終結の宣言を出した。

□12. ソ連では，スターリンによって大統領制が導入された。

□13. 1960年代に，バルト3国がソ連から独立した。

□14. 1991年のクーデタの失敗後，ソ連は消滅した。

□**6.** 解答 ○ 1980年代後半, ソ連とアメリカが中距離核戦力全廃条約締結。
　　　中距離核戦力（INF）全廃**条約**（1980s 後半）…アメリカの**レー
　　　ガン**とソ連の**ゴルバチョフ**が調印，初めて核兵器削減に合意

□**7.** 解答 ✕ エリツィンは, ソ連崩壊後のロシア連邦の大統領。
　　　ゴルバチョフの「**新思考外交**」…中距離核戦力全廃**条約**の締結,
　　　ソ連のアフガニスタンからの撤退, 東欧社会主義圏の**消滅**容認

□**8.** 解答 ✕ ポーランドの「連帯」の指導者で大統領になったのは, ワレサ。
　　　ポーランド…**自主管理労組**「連帯」（議長**ワレサ**）が自由選挙で
　　　大勝➡共産主義政権崩壊（**1989**），のちワレサが大統領就任
　　　→P.145 コシューシコは，18C 後半のポーランド分割に反対

□**9.** 解答 ✕ チャウシェスクの独裁体制がしかれていたのは, ルーマニア。
　　　ルーマニア…チャウシェスク独裁体制➡東欧民主化進展のなかチ
　　　ャウシェスク**処刑**（**1989**）

□**10.** 解答 ✕ 年代 東西ドイツの統一は, 1990年。
　　　ドイツ…東ドイツで長期政権の**ホネカー退陣**➡ベルリンの壁**崩壊**
　　　（**1989**）➡東ドイツ**統一**（**1990**）（統一ドイツの首相は**コール**）

□**11.** 解答 ✕ 米ソ首脳による冷戦終結宣言は, マルタ島で発表された。
　　　マルタ会談（**1989**）…アメリカの**ブッシュ（父）**（**共和党**）とソ連
　　　の**ゴルバチョフ**が**マルタ島**で会談し**冷戦終結を宣言**

□**12.** 解答 ✕ ソ連で大統領制を導入したのは, ゴルバチョフ。
　　　冷戦終結後のソ連…**大統領制導入**（**ゴルバチョフ**が大統領就任），
　　　市場**経済**への移行進展で**コメコン解消**, ワルシャワ条約機構**解消**
　　　→P.235,P.251 スターリンは，1930s 〜50s 前半に独裁体制を築いたソ連の指導者

□**13.** 解答 ✕ 年代 バルト3国がソ連から独立を回復したのは, 1990年代。
　　　バルト３国**独立**（**1991**）…ソ連から**エストニア・ラトヴィア・リト
　　　アニア**が独立回復

□**14.** 解答 ○ 1991年の保守派のクーデタ失敗後に, ソ連は消滅した。
　　　保守派のクーデタ失敗➡ソ連共産党**解散**➡ロシア連邦（大統領**エ
　　　リツィン**）などで独立国家共同体（CIS）結成 = ソ連**消滅**（**1991**）

☐**15.** 戦略兵器削減条約（START）調印後，ソ連はアフガニスタンに侵攻した。

☐**16.** 1970年代に，チェチェン紛争が起こった。

☐**17.** 冷戦終結後，ユーゴスラヴィアは平和的に国家を解体した。

☐**18.** 国際連合は，1990年代初めに地球サミット（国連環境開発会議）を開催した。

6 20世紀の文化

☐**1.** 自動車は，第一次世界大戦後にアメリカ合衆国で発明された。

☐**2.** 第一次世界大戦後にようやく実験に成功した動力飛行機は，第二次世界大戦においては戦局を左右する主力兵器となった。

☐**3.** 19世紀後半に，アメリカ合衆国でラジオ放送が開始された。

☐**4.** 19世紀前半，アメリカ合衆国で映画産業が繁栄した。

☐**5.** 20世紀前半に，インターネットが普及した。

☐**6.** アインシュタインは，相対性理論を発表した。

☐**15.** 解答 ✕　START 調印は1990年代。アフガニスタン侵攻は1970年代。
　　　　第1次戦略兵器削減条約（START I）…アメリカとソ連で締結
　　　　包括的核実験禁止条約（CTBT）…国連で採択，未発効

☐**16.** 解答 ✕　年代 チェチェン紛争は，1990年代以降。
　　　　チェチェン紛争…ロシア連邦からの独立をめぐる紛争，ロシアは
　　　　分離・独立を認めず**エリツィン・プーチン**が介入し戦闘激化

☐**17.** 解答 ✕　冷戦終結後，ユーゴスラヴィアは，内戦を経て国家解体。
　　　　ユーゴスラヴィア…冷戦終結で民族・宗教対立激化➡**クロアティ**
　　　　ア・スロヴェニアの独立宣言を機とした**内戦**（1990s）を経て解体

☐**18.** 解答 ○　年代 1990年代に，地球サミット（国連環境開発会議）開催。
　　　　国連人間環境会議（1970s）…スウェーデンのストックホルムで開催
　　　　地球サミット（1990s）…ブラジルのリオデジャネイロで開催
　　　　京都議定書（1990s）…温室効果ガス削減をめざす

📖🔍 解答・ポイント

☐**1.** 解答 ✕　文化 自動車は，19世紀後半にドイツで発明された。
　　　　自動車…ドイツで発明（19C 後半）➡アメリカの**フォード**が「組み立
　　　　てライン」方式で大量生産➡第一次世界大戦後のアメリカで普及

☐**2.** 解答 ✕　文化 動力飛行機は，第一次世界大戦前にライト兄弟が初飛行。
　　　　飛行機…**ライト兄弟**が初飛行（1900s）➡二度の世界大戦で爆撃
　　　　機などとして使用

☐**3.** 解答 ✕　年代 文化 アメリカのラジオ放送開始は，1920年代。
　　　　ラジオ…1920s のアメリカで放送開始

☐**4.** 解答 ✕　年代 文化 アメリカで映画産業が発達するのは，20世紀前半。
　　　　映画…19C 末に発明➡20C 前半のアメリカで映画産業発達

☐**5.** 解答 ✕　年代 文化 インターネットの普及は，20世紀末以降。
　　　　インターネット…20C 末〜世界的に普及➡**パソコン・インターネッ**
　　　　ト・携帯電話の普及による**情報技術（IT）革命**

☐**6.** 解答 ○　文化 アインシュタインは，相対性理論を提唱した。
　　　　アインシュタイン…ナチスから逃れてアメリカに亡命，相対性理論
　　　　の提唱

☐**7.** フロイトは，精神分析学の方法を確立した。

☐**8.** ピカソの「ゲルニカ」は，広島・長崎の原爆被害の惨禍を題材にしている。

□ **7.** 解答 ○　文化 フロイトは，精神分析学を確立した。
精神分析学…**フロイト**（オーストリア）
プラグマティズム…**デューイ**（アメリカ）
実存哲学（**実存主義**）…サルトル（フランス）

□ **8.** 解答 ✕　文化 「ゲルニカ」は，スペイン内戦のゲルニカ爆撃が題材。
ピカソ…スペイン出身の画家，「ゲルニカ」（**スペイン内戦**でのドイ
ツの**ゲルニカ**爆撃に抗議した作品）

2 | 第二次世界大戦後の各国史

1 第二次世界大戦後のアメリカ

☐**1.** アメリカ合衆国は，トルーマン＝ドクトリンを発し，共産主義勢力に対抗した。

☐**2.** 1990年代に，アメリカ合衆国のケネディ大統領が暗殺された。

☐**3.** キング牧師が，公民権運動の指導者として活躍した。

☐**4.** ジョンソン大統領は，公民権法を成立させた。

☐**5.** ニクソンは，ベトナム戦争敗退の責任をとって大統領を辞任した。

☐**6.** 1990年代に，湾岸戦争が起こった。

☐**7.** アメリカ合衆国・カナダ・キューバは，北米自由貿易協定（NAFTA）を結んだ。

☐**8.** アメリカ資本に支えられていたキューバのバティスタ政権は，長い独裁の末，革命で崩壊した。

☐**9.** キューバ革命の結果成立したカストロ政権は，1960年代初めに社会主義を宣言した。

☐**10.** キューバ革命を契機に米州機構（OAS）が成立して，キューバの封じ込めがはかられた。

解答・ポイント

☐**1.** 解答 ○ トルーマン大統領は，共産主義勢力に強硬な姿勢を示した。
トルーマン（**民主党**）…**朝鮮戦争**勃発，国内では**マッカーシズム**（共産主義の弾圧）高揚（1950s）

☐**2.** 解答 ✕ 年代 ケネディ大統領の暗殺は，1960年代。
ケネディ（**民主党**）…**キューバ危機**回避，国内政策として**ニューフロンティア政策**，任期中に暗殺（1960s）➡ジョンソンが大統領昇格

☐**3.** 解答 ○ キング牧師は，公民権運動を指導した。
キング牧師…公民権**運動**（黒人解放運動）の指導者

☐**4.** 解答 ○ 1960年代のジョンソン大統領が，公民権法を成立させた。
ジョンソン（**民主党**）（1960s）…公民権**法**成立，「**偉大な社会**」計画（貧困解消），北ベトナム**爆撃**開始➡ベトナム反戦**運動**の高揚

☐**5.** 解答 ✕ ニクソンは，ウォーターゲート事件によって辞任した。
ニクソン（**共和党**）（1960s～70s）…**訪中**，**沖縄返還**，アメリカ軍のベトナム**撤退**，**ウォーターゲート**事件で辞任

☐**6.** 解答 ○ 年代 1990年代のブッシュ（父）政権の時代に，湾岸戦争勃発。
湾岸**戦争**（1990s）…ブッシュ（父）（**共和党**）時代
イラク**戦争**（2000s）…ブッシュ（子）（**共和党**）時代➡フセイン**政権崩壊**

☐**7.** 解答 ✕ 北米自由貿易協定は，アメリカ・カナダ・メキシコで結成。
北米自由貿易**協定**（**NAFTA**）…**アメリカ・カナダ・メキシコ**の3国で成立した自由貿易協定

☐**8.** 解答 ○ キューバでは，親米的なバティスタ政権が革命で打倒された。
キューバ**革命**…**キューバ**で親米的な**バティスタ政権**を**カストロ・ゲバラ**らが打倒（1950s末）

☐**9.** 解答 ○ 年代 キューバの革命政権は，1960年代初めに社会主義宣言。
キューバの社会主義**宣言**（1960s初）➡ソ連が接近してキューバにミサイル基地建設➡アメリカ（**ケネディ**）の抗議➡**キューバ危機**

☐**10.** 解答 ✕ 米州機構（OAS）の成立は，キューバ革命よりも前。
米州機構（**OAS**）…アメリカ主導の南北アメリカの反共機構（第二次世界大戦後の1940s成立）➡キューバは社会主義宣言で除名

☐ **11.** アルゼンチンで，アジェンデが社会主義政権を樹立した。

☐ **1.** ヨーロッパ経済共同体（EEC）は，イギリスを中心として経済統合を推進した。

☐ **2.** 国際通貨基金（IMF）は，ヨーロッパ共同体（EC）の専門機関として設立された。

☐ **3.** イギリス労働党は，第二次世界大戦後にマクドナルドのもとで初めて政権を握った。

☐ **4.** 北アイルランドは，第二次世界大戦後，イギリスからの分離・独立を果たした。

☐ **5.** イギリス初の女性首相サッチャーは，保守党内閣を組織し，1970年代末から政権を担った。

☐ **6.** 第五共和政期のフランスは，ルール地方を占領した。

☐ **7.** 第二次世界大戦後のドイツでは，ドイツ民主共和国が成立し，アデナウアーが首相となった。

☐**11.** 解答 ✕　アジェンデが社会主義政権を樹立したのは，チリ。
　　　　　　　チリ…アジェンデ政権（選挙による社会主義政権）成立（1970s）➡
　　　　　　　アメリカが支援する軍部クーデタで打倒されピノチェトが大統領
　　　　　　　アルゼンチン…ペロン大統領の独裁（1940s 〜50s，70s）

📖🔍 解答・ポイント

☐**1.** 解答 ✕　イギリスは，ヨーロッパ経済共同体には加盟していない。
　　　　　　　ヨーロッパ石炭鉄鋼共同体（**ECSC**）・ヨーロッパ経済共同体
　　　　　　　（**EEC**）・**ヨーロッパ原子力共同体**（**EURATOM**）…**フランス**と
　　　　　　　西ドイツ中心の経済統合
　　　　　　　ヨーロッパ自由貿易連合（**EFTA**）…**イギリス**が EEC に対抗して組織

☐**2.** 解答 ✕　国際通貨基金は，国連の専門機関。
　　　　　　　ヨーロッパ共同体（**EC**）（1960s に ECSC・EEC・EURATOM
　　　　　　　が統合して発足）➡**イギリス**などの加盟で拡大 EC（1970s）
　　　　　　　➡ヨーロッパ連合（**EU**）（1990s に**マーストリヒト条約**で発足）
　　　　　　　に発展，統一通貨ユーロ導入

☐**3.** 解答 ✕　マクドナルドによる最初の労働党政権は，第一次世界大戦後。
　　　　　　　アトリー内閣…第二次世界大戦末期に成立したイギリスの**労働党**
　　　　　　　内閣，大戦後に**重要産業の国有化**や**社会福祉制度の充実**を推進
　　　　　　　➡P.233 イギリスの第1次マクドナルド労働党内閣の成立

☐**4.** 解答 ✕　北アイルランドを除く地域が，アイルランドとして分離・独立。
　　　　　　　第二次世界大戦前に自治領アイルランド自由国（北部地方除く）がエ
　　　　　　　ールと改称➡大戦後に**エール**（**アイルランド**）が**イギリス**連邦離脱

☐**5.** 解答 ◯　サッチャーは保守党のイギリス首相で，国営企業の民営化推進。
　　　　　　　新自由主義…「**小さな政府**」をめざす（1970s 末〜），レーガン（アメ
　　　　　　　リカ）・サッチャー（イギリス）・コール（ドイツ）・**中曽根**（日本）など

☐**6.** 解答 ✕　第一次世界大戦後のルール占領は，第三共和政期。
　　　　　　　フランス…第二次世界大戦後に**第四共和政**成立➡アルジェリア問
　　　　　　　題などで崩壊➡**第五共和政**（**第五共和国憲法**で大統領権限強
　　　　　　　化）でド゠ゴールが大統領就任
　　　　　　　➡P.235 フランスによるルール占領

☐**7.** 解答 ✕　アデナウアーは，ドイツ連邦共和国（西ドイツ）の初代首相。
　　　　　　　アデナウアー…西ドイツ首相，「**経済の奇跡**」と呼ばれる経済復興
　　　　　　　を実現（1950s 〜60s）

☐**8.** ポルトガルの植民地が初めて独立したのは，第二次世界大戦後のことである。

☐**9.** ユーゴスラヴィアでは，セルビア共和国が独立を宣言すると，内戦がはじまった。

☐**10.** コソヴォをめぐる紛争に，NATO軍が介入した。

3 第二次世界大戦後の東アジア

☐**1.** 国共内戦に敗北した中国国民党は台湾に脱出し，中華民国政府の維持をはかった。

☐**2.** 周恩来は，中華人民共和国の初代首相に就任した。

☐**3.** 国共内戦の末誕生した中華人民共和国は，冷戦が激化するなかで，ソ連と中ソ友好同盟相互援助条約を結んだ。

☐**4.** 中国では，20世紀前半に，毛沢東によって人民公社が設立された。

☐**5.** ダライ゠ラマ14世は，アメリカ合衆国に亡命した。

☐**6.** 毛沢東の指導した文化大革命は，欧米の思想や文化を積極的に取り入れ社会の近代化をはかるものであった。

□**8.** 解答 ✕　19世紀に，ブラジルがポルトガルから独立した。
ポルトガル…**民主化**（1970s ～）⇒ EC **加盟**（1980s）
スペイン…**王政復活**（1970s）⇒ EC **加盟**（1980s）
ギリシア…**民主政復帰**（1970s）⇒ EC **加盟**（1980s）
⇒P.179 ブラジルの独立

□**9.** 解答 ✕　クロアティア・スロヴェニアの独立宣言で，内戦が勃発。
ユーゴスラヴィア**内戦**（1990s）…クロアティア・スロヴェニア**両
共和国の独立宣言で内戦勃発**⇒**新ユーゴスラヴィア連邦**（セル
ビア・モンテネグロで構成）**成立**

□**10.** 解答 ○　コソヴォ独立をめぐる紛争で，NATO 軍がセルビアを空爆した。
コソヴォ**問題**…セルビアがコソヴォ自治州の分離・独立要求を弾
圧⇒ NATO **軍がセルビア空爆**（1990s）

🔖 解答・ポイント

□**1.** 解答 ○　国共内戦に敗北した国民党は，台湾（たいわん）で中華（ちゅうか）民国政府を維持。
日本降伏後に**中国国民党**と中国共産**党の内戦**激化⇒共産党が勝利
し中華人民共和国成立（**1949**），敗れた国民党は蔣介石（しょうかいせき）が台
湾に逃れ**中華民国政府**維持

□**2.** 解答 ○　周恩来（しゅうおんらい）は，中華人民共和国の初代首相となった。
中華人民共和国…初代国家主席は毛沢東（もうたくとう），初代首相は周恩来，
首都は**北京**（ペキン），土地改革で地主の土地を没収，ソ連に依存した第
1 次五カ年**計画**開始（1950s）

□**3.** 解答 ○　中華人民共和国は，中ソ友好同盟相互援助条約を締結。
中華人民共和国の承認…建国直後にソ連・東欧・イギリスなど
中ソ友好同盟相互援助条約…アメリカ・日本に対抗した軍事同盟

□**4.** 解答 ✕　年代20世紀後半に，毛沢東が人民公社を設立。
「**大躍進**（だいやくしん）」（1950s 開始）…**毛沢東**が**人民公社**による農業の集団
化を推進⇒失敗⇒国家主席は劉少奇（りゅうしょうき）に代わり計画経済を緩和

□**5.** 解答 ✕　ダライ゠ラマ14世は，インドに亡命した。
中国支配に対する**チベット反乱**（1950s）⇒中国が鎮圧⇒チベッ
トの指導者**ダライ゠ラマ14世**がインドに亡命⇒中印国境**紛争**

□**6.** 解答 ✕　文化大革命は，社会主義路線をめぐる権力闘争が背景。
（プロレタリア）**文化大革命**（1960s ～70s）…**毛沢東**が劉少奇・
鄧小平（とうしょうへい）を**実権派**（じっけんは）（**走資派**（そうしは））（資本主義復活をはかる者）として
批判⇒紅衛兵（こうえいへい）を利用して失脚させる

☐**7.** 文化大革命の終了後，中ソ対立が始まった。

☐**8.** 毛沢東の主導で，「四つの現代化」が推進された。

☐**9.** 文化大革命は，農業の集団化を否定して，人民公社を解体した。

☐**10.** 中華人民共和国では，香港が中国に返還されたために，天安門事件が起こった。

☐**11.** 台湾では，1970年代に，李登輝が民主化を進めた。

☐**12.** モンゴル人民共和国が，1950年代初めに成立した。

☐**13.** 第二次世界大戦後，朝鮮半島は，アメリカ合衆国と中国とによって分割占領された。

☐**14.** 朝鮮戦争には，アメリカ軍を中心とする国連軍が派遣された。

☐**15.** 朝鮮戦争が起こると，近隣国である日本とソ連は日ソ中立条約を結んだ。

☐**16.** 1990年代に，朴正熙が大韓民国大統領に就任した。

☐ **7.** 解答 ✕　中ソ対立開始は1950年代で, 1970年代の文化大革命終了より前。
江青ら「**四人組**」の台頭で混乱➡**周恩来**の死・**毛沢東**の死➡「四
人組」逮捕➡文化大革命終了（1970s）

☐ **8.** 解答 ✕　文化大革命終了後, 鄧小平が「四つの現代化」を本格的に推進。
文化大革命終了後に**鄧小平**が「四つの現代化」（国防・工業・農
業・科学技術の近代化）や改革・開放**政策**を推進

☐ **9.** 解答 ✕　人民公社の解体は, 文化大革命終了後の1980年代。
中国経済の自由化…人民公社**解体**（1980s）, 社会主義市場**経済**
の進展

☐ **10.** 解答 ✕　香港返還は, 天安門事件よりあとのこと。
天安門**事件**（1989）…民主化運動の弾圧➡江沢民が共産党総書記
香港**返還**（1997）・マカオ**返還**（1999）

☐ **11.** 解答 ✕　年代 台湾で李登輝が民主化を進めたのは, 1980年代以降。
台湾…李登輝（国民党）（1980s ～2000）が民主化推進

☐ **12.** 解答 ✕　年代 モンゴル人民共和国の成立は, 1920年代。
モンゴル…冷戦終結後に**社会主義体制を離脱**➡国名をモンゴル人
民共和国からモンゴル国に改称（1990s）
→P.241 モンゴル人民共和国の成立

☐ **13.** 解答 ✕　朝鮮半島は, 北緯38度線を境にアメリカとソ連が分割占領。
北部…**ソ連**占領➡朝鮮民主主義人民共和国（**北朝鮮**）（首相金日成）
南部…**アメリカ**占領➡大韓民国（**韓国**）（大統領李承晩）

☐ **14.** 解答 ◯　朝鮮戦争では, アメリカ軍主力の国連軍が韓国を支援した。
朝鮮**戦争**（1950s）…北朝鮮の韓国侵攻で勃発➡**アメリカ軍**主力
の国連**軍**が出動し韓国を支援➡**中華人民共和国の義勇軍**が北
朝鮮を支援➡休戦**協定**成立

☐ **15.** 解答 ✕　日ソ中立条約は, 第二次世界大戦中に日本とソ連が締結。
朝鮮戦争中の日本…警察予備隊発足➡**自衛隊**に発展, **サンフラン
シスコ平和条約**で主権回復➡日米安全保障**条約**で西側陣営に,
特需による経済復興
→P.259 日ソ中立条約の締結

☐ **16.** 解答 ✕　年代 朴正煕は, 1960年代から1970年代の韓国大統領。
朴正煕…軍部**クーデタ**で実権掌握➡大統領就任, 開発独裁による
経済成長, 日韓基本**条約**締結➡日本と国交樹立, 暗殺後に民
主化運動高揚（光州事件など）

□**17.** 金大中大統領の在任中に，南北首脳会談が実現した。

4 第二次世界大戦後の南アジア・東南アジア

□**1.** イギリス領インドは，ヒンドゥー教徒が多数を占めるインドと，イスラーム教徒の国アフガニスタンに分裂した。

□**2.** ガンディーは，パキスタンの分離独立を支持した。

□**3.** イギリス支配の終了後，ネパールの帰属をめぐって，インドとパキスタンは激しく対立した。

□**4.** 1970年代に，パキスタンから分離してバングラデシュが独立した。

□**5.** セイロンは，第二次世界大戦前にフランスからの独立を果たした。

□**6.** インドネシアでは，スハルトの指導下に，第二次世界大戦後ただちに独立を達成した。

□**7.** 九・三〇事件をきっかけとして，スカルノは失脚した。

□**8.** 20世紀後半に，東ティモールはオランダから独立した。

□**9.** シンガポールは，1950年代にマラヤ連邦から分離独立した。

□**17.** 解答 ○ 韓国大統領の金大中が，南北首脳会談を実現させた。
  1990s…南北朝鮮の国連同時加盟
  金泳三（1990s）…文民政権
  金大中（1990s～2000s）…北朝鮮の金正日と南北首脳**会談**実現

🔍 解答・ポイント

□**1.** 解答 ✕ インドは，第二次世界大戦後にインドとパキスタンに分離独立。
  インド独立…首相ネルー，**ヒンドゥー教徒**中心➡**インド共和国**
  パキスタン共和国独立…ジンナー指導の全インド＝ムスリム**連盟**
  中心

□**2.** 解答 ✕ ガンディーは，パキスタンの分離独立に反対した。
  ガンディー…イスラーム教徒との融和を説き**分離独立に反対**➡独
  立後に急進的**ヒンドゥー教徒**に暗殺される

□**3.** 解答 ✕ インドとパキスタンが帰属をめぐって争ったのは，カシミール。
  カシミール帰属問題…インドとパキスタンがインド西北部のカシミ
  ールの帰属をめぐって武力衝突

□**4.** 解答 ○ 年代 1970年代に，バングラデシュがパキスタンから分離独立。
  西パキスタンの支配に反発する東パキスタンをインドが支援➡東パ
  キスタンが**バングラデシュとして独立**（1970s）

□**5.** 解答 ✕ セイロンは，第二次大戦後にイギリスから独立した。
  セイロン…**イギリス**から独立（1940s）➡**スリランカ**と改称（1970s）

□**6.** 解答 ✕ インドネシアは，スカルノが第二次世界大戦後に独立宣言。
  インドネシア…スカルノ（**インドネシア国民党**の創始者）を大統領
  に**インドネシア共和国の独立宣言**➡オランダが独立承認

□**7.** 解答 ○ スカルノは，九・三〇事件で失脚。
  九・三〇事件（1960s）…インドネシアのクーデタ➡スカルノ失脚
  ➡スハルトが長期政権を樹立し**開発独裁**を行う

□**8.** 解答 ✕ 東ティモールは，21世紀にインドネシアから独立。
  東ティモール…ポルトガルが植民地放棄➡**インドネシア**のスハルト
  が併合➡アジア通貨危機で**スハルト退陣**➡**東ティモール分離・
  独立**（2000s）

□**9.** 解答 ✕ シンガポールは，1960年代にマレーシアから分離独立した。
  マラヤ連邦がイギリスから独立（1950s）➡マラヤ連邦を中心にマ
  レーシア成立（1960s）➡**シンガポールが分離・独立**（1960s）

☐**10.** ビルマは，日本の敗戦後復帰してきたフランスとの交渉の末，独立を達成した。

☐**11.** タイでは，マルコスが独裁体制を築いた。

☐**12.** ベトナムでは，インドシナ戦争が勃発したため，ベトナム独立同盟会（ベトミン）が結成された。

☐**13.** フランスが，バオダイ政権を滅ぼした。

☐**14.** ジュネーヴ休戦協定によって，南北ベトナムが統一された。

☐**15.** ソ連に支援されたゴ゠ディン゠ジエムが，政権を樹立した。

☐**16.** 南ベトナム解放民族戦線は，ベトナム民主共和国に対してゲリラ戦を展開した。

☐**17.** ソ連軍は，ベトナム民主共和国に大規模な爆撃を加えた。

☐**18.** 1990年代に，南北に分かれていたベトナムが統一された。

□**10.** 解答 ✕ ビルマは，イギリスから独立した。
　　　　ビルマ（ミャンマー）…第二次世界大戦後に**イギリス**から独立
　　　　（1940s），スー＝チーが民主化運動指導

□**11.** 解答 ✕ マルコスが独裁体制を築いたのは，フィリピン。
　　　　フィリピン…第二次世界大戦後にフィリピン共和国が**アメリカ**から
　　　　独立（1940s），**マルコス**が長期の親米独裁体制（1960s 〜80s）

□**12.** 解答 ✕ ベトナム独立同盟会は，第二次世界大戦中に結成。
　　　　インドシナ**戦争**…ホー＝チ＝ミン率いる**ベトナム独立同盟会（ベト
　　　　ミン）** が日本降伏後に，ベトナム民主共和国の独立宣言➡再植
　　　　民地化をはかる**フランス**と開戦

□**13.** 解答 ✕ フランスは，バオダイを擁立してベトナム国を建て対抗した。
　　　　フランス…**ベトナム国**（主席**バオダイ**）を建て対抗➡ディエンビエ
　　　　ンフーで敗北➡ジュネーヴ**休戦協定**締結，インドシナ戦争と同
　　　　時期に**カンボジア・ラオスの独立**承認

□**14.** 解答 ✕ ジュネーヴ休戦協定で，北緯17度線が暫定軍事境界線。
　　　　ジュネーヴ休戦**協定**（1950s）…**インドシナ戦争**の休戦協定，北緯
　　　　17度線を暫定軍事境界線➡南北統一選挙の実施を規定

□**15.** 解答 ✕ アメリカがゴ＝ディン＝ジエムのベトナム共和国を支援。
　　　　アメリカ…フランス撤退後のベトナムに介入➡ベトナム共和国（**南
　　　　ベトナム**）（初代大統領**ゴ＝ディン＝ジエム**）を支援

□**16.** 解答 ✕ 南ベトナム解放民族戦線は，ベトナム共和国にゲリラ戦を展開。
　　　　南ベトナム解放民族戦線…**ベトナム民主共和国（北ベトナム）と
　　　　提携して****ベトナム共和国（南ベトナム）にゲリラ戦**展開

□**17.** 解答 ✕ ベトナム民主共和国に大規模爆撃を加えたのは，アメリカ。
　　　　アメリカ…北ベトナム爆撃（北爆）開始でベトナム**戦争**に本格介入
　　　　（ジョンソン大統領）（1960s）➡戦争の泥沼化と国際的なベト
　　　　ナム反戦**運動**高揚

□**18.** 解答 ✕ 年代 南北ベトナムが統一されたのは，1970年代。
　　　　ベトナム（パリ）和平**協定**でアメリカ**軍**のベトナム**撤退**（ニクソン
　　　　大統領）➡南ベトナムのサイゴン**陥落**➡ベトナム社会主義共和
　　　　国として統一（1970s）

□**19.** ベトナムがビルマ（ミャンマー）に侵攻したため，中国とベトナムの間に戦争が起こった。

□**20.** ベトナムでは，「ドイモイ」（刷新）政策が推進された。

□**21.** ラオスでは，ポル＝ポトが実権を握った。

□**22.** カンボジアは，東南アジア諸国連合（ASEAN）の結成に加わった。

□**23.** オーストラリアは，アジア太平洋経済協力会議（APEC）に加盟した。

5 第二次世界大戦後の西アジア

□**1.** 国際連合は，パレスチナを分割する案を採択した。

□**2.** イスラエルは，建国と同時にアラブ諸国の承認を受けた。

□**3.** パレスチナ戦争（第1次中東戦争）では，アラブ側が敗北し，多くの人々が難民となった。

□**4.** エジプトでは，1952年にエジプト革命が起こり，サダト政権が倒れた。

□**19.** 解答 ✕ ベトナムのカンボジア侵攻を機に，中越戦争が勃発。
ベトナム戦争終結後に**ベトナム軍がカンボジア侵攻**➡カンボジアの
ポル＝ポト政権崩壊➡ポル＝ポトを支援する中国がベトナムと
開戦＝**中越戦争**勃発

□**20.** 解答 ◯ ベトナムでは，1980年代に「ドイモイ」（刷新）政策を開始。
冷戦終結期のベトナム…開放経済政策の「**ドイモイ**」（刷新）開
始，**ベトナム軍がカンボジアから撤退**

□**21.** 解答 ✕ ポル＝ポトが実権を握ったのは，カンボジア。
カンボジア…第二次世界大戦後に**フランス**から独立，**ポル＝ポト
政権**が反対派の大量虐殺，**ポル＝ポト政権崩壊**後に内戦➡和
平後にカンボジア王国成立

□**22.** 解答 ✕ カンボジアは,東南アジア諸国連合の結成には加わっていない。
東南アジア諸国連合（**ASEAN**）…インドネシア・マレーシア・フィ
リピン・シンガポール・タイで結成（1960s），のちにベトナ
ム・ミャンマー・カンボジアなどが加盟，当初は反共的性格➡
地域協力機構へ発展

□**23.** 解答 ◯ オーストラリアは,アジア太平洋経済協力会議の創設に参加。
アジア太平洋経済協力会議（**APEC**）…日本・韓国・アメリカ・オ
ーストラリア・ASEAN諸国などで結成（1980s）

🔍 解答・ポイント

□**1.** 解答 ◯ 国際連合は，パレスチナ分割案を採択した。
パレスチナをめぐる**アラブ人**と**ユダヤ人**の対立➡第二次世界大戦後
に国連が**パレスチナ分割案**➡アラブ連盟（アラブ諸国連盟）の反発

□**2.** 解答 ✕ イスラエルの建国をアラブ諸国は認めず,パレスチナ戦争勃発。
パレスチナ**戦争**（第1次中東**戦争**）（1940s）…パレスチナ分割案に
基づき**ユダヤ人**が**イスラエル建国**➡アラブ諸国が反発して開戦

□**3.** 解答 ◯ パレスチナ戦争の結果，大量のパレスチナ難民が発生。
イスラエルはパレスチナ戦争で勝利し占領地拡大➡大量のパレス
チナ難民（パレスチナ人）発生

□**4.** 解答 ✕ サダトは，エジプト革命を指導したナセルのあとの大統領。
エジプト革命…ナセルらが王政打倒➡エジプト共和国樹立，アス
ワン＝ハイダム建設資金援助をアメリカなどが拒否➡スエズ運
河国有化宣言

☐**5.** エジプトによるスエズ運河国有化宣言をきっかけとして，スエズ戦争（第2次中東戦争）が起こった。

☐**6.** 第3次中東戦争で，ヨルダンはゴラン高原を占領した。

☐**7.** アラファトが，パレスチナ解放機構（PLO）を指導した。

☐**8.** 石油危機は，イスラエルの石油戦略によって引き起こされた。

☐**9.** 第4次中東戦争に参戦したシリアは，サダトのもとでイスラエルと平和条約を結んだ。

☐**10.** パレスチナ解放機構（PLO）とイスラエルは，パレスチナ暫定自治協定に調印した。

☐**11.** 1950年代，サウジアラビア王国は，石油国有化を断行した。

☐**12.** 1979年のイラン革命の結果，カージャール朝が倒された。

☐**13.** イラン革命のあと，イランはアメリカ合衆国と同盟して，イラクと長期にわたる戦争状態に入った。

□**5.** 解答 ○ ナセルのスエズ運河国有化宣言を機に，スエズ戦争が勃発。
スエズ**戦争**（第 2 次中東**戦争**）（1950s）…スエズ運河国有化に対
し**イスラエル・イギリス・フランス**出兵➡国際世論の非難で撤
退➡**アラブ民族主義**高揚

□**6.** 解答 × 第3次中東戦争でゴラン高原を占領したのは，イスラエル。
第 3 次中東**戦争**（6 日間**戦争**）（1960s）…イスラエルが圧勝➡シ
ナイ半島・**ガザ地区・ヨルダン川西岸・ゴラン高原**を占領

□**7.** 解答 ○ アラファトは，パレスチナ解放機構の議長を務めた。
パレスチナ解放機構（**PLO**）…イスラエルに奪われた土地の回復をめ
ざすパレスチナ人の組織, 第 3 次中東戦争後にアラファトが議長

□**8.** 解答 × 第 4 次中東戦争で石油戦略をとったのは，アラブ側。
第 4 次中東**戦争**（1970s）…**アラブ石油輸出国機構**（**OAPEC**）・
石油輸出国機構（**OPEC**）の石油戦略（親イスラエル国への石
油禁輸など）➡先進国の経済混乱（第 1 次石油危機）

□**9.** 解答 × エジプトが第 4 次中東戦争後イスラエルと平和条約を締結。
エジプト = **イスラエル平和条約**（1970s）…エジプト（サダト）とイス
ラエルが締結➡イスラエルがエジプトに**シナイ半島返還**（1980s）
インティファーダ…イスラエル占領地でのパレスチナ人の抵抗運動

□**10.** 解答 ○ PLO とイスラエルは，パレスチナ暫定自治協定に調印。
パレスチナ暫定自治**協定**（オスロ**合意**）（1990s）…PLO（アラフ
ァト）とイスラエル（**ラビン**）が調印➡**ガザ地区**などでパレスチ
ナ暫定自治**政府**による自治開始，**ラビン暗殺**

□**11.** 解答 × 1950年代に石油国有化を断行したのは，イラン。
イラン…首相**モサデグ**が**石油国有化**（1950s）➡クーデタで打倒
➡国王**パフレヴィー 2 世**が欧米資本に依存した近代化改革

□**12.** 解答 × イラン革命で打倒されたのは，パフレヴィー朝。
イラン**革命**（1979）…シーア派のホメイニが**イスラーム原理主義**
を掲げ**パフレヴィー朝**打倒➡**イラン = イスラーム共和国**成立➡
第 2 次石油危機発生
（➡P.247） カージャール朝は，第一次世界大戦後にレザー = ハーンが打倒

□**13.** 解答 × アメリカは，反米を掲げるイランと対立した。
イラン = イラク戦争（1980s）…イラン革命の混乱に乗じイラクの
サダム = フセインがイランに侵攻して勃発➡イラクは財政難に

☐**14.** イラク軍がクウェートから撤退し湾岸戦争が終わると，米ソ首脳はマルタ島で会談し，冷戦の終結を宣言した。

☐**15.** 20世紀後半に，パキスタンでターリバーンが政権を握った。

6 第二次世界大戦後のアフリカ

☐**1.** ブーランジェは，第二次世界大戦後にアルジェリアの独立を認めた。

☐**2.** ガーナは，エンクルマの指導のもとに独立した。

☐**3.** 1960年に，アフリカでは多数の独立国が誕生した。

☐**4.** コンゴでは，旧宗主国のイギリスの軍事介入をきっかけにコンゴ動乱が起こった。

☐**5.** アンゴラは1970年代に，スペインから独立した。

☐**6.** 20世紀後半に，ジンバブエは白人による支配を脱して建国された。

☐**7.** 1990年代に，マンデラが南アフリカ大統領になった。

☐**14.** 解答 ✕　湾岸戦争は，冷戦終結宣言後の1990年代に勃発した。

湾岸**戦争**（1990s）…**イラクのサダム＝フセインのクウェート侵攻**
に対し多国籍**軍**（**アメリカ**中心）が派遣され開戦➡イラク敗北
イラク戦争（2000s）…**アメリカ軍の攻撃**➡フセイン**政権崩壊**

☐**15.** 解答 ✕　ターリバーンが政権を握ったのは，アフガニスタン。

ソ連撤退後のアフガニスタン…ターリバーンが政権樹立（1990s）
➡国際テロ組織アル＝カーイダと結び勢力拡大，同時多発テロ
事件（2001）後にアメリカ**軍が**アフガニスタン**攻撃**（**ブッシュ
[子]大統領**の時代）

🔍 解答・ポイント

☐**1.** 解答 ✕　アルジェリアの独立を認めたのは，第五共和政のド＝ゴール。

北アフリカのフランス植民地…**モロッコ・チュニジア独立**（第四共
和政期），**アルジェリア戦争**➡アルジェリア**独立**（第五共和政期）
（➡P.185）ブーランジェは，第三共和政期にクーデタ未遂事件を起こした将軍

☐**2.** 解答 ◯　ガーナは，エンクルマの指導でイギリスから独立した。

ガーナ…エンクルマ（ンクルマ）の指導で**イギリス**から独立（1950s），
第二次世界大戦後に最初に独立した**サハラ以南の黒人国家**

☐**3.** 解答 ◯　年代 1960年は，「アフリカの年」と呼ばれる。

「アフリカの年」＝**1960年**…アフリカで多数の新興国が独立

☐**4.** 解答 ✕　コンゴの旧宗主国は，ベルギー。

コンゴ動乱（1960s）…コンゴが**ベルギー**から独立（1960）➡資
源をめぐる紛争に旧宗主国のベルギーが軍事介入

☐**5.** 解答 ✕　アンゴラは，1970年代にポルトガルから独立。

ポルトガルの民主化で植民地放棄➡アンゴラが**ポルトガル**から独立
（1970s）

☐**6.** 解答 ◯　年代 1980年に，黒人政権のジンバブエが成立した。

ジンバブエ…ローデシアで白人がイギリスから独立宣言（1960s）
➡支配下の黒人が政権を掌握しジンバブエと改称（1980）

☐**7.** 解答 ◯　年代 1990年代にマンデラが，南アフリカ共和国大統領就任。

南アフリカ共和国…イギリス連邦離脱（1961），アパルトヘイト
（人種隔離政策）**撤廃**（1990s）➡**アフリカ民族会議**（**ANC**）
のマンデラが大統領就任（1990s）

□**8.** ルワンダでは，ソ連の軍事介入により，内戦が起こった。

□**9.** アフリカ連合（AU）は，アフリカ統一機構（OAU）に発展した。

□**8.** 解答 × ルワンダ内戦は，冷戦終結後に起こった民族紛争。
　　　　民族紛争…ソマリア**内戦**(1980s 〜)・ルワンダ**内戦**(1990s)など

□**9.** 解答 × アフリカ統一機構（OAU）が，アフリカ連合（AU）に発展。
　　　　アフリカ統一機構（**OAU**）…アフリカ諸国の連帯・反植民地主義
　　　　　（1960s 成立）➡**アフリカ連合**（**AU**）…統合の推進（2000s 成
　　　　　立）

1 地域史

以下の文a〜cについて, それぞれ古いものから順に正しく配列しなさい。

1 ヨーロッパ・アメリカ

1. アテネの広場について
  a セレウコス朝シリアと対立していたペルガモンの王アッタロス2世が, アテネの広場に柱廊を建設した。
  b ソロンは広場で市民を鼓舞するために詩を朗唱し, アテネはサラミス島を獲得するため積極的に戦うようになった。この後ソロンは改革事業の指導者に選ばれることになる。
  c ペイシストラトスは自ら身体を傷つけて広場にあらわれ, 政敵に襲われたと訴えた。このため護衛兵をつけることが認められたが, 彼はこの護衛兵を利用して僭主政治を打ち立てることになる。

2. ローマ共和政の時期に起こった出来事
  a オクタウィアヌスが, アクティウムの海戦で勝利した。
  b グラックス兄弟が, 土地改革を行った。
  c 第1回三頭政治が成立した。

3. フランク王国やその後の東フランク王国の王について
  a オットー1世が, ローマ皇帝位を授けられた。
  b クローヴィスが, アタナシウス派（カトリック）に改宗した。
  c ピピンが, 王位についた。

4. ポルトガル・スペインの海外進出
  a コルテスがアステカ王国を征服した。
  b バルトロメウ゠ディアスが喜望峰に到達した。
  c ポルトガルとスペインの間でトルデシリャス条約が結ばれた。

5. ルネサンスの時期の文学
  a エラスムスが, 『愚神礼賛』を書いた。
  b ペトラルカが, 叙情詩を作った。
  c セルバンテスが, 『ドン゠キホーテ』を著した。

解答・ポイント

1. b → c → a
- b ソロンが**財産政治**などの改革を行う（前6C初）
- c ソロンの改革ののち，ペイシストラトスが**僭主政治**開始（前6C半）
- a ギリシアのポリス社会衰退後，**アレクサンドロス**の大帝国を経てセレウコス朝成立（前4C）

2. b → c → a
- b ポエニ戦争後の国防弱体化を受け**グラックス兄弟**が改革（前2C後半）
- c グラックス兄弟の改革失敗後の「**内乱の1世紀**」に，第1回三頭政治成立（前1C前半）
- a オクタウィアヌスは，続く**第2回三頭政治**に参加（前1C後半）

3. b → c → a
- b **メロヴィング朝**の創始者クローヴィスが，**アタナシウス派改宗**（5C）
- c メロヴィング朝を倒して，ピピンが**カロリング朝**創始（8C）
- a **東フランク王国**でカロリング朝断絶後に，オットー1世の戴冠（たいかん）（10C）

4. b → c → a
- b **ポルトガル**が先に新航路開拓を開始し，ディアスが**喜望峰**（きぼうほう）到達（1480s）
- c その後**スペイン支援**の**コロンブス**がアメリカ大陸に到達し，ポルトガルと海外領土の境界を画定する必要から**トルデシリャス条約**成立（1490s）
- a **スペイン**はアメリカ大陸を海外領土とし，**アステカ王国**征服（16C前半）

5. 文化 b → a → c
- b **イタリア**でルネサンスが始まり，ペトラルカが活躍（14C）
- a イタリア以外のルネサンスは**ネーデルラント**で最も早く始まり，エラスムスが活躍（15～16C）
- c 他国にもルネサンスが広まり，**スペインのセルバンテス**が活躍（16～17C）

6. ヨーロッパの美術
- **a** レンブラントは，経済的に繁栄していたオランダ市民の姿を生き生きと描いた。
- **b** ドラクロワは，人間の醜さや苦悩のうちにも美を見いだそうとした画家として知られる。
- **c** レオナルド゠ダ゠ヴィンチは，人体や自然を細かに観察し，その成果を生かした作品を残した。

7. 17世紀のイギリスで起こった出来事
- **a** チャールズ1世が処刑された。
- **b** クロムウェルによって航海法が発布された。
- **c** 議会が権利の請願を国王に提出した。

8. イギリスの経済の歴史
- **a** 独立自営農民（ヨーマン）が出現した。
- **b** 穀物法が廃止された。
- **c** 第2次囲い込みが始まった。

9. フランス革命に関連する出来事
- **a** ナポレオンが総裁政府を打倒した。
- **b** ロベスピエールが恐怖政治を行った。
- **c** 三部会が召集された。

10. ロシアの対外関係の歴史
- **a** オスマン帝国と，サン゠ステファノ条約を締結した。
- **b** イランと，トルコマンチャーイ条約を締結した。
- **c** 清と，キャフタ条約を締結した。

11. アメリカ合衆国の対外政策
- **a** アメリカ゠メキシコ戦争が起こった。
- **b** 門戸開放宣言が出された。
- **c** モンロー教書（宣言）が出された。

6. 文化 c → a → b

  c レオナルド゠ダ゠ヴィンチは，**ルネサンス**期に活躍（15～16C）

  a レンブラントは，独立後の**オランダ**の市民生活を描く（17C）

  b ドラクロワは，**ギリシア独立戦争・七月革命**などを題材（19C）

7. c → a → b

  c **チャールズ1世**の専制政治に議会が権利の請願提出（1620s）

  a **ピューリタン革命でチャールズ1世処刑**（1640s）

  b チャールズ1世処刑後の**共和政**期に航海法発布（1650s）

8. a → c → b

  a 荘園制の解体で農奴身分から解放された独立自営農民出現（14C頃～）

  c 第2次囲い込みで土地を失った一部の独立自営農民が，工場労働者となり**産業革命**促進（18C）

  b 産業革命の進展で台頭した**産業資本家**が，**自由貿易**を要求し穀物**法廃止**（19C）

9. c → b → a

  c 特権身分への課税審議のため**三部会**開催も，第三身分が**国民議会**として分離（1789）

  b **国民議会・立法議会**を経て成立した**国民公会でロベスピエール**が恐怖政治（1793～94）

  a 国民公会に続く**総裁政府**をナポレオンが打倒（1799）

10. c → b → a

  c **清とキャフタ条約**（18C）

  b **カージャール朝**との**トルコマンチャーイ条約**（19C前半）

  a **ロシア゠トルコ（露土）戦争**後の**サン゠ステファノ条約**（19C後半）

11. c → a → b

  c ウィーン体制下のヨーロッパの**ラテンアメリカ独立運動**への干渉を牽制して**モンロー教書（宣言）**表明（19C前半）

  a アメリカが**西部開拓**を進めるなか，**テキサス併合**をめぐりメキシコとアメリカ゠メキシコ戦争勃発（19C半）

  b **フロンティア消滅**後にアメリカは帝国主義政策を開始し，**中国市場参入**をはかり門戸開放宣言（19C末）

12. 1905年に始まる第1次ロシア革命前後の出来事
   a　血の日曜日事件が起こった。
   b　ロシアで国会が開設された。
   c　ニコライ2世が即位した。

13. ドイツの歴史
   a　ドイツ関税同盟が発足した。
   b　プロイセン王を皇帝とするドイツ帝国が成立した。
   c　キール軍港での水兵の反乱から，革命が勃発した。

14. 三月革命（ロシア暦二月革命）後に起こった出来事
   a　ケレンスキーが臨時政府の首相になった。
   b　レーニンが新経済政策（ネップ）を行った。
   c　スターリンが大粛清を行った。

15. アメリカ合衆国における技術の発展や普及
   a　電気冷蔵庫が普及した。
   b　フルトンが蒸気船を実用化した。
   c　ベルが電話を発明した。

2　アジア・アフリカ

1. 2世紀後半から3世紀に起こった出来事
   a　晋が呉を滅ぼした。
   b　党錮の禁が起こった。
   c　九品中正（九品官人法）の制度が創始された。

2. 中国の税制
   a　丁税（人頭税）を土地税にくり込んだ。
   b　成年男性に，穀物・絹布などの税や力役を課した。
   c　各種の税や徭役を銀に一本化して納めさせた。

3. 中国の文化
   a　欧陽脩らの名文家が，活躍した。
   b　顧炎武が，考証学の基礎を築いた。
   c　『永楽大典』が編纂された。

12. c → a → b
- c ニコライ 2 世が即位（19C 末）
- a ニコライ 2 世治世下，**日露戦争**中の血の日曜日事件を機に**第 1 次ロシア革命**勃発（1905.1）
- b ニコライ 2 世は革命の鎮静化をはかり**十月宣言**で国会開設を約束（1905.10）

13. a → b → c
- a ドイツ関税同盟で，ドイツの**経済的統一**達成（19C 前半）
- b ドイツ帝国成立で，ドイツの**政治的統一**達成（19C 後半）
- c ドイツ革命により，**ドイツ帝国滅亡**（20C 前半）

14. a → b → c
- a 三月革命（ロシア暦二月革命）後に成立した**臨時政府**の首相に**ケレンスキー**が就任（1910s）
- b 十一月革命（ロシア暦十月革命）で臨時政府を倒して成立した**ソヴィエト政権**で，レーニンが**新経済政策**を開始（1920s）
- c レーニンの死後に独裁体制を確立した**スターリン**が**大粛清**（1930s）

15. b → c → a
- b 産業革命の進展にともなって交通が発達し，蒸気船が実用化（19C 前半）
- c 第 2 次産業革命の頃には，科学の発展が技術に応用され，電話の発明（19C 後半）
- a 第一次世界大戦後の**アメリカ**で，冷蔵庫や洗濯機などの家庭電化製品が普及（20C 前半）

🔍 解答・ポイント

1. b → c → a
- b **後漢**で党錮の禁が起こり，政治が混乱（2C）
- c 後漢を倒した**魏**で**九品中正**が創始（3C 前半）
- a 魏から帝位を奪った**司馬炎**が**晋**を建て，**呉を滅ぼし**中国統一（3C 後半）

2. b → c → a
- b **隋・唐**で穀物・絹布などの税や力役を課す租調庸制を実施（6〜8C）
- c **明**後半以降の**日本銀・メキシコ銀**の流入を背景に，諸税を一括して銀納する**一条鞭法**が普及（16C〜）
- a **清**では，事実上人頭税を廃止した**地丁銀制**が普及（18C〜）

3. 文化 a → c → b
- a 欧陽脩は**北宋**で活躍（11C）
- c 明の**永楽帝**が『**永楽大典**』編纂（15C）
- b 顧炎武は，**明末清初**の学者（17C）

4. 清朝末期に起こった出来事
   a ドイツが, 膠州湾を租借した。
   b 清仏戦争が起こった。
   c 義和団事件の結果, 北京議定書が結ばれた。

5. 中華人民共和国の対外関係
   a 日中平和友好条約を締結した。
   b 中ソ国境紛争が起こった。
   c アメリカのニクソン大統領が訪問した。

6. インドにおける宗教と政治・社会とのかかわりの歴史
   a シク教が成立した。
   b 『マヌ法典』がまとめられた。
   c 全インド=ムスリム連盟が結成された。

7. ヨーロッパ諸国のアジア進出の過程
   a フランスが, ポンディシェリを獲得した。
   b ポルトガルが, ゴアを占領した。
   c オランダが, バタヴィアを建設した。

8. インドにおける20世紀前半の出来事
   a インド国民会議派が, プールナ=スワラージ（完全独立）を決議した。
   b ガンディーが暗殺された。
   c ベンガル分割令が発布された。

9. 東南アジアで起こった出来事
   a ラタナコーシン朝が興った。
   b スハルトが, インドネシアの大統領に就任した。
   c インドシナ共産党が成立した。

4. b → a → c

  b　ベトナムの宗主権をめぐり清仏戦争勃発（1880s）

  a　日清戦争敗北後に列強による中国分割激化（1890s）

  c　排外主義が高まるなか，義和団事件に発展（1900s）

5. b → c → a

  b　中ソ国境紛争で中国はソ連の軍事力を痛感しアメリカに接近（1960s）

  c　ベトナム戦争で国際的威信を低下させたアメリカも中国との外交関係改善を模索して，ニクソン訪中が実現（1970s 前半）

  a　ニクソン訪中に続き日本も首相が中国を訪れて国交を正常化し，のちに日中平和友好条約締結（1970s 後半）

6. b → a → c

  b　グプタ朝期（4～6C）に『マヌ法典』が現在の形に完成

  a　インドのイスラーム化が進むなか，イスラーム教の影響を受けシク教成立（16C）

  c　イギリス領インド帝国において，ベンガル分割令後の国民会議派の急進化に対抗してイギリスは全インド＝ムスリム連盟を組織（20C）

7. b → c → a

  b　ヨーロッパ諸国のなかで，ポルトガルが最も早くアジア進出（16C）

  c　オランダが，アジア貿易に進出し，拠点としてバタヴィア建設（17C 前半）

  a　東インド会社を再建したフランスが，インド産綿布の取引をめざしインド進出（17C 後半）

8. c → a → b

  c　ベンガル分割令を機に，国民会議派が急進化（1900s）

  a　第一次世界大戦後に独立運動が高揚し，国民会議派がプールナ＝スワラージを決議（1920s）

  b　第二次世界大戦後にインドとパキスタンが分離独立したことに対して，ガンディーは反対しイスラーム教徒との融和を説いたため暗殺（1940s）

9. a → c → b

  a　タイでラタナコーシン朝成立（18C），東南アジアで唯一独立維持

  c　第一次世界大戦後に民族運動が高揚するなか，フランスからの独立をめざしベトナムでインドシナ共産党成立（1930）

  b　第二次世界大戦後に独立したインドネシアで，スハルトが大統領就任（1960s）

10. エジプトの歴史
  a　アレクサンドリアが建設された。
  b　アラブ人によって征服された。
  c　プトレマイオス朝が滅亡した。

11. イスラーム世界の都市
  a　カイロが，ファーティマ朝の首都として繁栄した。
  b　トレドが，ウマイヤ朝に征服された。
  c　トンブクトゥが，ソンガイ王国のもとで最盛期を迎えた。

12. 17〜19世紀のオスマン帝国のヨーロッパとの関係
  a　カルロヴィッツ条約によって，ハンガリーにおける領土の大半を失った。
  b　ギリシアが，オスマン帝国から独立した。
  c　第2次ウィーン包囲を実行したが，占領に失敗した。

13. オスマン帝国の政治体制の変化
  a　ミドハト憲法が発布された。
  b　スルタン制が廃止された。
  c　青年トルコ革命が起こった。

14. パレスチナの歴史
  a　パレスチナ暫定自治協定が締結された。
  b　アラファトが，パレスチナ解放機構（PLO）の議長に就任した。
  c　第1次中東戦争が起こった。

15. アフリカ大陸で起こった出来事
  a　ヴァスコ＝ダ＝ガマが，喜望峰を経由してインドへ向かった。
  b　ブール（ボーア）人がオレンジ自由国を建てた。
  c　イスラーム教を受け入れたマリ王国が成立した。

10. a → c → b

a **アレクサンドロス大王**の**東方遠征**の際に**アレクサンドリア**建設（前4C）

c アレクサンドロス大王の帝国分裂でエジプトに成立した**プトレマイオス朝**が，**ローマ**に滅ぼされる（前1C）

b 正統カリフ時代にアラブ人が東ローマ帝国からエジプトを奪い，**イスラーム教徒**の支配下に（7C）

11. b → a → c

b **ウマイヤ朝**が**イベリア半島**の**西ゴート王国**を滅ぼし**トレド**支配（8C）

a **ファーティマ朝**がエジプトに新都**カイロ**建設（10C）

c 西アフリカの**ソンガイ王国**のもとで，**トンブクトゥ**が繁栄（15～16C）

12. c → a → b

c 第2次ウィーン包囲失敗でオスマン帝国打撃（1680s）

a **第2次ウィーン包囲**失敗で後退したオスマン帝国から，**オーストリア**などがカルロヴィッツ条約で領土獲得，最初の領土的後退となる（1690s）

b オスマン帝国の弱体化に乗じて，支配下の民族の独立運動が活発化しギリシア独立（1820C）

13. a → c → b

a **クリミア戦争**後の立憲化要求の高揚を受け，**ミドハト憲法**発布（1870s）

c **ロシア = トルコ戦争**を口実に**ミドハト憲法が停止**されたことに対し，憲法復活をめざす青年トルコ革命が起こる（1900s）

b **第一次世界大戦**後に，**ムスタファ = ケマル**らがスルタン制を廃止して**オスマン帝国を滅ぼした**（1920s）

14. c → b → a

c 第1次中東戦争の結果，大量の**パレスチナ難民（パレスチナ人）**が発生（1940s）

b パレスチナ人の組織として**パレスチナ解放機構**が成立し，のちにアラファトが議長に就任（1960s）

a **アラファト**と**イスラエル**が**パレスチナ暫定自治協定**締結（1990s）

15. c → a → b

c マリ王国の成立（13C）

a **ヴァスコ = ダ = ガマ**の**インド航路**開拓（15C）

b ウィーン会議でケープ植民地がイギリス領になったため，従来ケープ植民地に住んでいた**ブール人**が北上してオレンジ自由国を建設（19C）

以下の文 a ～ c について，それぞれ古いものから順に正しく配列しなさい。

1 時代史

1. 5世紀から11世紀に起こった出来事
- a カール＝マルテルの軍が，トゥール・ポワティエ間の戦いでイスラーム勢力を破った。
- b ササン朝ペルシアが滅亡した。
- c ブワイフ朝がバグダードに入城した。

2. 唐王朝が存続した時期に起こった出来事
- a タラス河畔の戦いが起こった。
- b キエフ公国が建国された。
- c ウマイヤ朝が成立した。

3. 第二次世界大戦の終結に至る歴史
- a 日本がポツダム宣言を受諾して無条件降伏した。
- b ソ連軍がベルリンを占領した後，ドイツは無条件降伏した。
- c ソ連が日本に宣戦した。

2 テーマ史

1. ヨーロッパやイスラーム世界の医学の発展
- a イブン＝シーナーが『医学典範』を著した。
- b マルクス＝アウレリウス＝アントニヌスがローマに招いた医師ガレノスは，体液病理説を唱えた。
- c イギリスのジェームズ1世の侍医ハーヴェーが，血液の循環を発見した。

2. 遊牧国家について
- a 西遼（カラキタイ）が，中央アジアで成立した。
- b 突厥が，エフタルを滅ぼした。
- c アッティラが，パンノニアを中心に帝国を建てた。

3. アジアにおける固有の文字の形成
- a 朝鮮王朝（李朝）では，訓民正音（ハングル）が作られた。
- b 遼では，契丹文字が作られた。
- c ベトナム（陳朝）では，字喃（チュノム）が作られた。

📖🔍 解答・ポイント

1. b → a → c

- b 正統カリフ時代のイスラーム勢力との**ニハーヴァンドの戦い**に敗北して，**サ
サン朝**崩壊（7 C）
- a **ウマイヤ朝**が**トゥール・ポワティエ間の戦い**で敗北（8 C）
- c **ブワイフ朝**がアッバース朝カリフから**大アミール**の称号獲得（10C）

2. c → a → b

- c **ウマイヤ朝**成立（7 C）
- a **タラス河畔の戦い**でアッバース朝が勝利（8 C）
- b **キエフ公国**成立（9 C）

3. b → c → a

- b **ドイツの無条件降伏**（1945.5）
- c ドイツ降伏後のソ連の対日参戦を約した**ヤルタ協定**に基づいて**ソ連が対日宣
戦**（1945.8.8）
- a 日本の**ポツダム宣言受諾**（1945.8.14）

📖🔍 解答・ポイント

1. b → a → c

- b **マルクス＝アウレリウス＝アントニヌス**はローマの<ruby>五賢帝<rt>ごけんてい</rt></ruby>の最後（2 C）
- a **イブン＝シーナー**（11C）の著作は，ヨーロッパの**12世紀ルネサンス**や医
学の発展に大きな影響
- c **ジェームズ 1 世**が**ステュアート朝**創始（17C）

2. c → b → a

- c **フン人**はアッティラのもとで大帝国建設（5 C）
- b **突厥**は**サ サ ン朝**のホスロー 1 世と<ruby>エフタル<rt>きょうげき</rt></ruby>を挟撃（6 C）
- a <ruby>遼<rt>りょう</rt></ruby>の滅亡後，遼の皇族が<ruby>西遼建国<rt></rt></ruby>（12C）

3. 文化 b → c → a

- b <ruby>遼<rt>りょう</rt></ruby>（10～12C）
- c <ruby>陳<rt>ちん</rt></ruby>朝（13～14C）
- a <ruby>朝鮮<rt>ちょうせん</rt></ruby>王朝（李朝）（14C 末～20C 初）

4. ヨーロッパ人のアジアでの活動
- a フランシスコ＝ザビエルが，アジアで布教活動を行った。
- b オランダとイギリスの間で，アンボイナ事件が起こった。
- c イギリスが，インドを直接統治下に置いた。

5. 嗜好品の歴史
- a イギリスで，紅茶を飲む習慣が広まった。
- b イランで，タバコ＝ボイコット運動が展開された。
- c 中国で，茶の生産が広まった。

6. 社会主義運動にかかわる出来事
- a コミンテルンの結成
- b 第2インターナショナルの結成
- c スターリン憲法の公布

7. 国際連合をめぐる動き
- a 日本が加盟した。
- b 総会で，世界人権宣言が採択された。
- c サンフランシスコ会議で，国際連合憲章が採択された。

8. イギリスが支配した地域の20世紀の歴史
- a アイルランド自由国が成立した。
- b エンクルマ（ンクルマ）の指導の下，ガーナが独立した。
- c 香港が，中国に返還された。

9. 世界各国の指導者の活動やその結果
- a 中国の周恩来首相とインドのネルー首相が会談し，平和五原則を発表した。
- b 韓国の金大中大統領が，北朝鮮を訪問した。
- c 先進国首脳会議（サミット）が初めて開催された。

10. 難民の発生につながった出来事
- a カンボジアでポル＝ポト政権が成立した。
- b ユーゴスラヴィア連邦の内戦と解体が生じた。
- c 第1次中東戦争が勃発した。

4. a → b → c

  a　**イエズス会宣教師**のフランシスコ゠ザビエルは，**対抗宗教改革**のなかでアジアに布教（16C）

  b　**アンボイナ事件**（17C）

  c　**シパーヒーの反乱（インド大反乱）**を機に**イギリス東インド会社**が解散し，**イギリス**がインドを直接統治（19C）

5. c → a → b

  c　中国で茶の生産

  a　**イギリス**は，中国で生産された**茶を輸入**し輸入超過（18C〜19C前半）

  b　タバコ゠ボイコット運動（19C後半）

6. b → a → c

  b　**第2インターナショナル**結成（1880s）

  a　**ロシア革命後**に**世界革命論**を掲げて，**コミンテルン（第3インターナショナル）**結成（1910s）

  c　世界革命論を唱える**トロツキー**を失脚させ，**一国社会主義論**のスターリンが独裁体制樹立（1930s〜50s）

7. c → b → a

  c　**国際連合憲章**が**採択**され，**国際連合**発足（1945）

  b　**国際連合発足**後に世界人権宣言（1948）

  a　**第二次世界大戦の敗戦国**日本は当初加盟できず，**ソ連との国交回復**で加盟実現（1950s）

8. a → b → c

  a　アイルランド自由国の成立（1920s）

  b　ガーナの独立（1950s）

  c　**香港返還**（1990s）

9. a → c → b

  a　ネルー・周恩来会談（1950s）

  c　**第1次石油危機**を受けて，第1回先進国首脳会議開催（1970s）

  b　南北朝鮮首脳会談（2000）

10. c → a → b

  c　第1次中東戦争（1940s）

  a　**カンボジア**でポル゠ポト政権成立（1970s）

  b　**冷戦終結後**にユーゴスラヴィア内戦勃発（1990s）

さくいん

あ
か
さ
た
な
は
ま
や
ら
わ

あ
か
さ
た
な
は
ま
や
ら
わ

け

あ
か
さ
た
な
は
ま
や
ら
わ

あ

か

さ

た

な

は

ま

や

ら

わ

し

あ
か
さ
た
な
は
ま
や
ら
わ

そ

あ か さ た な は ま や ら わ

た

あ
か
さ
た
な
は
ま
や
ら
わ

あ
か
さ
た
な
は
ま
や
ら
わ

あ
か
さ
た
な
は
ま
や
ら
わ

あ
か
さ
た
な
は
ま
や
ら
わ

あ
か
さ
た
な
は
ま
や
ら
わ

あ
か
さ
た
な
は
ま
や
ら
わ

340

ひ

ふ

あ
か
さ
た
な
は
ま
や
ら
わ

あ か さ た な は ま や ら わ

あ
か
さ
た
な
は
ま
や
ら
わ

あ
か
さ
た
な
は
ま
や
ら
わ

清水　裕子（しみず　ゆうこ）

　河合塾世界史科講師。東京大学文学部卒・東京大学大学院人文社会系研究科博士課程単位取得退学。

　複雑な歴史をシンプルに理解させる「世界史の魔女」。

　すべての事象は歴史から解明できるとの信念のもと，恋愛から国際金融まで日々分析。地図と年表を効果的に使って歴史のタテ・ヨコ・ナナメをつなげ，巨視的視点で切り込んでいく授業展開は，受験生から絶大な信頼を集める。

　教育者ではなく受験屋であることにこだわり，徹底した過去問研究と入試予想で，志望校合格に必要な最短確実の方法論だけを的確に提示。あらゆる大学の受験世界史に対応し，得意の分析力を生かして，河合塾では幅広く教材作成に関わる。

だいがくにゅうがくきょうつう
大学入学共通テスト
せかいし　　　てんすう　　おもしろ　　　　　　　　　いちもんいっとう
世界史Bの点数が面白いほどとれる一問一答

2020年7月31日　初版発行

著者／清水 裕子（しみず ゆうこ）

発行者／青柳 昌行

発行／株式会社KADOKAWA
〒102-8177　東京都千代田区富士見2-13-3
電話 0570-002-301（ナビダイヤル）

印刷所／株式会社加藤文明社印刷所

●お問い合わせ
https://www.kadokawa.co.jp/　（「お問い合わせ」へお進みください）
※内容によっては，お答えできない場合があります。
※サポートは日本国内のみとさせていただきます。
※Japanese text only

定価はカバーに表示してあります。